同济博士论丛
TONGJI Dissertation Series

总主编 伍 江 副总主编 雷星晖

马琮淦 左曙光 著

电动车用永磁同步电机非线性
电磁振动和异常噪声研究

Study on Nonlinear Electromagnetic Vibration and Abnormal Noise of Permanent Magnet Synchronous Motor for Electric Vehicle

同济大学出版社
TONGJI UNIVERSITY PRESS

内容提要

本书主要做了以下四个方面的工作：① 建立了考虑永磁体磁场非正弦分布、定子开槽、变频器供电下时间谐波电流等因素的表贴式永磁同步电机的统一非线性解析模型，预测了转矩波动的阶次和频率，提出了实验测量高阶转矩信号的转速判据；② 考虑了时间谐波电流，推导了径向力波表达式，求得了径向集中力的解析解，预测了变频器供电时永磁同步电机径向力和电磁噪声的特征阶次；③ 通过实验模态分析初步揭示了螺栓预紧力和不同部件间接触类型对轮毂永磁同步电机的模态参数的影响规律及结构阻尼特性。结合电磁力激励频率范围，实现了电机模态规划；④ 提出了车用工况下永磁同步电机异常噪声诊断和分析的"黑箱方法＋白箱方法"。黑箱方法不需永磁同步电机内部参数。简化了永磁同步电机异常噪声分析过程，提高了效率。

本书可作为从事电动车用永磁同步电机相关研究人士的参考用书。

图书在版编目(CIP)数据

电动车用永磁同步电机非线性电磁振动和异常噪声研究 / 马琮淦，左曙光著. —上海：同济大学出版社，2018.10
（同济博士论丛 / 伍江总主编）
ISBN 978-7-5608-6992-6

Ⅰ. ①电… Ⅱ. ①马… ②左… Ⅲ. ①电动汽车—永磁同步电机—非线性振动—研究②电动汽车—永磁同步电机—噪声控制—研究 Ⅳ. ①U266.2

中国版本图书馆 CIP 数据核字(2017)第 093693 号

电动车用永磁同步电机非线性电磁振动和异常噪声研究

马琮淦　左曙光　著

出 品 人　华春荣　　责任编辑　翁　晗　卢元姗
责任校对　徐逢乔　　封面设计　陈益平

出版发行　同济大学出版社　www.tongjipress.com.cn
（地址：上海市四平路 1239 号　邮编：200092　电话：021-65985622）
经　　销　全国各地新华书店
排版制作　南京展望文化发展有限公司
印　　刷　浙江广育爱多印务有限公司
开　　本　787 mm×1092 mm　1/16
印　　张　14.75
字　　数　295 000
版　　次　2018 年 10 月第 1 版　2018 年 10 月第 1 次印刷
书　　号　ISBN 978-7-5608-6992-6

定　　价　89.00 元

“同济博士论丛”编写领导小组

组　　　长：杨贤金　钟志华

副　组　长：伍　江　江　波

成　　　员：方守恩　蔡达峰　马锦明　姜富明　吴志强
徐建平　吕培明　顾祥林　雷星晖

办公室成员：李　兰　华春荣　段存广　姚建中

“同济博士论丛”编辑委员会

总　序

在同济大学110周年华诞之际，喜闻“同济博士论丛”将正式出版发行，倍感欣慰。记得在100周年校庆时，我曾以《百年同济，大学对社会的承诺》为题作了演讲，如今看到付梓的“同济博士论丛”，我想这就是大学对社会承诺的一种体现。这110部学术著作不仅包含了同济大学近10年100多位优秀博士研究生的学术科研成果，也展现了同济大学围绕国家战略开展学科建设、发展自我特色，向建设世界一流大学的目标迈出的坚实步伐。

坐落于东海之滨的同济大学，历经110年历史风云，承古续今、汇聚东西，秉持“与祖国同行、以科教济世”的理念，发扬自强不息、追求卓越的精神，在复兴中华的征程中同舟共济、砥砺前行，谱写了一幅幅辉煌壮美的篇章。创校至今，同济大学培养了数十万工作在祖国各条战线上的人才，包括人们常提到的贝时璋、李国豪、裘法祖、吴孟超等一批著名教授。正是这些专家学者培养了一代又一代的博士研究生，薪火相传，将同济大学的科学研究和学科建设一步步推向高峰。

大学有其社会责任，她的社会责任就是融入国家的创新体系之中，成为国家创新战略的实践者。党的十八大以来，以习近平同志为核心的党中央高度重视科技创新，对实施创新驱动发展战略作出一系列重大决策部署。党的十八届五中全会把创新发展作为五大发展理念之首，强调创新是引领发展的第一动力，要求充分发挥科技创新在全面创新中的引领作用。要把创新驱动发展作为国家的优先战略，以科技创新为核心带动全面创新，以体制机制改革激发创新活力，以高效率的创新体系支撑高水平的创新型国家建设。作为人才培养和科技创新的重要平台，大学是国家创新体系的重要组成部分。同济大学理当围绕国家战略目标的实现，作出更大的贡献。

大学的根本任务是培养人才，同济大学走出了一条特色鲜明的道路。无论是本科教育、研究生教育，还是这些年摸索总结出的导师制、人才培养特区，“卓越人才培养”的做法取得了很好的成绩。聚焦创新驱动转型发展战略，同济大学推进科研管理体系改革和重大科研基地平台建设。以贯穿人才培养全过程的一流创新创业教育助力创新驱动发展战略，实现创新创业教育的全覆盖，培养具有一流创新力、组织力和行动力的卓越人才。“同济博士论丛”的出版不仅是对同济大学人才培养成果的集中展示，更将进一步推动同济大学围绕国家战略开展学科建设、发展自我特色、明确大学定位、培养创新人才。

面对新形势、新任务、新挑战，我们必须增强忧患意识，扎根中国大地，朝着建设世界一流大学的目标，深化改革，勠力前行！

万 钢

2017 年 5 月

论丛前言

承古续今，汇聚东西，百年同济秉持“与祖国同行、以科教济世”的理念，注重人才培养、科学研究、社会服务、文化传承创新和国际合作交流，自强不息，追求卓越。特别是近20年来，同济大学坚持把论文写在祖国的大地上，各学科都培养了一大批博士优秀人才，发表了数以千计的学术研究论文。这些论文不但反映了同济大学培养人才能力和学术研究的水平，而且也促进了学科的发展和国家的建设。多年来，我一直希望能有机会将我们同济大学的优秀博士论文集中整理，分类出版，让更多的读者获得分享。值此同济大学110周年校庆之际，在学校的支持下，“同济博士论丛”得以顺利出版。

“同济博士论丛”的出版组织工作启动于2016年9月，计划在同济大学110周年校庆之际出版110部同济大学的优秀博士论文。我们在数千篇博士论文中，聚焦于2005—2016年十多年间的优秀博士学位论文430余篇，经各院系征询，导师和博士积极响应并同意，遴选出近170篇，涵盖了同济的大部分学科：土木工程、城乡规划学(含建筑、风景园林)、海洋科学、交通运输工程、车辆工程、环境科学与工程、数学、材料工程、测绘科学与工程、机械工程、计算机科学与技术、医学、工程管理、哲学等。作为“同济博士论丛”出版工程的开端，在校庆之际首批集中出版110余部，其余也将陆续出版。

博士学位论文是反映博士研究生培养质量的重要方面。同济大学一直将立德树人作为根本任务，把培养高素质人才摆在首位，认真探索全面提高博士研究生质量的有效途径和机制。因此，“同济博士论丛”的出版集中展示同济大学博士研究生培养与科研成果，体现对同济大学学术文化的传承。

“同济博士论丛”作为重要的科研文献资源，系统、全面、具体地反映了同济大学各学科专业前沿领域的科研成果和发展状况。它的出版是扩大传播同济科研成果和学术影响力的重要途径。博士论文的研究对象中不少是“国家自然科学基金”等科研基金资助的项目，具有明确的创新性和学术性，具有极高的学术价值，对我国的经济、文化、社会发展具有一定的理论和实践指导意义。

“同济博士论丛”的出版，将会调动同济广大科研人员的积极性，促进多学科学术交流、加速人才的发掘和人才的成长，有助于提高同济在国内外的竞争力，为实现同济大学扎根中国大地，建设世界一流大学的目标愿景做好基础性工作。

虽然同济已经发展成为一所特色鲜明、具有国际影响力的综合性、研究型大学，但与世界一流大学之间仍然存在着一定差距。“同济博士论丛”所反映的学术水平需要不断提高，同时在很短的时间内编辑出版 110 余部著作，必然存在一些不足之处，恳请广大学者，特别是有关专家提出批评，为提高同济人才培养质量和同济的学科建设提供宝贵意见。

最后感谢研究生院、出版社以及各院系的协作与支持。希望“同济博士论丛”能持续出版，并借助新媒体以电子书、知识库等多种方式呈现，以期成为展现同济学术成果、服务社会的一个可持续的出版品牌。为继续扎根中国大地，培育卓越英才，建设世界一流大学服务。

伍　江

2017 年 5 月

前　言

本书以国家自然科学基金项目“分布式驱动电动汽车电动轮—悬架系统高频振动特性研究”(51375343)、973计划项目“高性能分布式驱动电动车关键基础问题研究”(2011CB711200)和国家自然科学基金项目“燃料电池汽车空辅系统噪声源理论分析与控制方法研究”(51075302)为依托，研究了电动车用永磁同步电机非线性电磁振动和异常噪声。本书首先对引发电动车用永磁同步电机非线性振动和异常噪声的振源——非线性电磁转矩波动和径向力进行了研究，建立了考虑永磁体磁场非正弦分布、开槽、变频器供电下时间谐波电流等因素的统一解析模型，分析了电磁转矩和径向力的阶次特征，通过有限元法和实验验证了解析分析的正确性；然后通过解析模态分析、有限元计算模态分析和实验模态分析，识别了电动车用永磁同步电机的模态参数，验证了所建结构模型的准确性，并进行了模态规划；在此基础上，建立了电动车用永磁同步电机电磁振动集中参数模型和结构有限元模型，分析了电磁振动的非线性特性；最后，首次提出了车用工况下永磁同步电机异常噪声识别、诊断、分析的“黑箱方法＋白箱方法”：先应用适用于系统级分析的黑箱方法快速识别和诊断出所有异常噪声源，再考虑这些异常噪声源，应用白箱方法做异常噪声的建模和分析。通过永磁同步电机噪声测试实验验证了所提“黑箱方法+白箱方法”的正确性。

本书主要完成的研究工作及取得的成果如下：

(1) 针对电动车用永磁同步电机非线性扭转振动的主要振源——永磁同步电机电磁转矩波动，首先从理论上建立了考虑永磁体磁场非正弦分布、定子开槽、变频器供电下时间谐波电流等因素的永磁同步电机的统一非线性解析模型，获得了谐波转矩的解析解，预测了转矩波动的阶次和频率，进而提出了实验测量高阶转矩信号的转速判据。然后通过高阶转矩波动实验测得了24阶以内的高阶转矩信号，验证了本书所提的永磁同步电机非线性电磁转矩波动解析模型相对于已有的线性解析模型的优越性。理论研究和实验研究表明：永磁同步电机的转矩具有明显的阶次波动特征，主要阶次有 $h-1$ 阶、$2(h-1)$ 阶、$6k+h-1$ 阶、$6k-h+1$ 阶(h 为时间谐波电流阶次，且由变频器决定；$k\in N^*$)；h 次时间谐波电流将单独引起 $h-1$ 阶、$2(h-1)$ 阶的转矩波动，h 次时间谐波电流、非正弦永磁磁场分布、开槽将共同引起 $6k+h-1$ 阶、$6k-h+1$ 阶的转矩波动。

(2) 针对电动车用永磁同步电机非线性径向振动和异常噪声的主要振源——永磁同步电机的径向力，通过磁势磁导法得到了考虑时间谐波电流的气隙磁场分布，应用麦克斯韦张量法获得了径向力波，并沿外转子表面应用复合柯特斯公式对径向力波积分，求得了具有6阶代数精度的径向集中力的解析解，预测了变频器供电时永磁同步电机径向力的特征阶次：$2h_i$、$2h_j$、$2(2\mu-1)$、$h_i\pm h_j$、$2\mu-1\pm h_i$、$2\mu-1\pm h_j$ (h_i、h_j 为时间谐波电流阶次，$\mu\in N^*$)。当 h_i 或 h_j 是分数时，径向力将出现分数阶特征频率。

(3) 应用解析模态分析、有限元计算模态分析、实验模态分析识别了轮毂永磁同步电机的模态参数，探讨了长径比对解析模态分析计算精度的影响，初步揭示了螺栓预紧力和不同部件间接触类型对轮毂永磁同步电机的模态参数的影响规律及结构阻尼特性，发现不同螺栓预紧力和不同部件间的接触类型会显著影响电机的模态参数，并发现轮毂永磁同步电机是非线性阻尼结构，如果采用经典论著中提到的线性模态阻尼计算电磁振动和噪声会导致较大误差，应通过实验获取阻尼参数。结合电磁力激励频率范围，应用非支配排序遗传算法，实现了电机模态规划，为低噪声电机设计提供了指导意见。

(4) 为分析电动车用永磁同步电机振动的非线性特性，首先，利用集中参数法建立了永磁同步电机扭转振动和径向振动的非线性动力学模型，获取了定子铁芯、机壳的刚度和阻尼参数。然后，采用状态变量法求得了非线性方程组的解。最后，通过实验验证了非线性振动模型的有效性。

(5) 首次提出了车用工况下永磁同步电机异常噪声识别、诊断、分析的“黑箱方法＋白箱方法”：先应用黑箱方法快速识别和诊断出所有异常噪声源；再考虑这些异常噪声源，应用白箱方法做异常噪声的建模和分析。为快速识别与诊断永磁同步电机异常噪声源，本书提出了一种永磁同步电机噪声源识别与诊断的黑箱方法。黑箱方法分为三个步骤：第一步，考虑时间谐波电流、变频器、偏心、滑动轴承、共振等异常噪声源，建立以转速为输入信号和以噪声频率为输出信号的黑箱测试理论模型；第二步，在加速工况下进行永磁同步电机噪声黑箱测试实验，分析永磁同步电机噪声的物理声学指标和心理声学指标，评价声品质；第三步，结合黑箱测试理论模型和黑箱测试实验，对永磁同步电机异常噪声源进行识别和诊断，进一步分析出各个异常噪声源对心理声学指标的噪声贡献量。所提方法不需永磁同步电机内部参数，例如结构参数和电磁参数，仅利用噪声测试中转速信号和噪声信号就可识别与诊断出异常噪声源，极大地简化了以往研究中永磁同步电机异常噪声的分析过程，提高了效率。由于本方法遍历了所有转速，采用心理声学指标和物理声学指标相结合的方式评价永磁同步电机噪声，因此，通过本方法，可了解永磁同步电机噪声的全貌和声品质。进而，采用白箱方法，建立了计算异常噪声的三维边界元模型，应用声学边界元法预测和分析了永磁同步电机的异常噪声，并通过电机噪声测试实验验证了所提方法的正确性。理论研究和实验研究均表明：永磁同步电机电磁噪声具有明显的阶次特征，阶次不仅包含了偶数阶、开关频率附近阶次，还包含了大量奇数阶、甚至以往研究中被当做信号毛刺而忽略的分数阶。主要阶次有：$2h_i$、$2h_j$、$2(2\mu-1)$、$h_i \pm h_j$、$2\mu-1 \pm h_i$、$2\mu-1 \pm h_j$（h_i、h_j为时间谐波电流阶次，$\mu \in N^*$）。当h_i或h_j是分数时，电磁噪声将出现分数阶特征频率。

目 录

第1章 绪论

1.1 本课题研究的目的和意义

为了解决能源紧缺和环境污染，“节能减排”在世界各国政府产业政策中都处于重中之重的地位。为此世界各国的政府、学术界、工业界等正在加大对电动车的开发力度，加速电动车的商品化步伐。电动车将使能源利用多元化和高效化，达到能源可靠、均衡和无污染利用的目的[1]。从环保角度来看，电动车是无排放交通工具，即使计及发电厂增加的排放，总量上它也将使空气污染大为减少[2]。此外，电动车比传统汽车更易实现精确控制和提高能源利用效率。

驱动电机是电动车的核心部件。电动车所采用的驱动电机主要包括有刷直流电机、感应电机、开关磁阻电机、无刷直流电机和永磁同步电机。其中，永磁同步电机(PMSM)具有最高的效率、高的功率密度和转矩密度、较好的弱磁扩速能力等性能特点，具备了电动车驱动的最优综合指标[3-5]，成为电动车用驱动电机的主要类型之一。

相对于普通的工业驱动用永磁同步电机而言，电动车对永磁同步电机的性能提出了更高的要求[6]，主要区别归纳如下：

1）电动车用永磁同步电机的负载变化大。

2）调速范围宽。

3）一般采用变频器调速。

4）安装空间小[2]。

5）工作环境恶劣，受力复杂，可能存在定转子偏心。

电动车用永磁同步电机性能要求和工作环境的特殊性使电磁振动的非线性特性增加、异常噪声问题突出，减振降噪难度增大：

（1）为提高过载能力，电动车用永磁同步电机的电密和磁密取值较高，使永磁同步电机在大负载工作点饱和程度较高，磁场畸变增加，进而增加了电磁力的谐波含量。

（2）宽广的调速范围增加了避免电磁共振的难度。

（3）变频器调速增加了电源谐波含量，使电磁力的谐波含量更加丰富[7][8]。

（4）狭小的安装空间和恶劣的工作环境对驱动电机的结构设计和散热设计提出了更高的要求，导致驱动电机结构更加紧凑复杂，增加了电机结构固有模态的分析难度。分布式驱动用永磁同步电机的轭部厚度等结构参数取值比一般工业驱动电机的小，降低了电机的结构刚度，使电磁振动幅值增大。

（5）定转子偏心增加了磁场谐波含量，使电磁力的谐波含量更加丰富[9][10]。

因此，对电动车用永磁同步电机非线性电磁振动和异常噪声的形成机理、阶次特征、识别和诊断、精确预测进行深入研究具有重要意义。

1.2 永磁同步电机电磁振动和噪声的研究现状

电机噪声主要分为机械噪声、空气噪声和电磁噪声。机械噪声主要来源电刷、轴承噪声、转子的偏心运动等机械原因，噪声成因研究及声源识别已较成熟，在电机的设计中也比较容易通过提高加工精度、采用滑动轴承等工程技术手段进行克服，因此不是本书的研究重点；空气噪声主要来源散热风扇作用产生的空气流动，在电动车用永磁同步电机中，由于电机的效率较高，产生的热量有限，通常通过风冷或水冷，没有散热风扇，因此空气噪声在较大功率的永磁电机中所占比例也较小；电磁噪声是由于气隙中的电磁力作用在外定子或外转子上，使外定子或外转子产生振动并向外辐射噪声而产生的，主要与电磁力、电机结构、电机壳体声辐射特性有关，是永磁同步电机噪声的主要组成部分。因此永磁同步电机电磁振动和噪声的研究主要集中在非线性电磁力、结构模态、非线性电磁振动、噪声预测等领域。

1.2.1 永磁同步电机非线性电磁力的研究现状

永磁同步电机中，主磁通大致上沿径向进入气隙，并在定子和转子上产生径向力，从而引起电磁振动和噪声；同时，它产生电磁转矩，引起切向振动[11]。为了计算、分析和控制电磁振动和电磁噪声，必须知道它们的来源，即产生电磁振动和电磁噪声非线性电磁力：电磁转矩和径向力。

1.2.1.1 永磁同步电机非线性电磁转矩波动的研究现状

电机学中讨论的理想电机是指由正弦波电源供电且具有空间正弦分布绕组和均匀气隙的电机。在该条件下气隙磁场是正弦分布的，绕组电流也仅有电流基波分量，在这种理想情况下，转矩保持恒定，呈线性变化，不存在波动。然而，使用中的电机转矩都存在波动，这不仅影响了转矩控制的精度，也加剧了电机的振动和噪声，恶化了电机性能[12]。

产生永磁同步电机转矩波动的主要原因如下：① 齿槽转矩，在永磁同步电机绕组不通电时永磁体和电枢齿槽之间相互作用产生的转矩；② 磁阻转矩，永磁同步电机通电后定子磁动势作用于不均匀气隙磁阻所产生的转矩；③ 电磁转矩，永磁同步电机定、转子磁动势相互作用所产生的转矩。齿槽转矩是永磁同步电机特有的问题之一，是高性能永磁电机设计和制造中必须考虑和解决的问题。国内外文献[13—15]对齿槽转矩已经进行了深入研究，讨论了极槽配合、槽口宽度、斜槽、斜极等对齿槽转矩的影响，指出可通过改变磁极参数(包括改变极弧系数、采用不等厚永磁体、磁极偏移、斜极、磁极分段、不等极弧系数组合等)、改变电枢参数(包括改变槽口宽度、改变齿的形状、不等槽口宽度、斜槽、开辅助槽等)、合理选择电枢槽数和极数的方法削弱齿槽转矩。另外，对于表贴式永磁同步电机而言，直轴和交轴的磁导几乎相等，故不存在磁阻转矩。然而，国内外对电磁转矩波动的研究还不够深入，当齿槽转矩削弱至极小值时，电磁转矩波动将成为电动车用永磁同步电机转矩波动的主要原因。因此，本节主要讨论电磁转矩波动的研究现状。

Thomsa M. Jahnst[16]回顾了永磁电机转矩波动的电机设计技术包括斜槽、定子绕组分布、分布绕组、增加相数、转子永磁体设计、极弧宽度等方法，建议优先考虑通过电机设计来消除转矩波动，并认为正弦波永磁电机具有转矩波动最小化能力。莫会成[17]重点分析了因电磁原因引起的转矩波动及其对电机性能的影响。文献[18]指出，由气隙磁场引起的转矩波动从电机设计的角度是无法消除的，只能进行磁场优化，使其尽可能接近正弦分布，减小谐波分量。文献[19]指出，逆变器输出的定子电流中不可避免地含有时间谐波电流，时间谐波电流与永磁体磁场相互作用就会产生电磁转矩谐波，引起转矩波动，其中谐波次数较低和幅值较大的分量对转矩波动的影响也最为严重。逆变器采用的不同调制方式会产生不同的时间谐波电流。Joachim Holtz[20]基于理论分析和实验研究回顾和比较了不同脉宽调制技术的特点，包括 PWM 输出电压和电流所包含的时间谐波电流。Yuriy Plotkin[21]仿真了磁场定向、空间矢量调制下感应电机的 6 阶转矩谐波，提出引起波动的主要因素是调制电流，指出电流调制时插入的零矢量引起了 6 阶电磁转矩波动。E Colamartin[22]利用状态变量法建立了寄生转矩模型。运用了快速电流控制产生高频转矩对输出转矩进行补偿。还运用在线自适应法补偿永磁体的磁通密度随温度变化引起的转矩波动。Colamartino F[23]等通过优化电机电流波形，达到最小瞬态电流参数，进而获得较好的瞬态转矩。Jian[24]通过保持电流快速跟踪设定值消除电机转矩波动，从而优化了电机性能，提出控制触发角可以消除电机启动转矩的波动，并在台架实验进行验证。德国鲁尔大学教授 M. Dcpcnbrock[25]和日本的 I. Takahashi[26]教授提出了直接转矩控制(DTC)[27]的方法，以获得转矩的最优动态性能。Giirkan Zenginobuz[28]分析了永磁同步电机转矩的产生机理，讨论了两种减小转矩波动的控制策略：第一种是基于有限元法计算电机的调制电流，第二种是在线转矩估计。第一种方法要求电流精度较高，转矩波动抑制对电流误差很敏感，微小的电流误差都有可能引起很大的转矩波动。第二种方法算法复杂，很难实现，而且该算法只在一定的转速范围内有效，对需要大范围调速的电机转矩波动无效。王祺[29]运用 PI 参数自适应和转矩估计方法抑制永磁同步电机转矩波动，将转矩波动看作频率已知的扰动，认为一般 PI 控制无法消除该扰动，而 PI 参数自适应可以根据扰动自动调节，可以减小电磁转矩波动。2013 年，同济大学的孟姝考虑了永磁体磁场非正弦分布，建立了考虑转矩波动的永磁同步电机双闭环系统，研究了轮毂永磁同步电机转矩波动特性[30]。

由上述文献的综述分析可见：

(1) 在设计阶段，可通过改变磁极参数、改变电枢参数、合理选择极槽配合的方法极大地削弱齿槽转矩和磁阻转矩，此时，电磁转矩波动将成为永磁同步电机转矩波动的主要原因；

(2) 永磁体磁场非正弦分布、定子开槽、时间谐波电流等因素将显著影响永磁同步电机的电磁转矩波动，增强了永磁同步电机电磁转矩的非线性特性；

（3）现有文献鲜有建立同时考虑永磁体磁场非正弦分布、定子开槽、时间谐波电流等影响因素的永磁同步电机电磁转矩波动解析模型，大多仅考虑了其中某个影响因素对电磁转矩波动的影响，缺乏对永磁同步电机电磁转矩波动完整的解析描述和系统的特征分析。

1.2.1.2　永磁同步电机非线性径向力的研究现状

早期研究电机径向力主要集中于磁动势、磁导、气隙磁密和径向力波的解析计算。随着电机结构的逐步复杂和计算机技术的发展，研究重点逐步转到数值仿真计算及分析上来。

永磁同步电机径向力的解析法具有计算简单、省时、条理清晰等优点，可以对永磁同步电机振动和噪声频率特性做出快速预测，是对永磁同步电机振动和噪声特性进行分析的理论基础。解析法是20世纪40年代为分析感应电动机、同步电动机和直流电动机的振动与噪声特性而发展起来的。根据麦克斯韦定律，电磁径向力波由电机气隙磁场产生，作用于定子、转子铁芯内表面单位面积上且正比于磁通密度的平方[31]。由此可知，永磁同步电机径向力主要取决于气隙磁密的大小和波形分布，而气隙磁密在空间和时间上是动态变化的。转子内表面某点处的径向电磁力取决于该点气隙磁密随时间的变化波形；而转子整个内表面所受到的径向力则由气隙磁密在整个圆周上的分布所决定。因此，国内外对径向力波的理论推导和解析计算主要集中在对气隙磁密的精确求解上。20世纪70年代以来，各国学者纷纷对气隙磁密和径向力波的解析计算进行了研究，取得了一系列成果[31-34]。苏联学者H. F、英国学者S. J. Yang、浙江大学的陈永校和加拿大的S. P. Verma教授等分别针对感应电机、同步电机、异步电机进行了研究，并提出了至今沿用的磁势乘磁导法计算径向电磁力，该方法同样可以用来计算永磁同步电机的气隙磁密。该方法利用气隙磁势与气隙磁导相乘近似得到磁通密度的分布，然后代入麦克斯韦应力方程得到径向电磁力的分布。尽管磁势磁导计算法得到的只是一个近似径向力波分布值，不能很好地分析磁饱和、槽口形状和转子运动等影响，分析精度比较低，但是该方法可以比较准确地分析出径向力波的频率和阶次特征，分析出其影响因素、谐波来源，是研究引起电机电磁噪声的径向电磁力波的理论基础。此外，计算气隙磁密的解析法还包括等效剩磁法，英国谢菲尔大学的诸自强教授是最早研究永磁同步电动机控制系统与振动噪声特性关系的著名学者之一，用等效剩磁法计算了表贴式永磁无刷直流电机的瞬态磁场分布，分四种情况加以推导：开路场、电枢反应磁场、定子齿槽效应、负载下的合成磁场[35-38]，解析计算结果与有限元计算结果非常吻合，为表贴式无刷直流电机径向力的计算奠定了理论基础。

目前解析法主要针对线性磁场进行处理，尚不能对径向力波精确计算。当涉及其精确计算时，国内外学者均采用了近些年兴起的可以很好地处理磁场非线性问题的数值法。有限元法是目前应用最广泛的数值法，出现了许多基于有限元法编程的优秀电磁分析软件，如 ANSOFT 公司的 Maxwell 和大家熟悉的 ANSYS 中也集成了电磁单元和分析求解器[39]。越来越多的学者采用有限元法分析径向力波。20 世纪 90 年代以来，用数值法对径向力波及其谐波进行计算取得了一些新的进展，并得到了越来越广泛的应用。1993 年，法国 M. E. H. Benbouzid 等学者用有限元法计算了同步电动机定子固有频率特性和径向电磁力波的分布，其中电磁力的计算使用 FLUXMECA 二维计算软件，没有进行谐波分析[40]；1997 年，韩国汉阳大学的 D. H. Im 等人采用二维有限元法计算了永磁同步电机定子作用在定子齿面上的径向电磁力密度并通过傅里叶变换得到其频谱特性，进行了谐波分析，为后续对径向力波的有限元计算提供了良好的算例[41]。

进入 21 世纪后，随着计算机技术的发展，有限元算法发展很快，各国学者在利用有限元法分析永磁同步电动机径向力波和振动噪声方面取得了很多有价值的成果。其中，2001 年，德国 F. Taegen 等学者用有限元法分析了径向力波的具体成分，提出了增加电动机定子绕组的相数可减小径向力的结论，但该结论未经实验验证[42]；2006 年，英国谢菲尔德大学的 J. Wang 等学者采用有限元法计算了永磁同步电机中永磁体气隙磁密和电枢绕组气隙磁密的谐波成分，指出绕组低次谐波的存在更容易引发电机的低频振动辐射噪声，为电磁噪声的优化提供了良好的依据[43]；2010 年，法国学者 H. C. M. Mai 等人采用有限元法研究了不同极槽配合下的永磁同步电机径向电磁力波，以 28 极 30 槽(28P30S)、28P42S 及 28P84S 永磁同步电机为算例，指出由于次谐波的存在，每极对应槽数为分数的极槽配合会产生更大的径向力波[44]；2011 年，德国学者 J. Krotsch 用有限元法计算了外转子式永磁同步电机的径向电磁力，并对永磁体的形状、定子齿面形状进行了影响灵敏度分析，最后用试制的电机进行外转子振动特性实验，但该实验是将外转子固定不动，采用定子旋转的方法[45]，这对研究转子的振动特性是有一定缺陷的。

近年来，国内在解析法和数值法计算径向力波方面也取得了很大进展。2006 年，沈阳工业大学于慎波通过研究表明，气隙磁密和 W 型永磁体的布置方式、电流谐波、绕组的分布形式、定转子齿槽数量和形状、功率角等直接相关，并用数值法找到了产生径向电磁力谐波的规律，并通过实验确定了在动偏心存在的情况下，径向电磁力频率与电磁噪声的关系[10]。2007 年，哈尔滨工业大学代颖用有限元法计算了感应电机的径向力波，并进行了频谱特性分析，指出幅值较大的径向力波主要为转子齿谐波，尤其是一阶齿谐波，因此减小定转子齿谐波有利于降低电磁噪声[6]。2010 年，沈阳工业大学宋志环从理论上推导了考虑谐波电流的径向力波表达式并总结了径向力波频率特性，通过有限元验证了理论推导的正确性，研究了三种极槽配合下的径向力波阶次特性，得出整数槽永磁同步电机比分数槽永磁同步电机噪声低的结论[9]。2012 年，同济大学何吕昌通过有限元法分析了永磁无刷直流电机定子槽口宽度、永磁体厚度、气隙长度等结构参数对径向力波的影响，并优化了对电磁噪声影响最大的低阶力波幅值，降低了电机噪声水平[46]。2012 年，上海交通大学何鹄环建立了考虑转子偏心、永磁体厚度、粘结剂弹性的永磁有刷直流电机多物理场有限元模型，精确计算了径向力波[47]。2013 年，同济大学孙庆通过解析法和二维有限元法计算了轮毂永磁同步电机径向力波，并分析了径向力波对电磁噪声的影响[48]。

由上述文献的综述分析可见，无论从解析法还是数值计算上，对径向力波的研究均有了一定的基础。但由于电动车用永磁同步电机调速范围宽、负载变化大、安装环境恶劣，电机气隙磁场畸变大、时间谐波电流丰富，使得径向力波谐波更加丰富。因此，仍有待进一步研究考虑所有时间谐波电流时永磁同步电机的径向力波。此外，径向力波对结构振动加载方式分为节点分布力加载和面集中力加载，然而加载方式一直未能统一，症结在于缺乏普适性的径向集中力建模方法。因此，亟待普适性的径向集中力解析建模方法。

1.2.2　永磁同步电机结构模态的研究现状

研究永磁同步电机结构在电磁力激励下的振动和噪声，必须首先识别和分析电机结构的模态参数：模态频率、模态振型和模态阻尼比。

各国学者在电机模态分析方面开展了广泛的研究，取得了较多研究成果，早期研究把电机定子等效成单环或者双环系统，进而进行电机定子模态的解析计算[49-53]。单环型机电类比法和双环型机电类比法简单快捷，计算形状规则的电机结构模态时，计算精度可满足工程要求，但对结构复杂的电机结构模态分析精度较差[54-57]。诸自强等人分析了感应电机的绕组端部、转子结构和电机运行工况对电机结构模态的影响[58]。1992 年，M. E. H等人建立了定子铁芯轭环、定子铁芯、装配浸漆绕组的定子铁芯、装配浸漆绕组和槽楔的定子铁芯四种二维有限元分析模型，分析了定子铁芯齿、定子绕组等结构部件对定子结构固有模态的影响，指出对于较高阶数的固有模态，定子铁芯齿不能再以简单的附加质量来近似，浸漆绕组提高了定子结构的固有频率[59]。1996 年，S. C. Chang 等人采用有限元法从简单的圆环结构开始，分析了各种不对称现象对电机结构模态的影响，指出电机结构的不对称导致固有频率出现分叉，不利于降噪，应当尽量避免，尤其是定子绕组端部的不对称[60]。我国河海大学王忠建、华中科技大学孙剑波等人分别对开关磁阻电机定子结构模态进行了分析[61-63]。Tang 等人采用有限元法分析了槽楔材料对开关磁阻电机固有模态的影响，通过采用刚度较好的陶瓷槽楔材料使开关磁阻电机的空载噪声降低了 14.1 dB[64]。代颖等人从电磁力波和电机结构模态两方面入手对电动车驱动用感应电机的电磁噪声进行了研究，采用有限元法分析了定子铁芯齿、定子绕组、机壳、端盖和转子结构对感应电机结构模态的影响，研究了改变电机固有频率的途径，提出了预测电机发生电磁共振转速的方法[6]。

现有文献为电动车用永磁同步电机模态分析提供了分析基础，但鲜有涉及永磁同步电机的模态规划。然而，电动车用永磁同步电机与普通工业驱动用永磁同步电机的结构具有明显的不同之处，例如电动车用永磁同步电机多采用扁平结构形式、单轴承悬臂梁支撑方式、端盖与壳体非简支约束、存在预应力、模态非线性阻尼等，其结构模态分析将异于普通工业驱动用永磁同步电机。与此同时，电动车用永磁同步电机的调速范围宽，电机转速很可能穿越电机模态频率，引起电机共振，因此，电动车用永磁同步电机亟待模态规划。

1.2.3 永磁同步电机非线性电磁振动的研究现状

永磁同步电机的机电耦联与磁固耦合振动问题是比较复杂的，它涉及多个学科的理论基础，包括力学（指一般力学、连续介质力学、振动力学）与电学（指电磁场理论、电路理论、电机理论）及其形成的交叉学科。机电之间相互作用规律的研究，需要解决两个方面的问题[65]：一方面是正确地建立机电系统耦联的数学模型，机电分析动力学是研究机电耦联问题很有效的工具，它从能量的观点，作为统一的方法，可用于建立一般力学与电路理论，连续介质与电磁场理论相耦联的微分方程组系统，去研究机电耦联的相互作用规律；另一方面的问题是所有机电耦联系统描述的数学方程都是非线性的，所以，非线性方程组的定量定性的求解是机电耦联问题研究者们特别关注的问题。在弱非线性情况下，已有较为有效的成熟方法，一般采用的方法有 Poincare 的小参数法、KBM 渐进法，该方法对单自由度及多自由度系统的求解都是非常有效的，并且极大简化了研究周期解的稳定性，Nagfeh 和 Mook 将各种形式的多尺度法系统化，有效地解决了一些连续介质系统的非线性振动问题。强非线性振动及非线性动力学问题是目前正在研究的课题[65]。

电机振动与噪声一直是电机界关注的重要问题，由电磁力激发的振动和噪声是研究的重点之一，但主要成果局限于线性振动与噪声的研究领域[65]。邱家俊从理论与实验中发现了各种非线性电磁力，进而把非线性振动与电机理论有机结合起来，开辟了新的研究领域。

机电耦联动力学问题的特点是电机的振动微分方程和电流的微分方程相互交叉耦合，形成了统一的微分方程组系统，也就是说电机系统的动力学和电机的瞬变理论是紧密耦联的。如何正确地建立这种数学系统以及如何求得方程组的解是两大基本难点[65]。

分析现有文献可见，邱家俊等学者在电机非线性振动领域有极其深入的研究，系统地分析了电机非线性振动问题[117-125]。然而，由他们所提方法的建模过程极其复杂、非线性方程的求解方法十分繁复，对研究者的理论水平要求极高，不易实现。因此，针对电动车用永磁同步电机非线性振动研究，亟待简单有效的非线性振动建模方法和非线性方程组的求解途径。

1.2.4 永磁同步电机电磁噪声的研究现状

电机电磁噪声问题是一个包含力学、电磁学、声学、数学多学科多物理量的复杂问题。国外对电机电磁噪声的研究始于20世纪20年代，到40年代以前，主要是研究电磁噪声产生的机理，而对笼型式感应电机的电磁噪声研究是德国的Jordan在20世纪40年代末开始的[66]。20世纪50年代后，美国的Alger等人在对电机模型做了较大简化的基础上从电磁径向力波和固有频率方面对电磁噪声特性做了研究；到了70年代，英国的Mooer和S. J. Yang等人在电机声辐射方面取得了较大进展[67]。后来，随着对电磁噪声的系统研究，比利时学者在研究感应电动机电磁噪声时，提出了四个步骤。首先分析气隙磁场的频谱，然后根据电动机的数据对电磁力进行谱分析，接着计算定子结构的模态，最后将电磁力谱和定子模态进行对照。他们指出，当电磁力的频率接近定子的固有频率时，可产生较高的噪声。在后来的电磁振动噪声研究中，基本都沿用了这样的过程[68-69]。

我国对电磁噪声的研究起步较晚，直到20世纪70年代以后才开展起来，基本上也都沿用了国外的研究方法，在感应电机、开关磁阻电机的电磁噪声研究方面取得了一些成果，对车用电机的电磁噪声研究也有了一定的积累。如武汉理工大学的伍先俊测出了车用电机噪声频谱随转速的变化规律，提出了一些降低车用电机噪声的建议[70]；同济大学申秀敏分别对某电动小车的电机、差速器、减速器和轮胎近场噪声进行了测量，利用偏相干分析法确定了车内噪声的主要来源是驱动电机，且车内噪声的主要峰值均出现在驱动电机转频倍处[71]；哈尔滨工业大学代颖从电磁力波和电机结构固有模态的分析入手，对影响电动汽车驱动用感应电机电磁噪声特点及主要影响因素和降噪方法进行研究[6]。沈阳工业大学的宋志环研究了表贴式永磁同步电动机的振动噪声源识别技术，对永磁同步电动机的不同振动噪声产生机理进行了理论推导，提出各种噪声的识别方法[9]。同济大学何吕昌通过改善电动车用无刷直流电机定子结构，使其电磁噪声降低了5 dB[46]。

在之前对电机减振降噪研究中，更多的是通过改善电机本身结构，使其固有频率远离电磁力激振频率，从而避免共振的发生。在此过程中，需要建立准确的电机定子、转子有限元模型，很多国外学者在从理论推导和有限元计算上对此做了大量工作。近些年，计算机技术和电机控制技术的发展，使得对电磁噪声的研究有所突破。但在大量的实验过程中同时发现，控制系统对电机电磁噪声的影响是十分显著的。Alank. Wallace 提出了调速电动机的噪声来源是电动机非正弦电流激励。通过研究感应电动机、永磁电动机、开关磁阻电动机，发现了电流激励与电动机噪声的关系，输入电流的高次谐波会引起电磁噪声[72]，所以，在噪声与振动研究中，应充分考虑控制系统对电磁噪声的影响。美国学者 Singli Garcia-Otero 应用改进的脉宽调制控制方法，取消了逆变器中对电动机共振频率敏感的电流谐波，使得调速感应电动机的噪声减少 8.37 dB[73]。诸自强教授讨论了脉宽调制控制感应电动机的安装和连接对电动机固有频率和辐射噪声的影响。香港大学的 W. C. Lo 等学者通过使用正弦和非正弦规则采样分频谐波和空间向量脉宽调制逆变器，控制两台公称尺寸相同的感应电动机，得出结论：当脉宽调制谐波与零阶振动模态接近时，基波气隙磁场和脉宽调制谐波的交互作用是噪声辐射的主要原因。因此，控制方法对噪声的影响不容忽视[74-75]。新加坡学者 C. Bi,Q 等在分析了噪声频率、谐波电流和谐波磁场之间的关系后，分析了动力轴承对电磁力及电磁噪声的影响[76]。

综合以上文献，不难发现，在分析电磁噪声时首先要计算电机的气隙磁场和电磁力，再把求解得到的电磁力加载于电机定子或转子，计算受迫振动响应，最后根据定转子外表面的速度、加速度等信息求解电磁噪声。然而，由于电动车用永磁同步电机调速范围宽、负载变化大、安装环境恶劣，电机气隙磁场畸变大、时间谐波电流丰富，使得径向力波谐波更加丰富，极易出现异常噪声源和异常噪声。因此，电动车用永磁同步电机的电磁噪声问题仍有待进一步研究。

1.3 电动车用永磁同步电机非线性电磁振动和异常噪声的研究现状

1.3.1 永磁同步电机非线性电磁振动的研究现状

由于电动车主要采用永磁同步电机直接驱动，相对于传统汽车，其振动噪声问题呈现新的特点：永磁同步电机转矩波动是车身阶次振动与车内噪声的主要振源，瞬态工况下对整车纵向振动的影响尤为显著[77-79]。相对于普通工业驱动用永磁同步电机，由于电动车具有多工况、变负载、宽调速等特点，电动车用永磁同步电机的谐波转矩分量更丰富、更复杂，减振降噪的难度更大。因此，通过实验和理论分析的手段，对永磁同步电机高阶转矩波动进行研究具有重要意义。

电机高阶转矩实验研究方面，电机转矩测量方法可分为：平衡力法及能量转化法、传递法。由于平衡力法易引入一定的累积误差、能量转化法不易实现，传递法成为电机转矩测量的主要方法。传递法是一种将被测转矩传递到弹性元件上，根据弹性元件的变形、应力或应变等物理参量的变化来测量转矩的方法[80]。然而，应用传递法研制的转矩传感器采样时间偏长，导致采样频率较低，以致使用现有转矩传感器实现永磁同步电机高阶转矩波动的实验测量成为难点。文献[81]分析了多个设计变量对转矩波动和转矩线性度的影响，通过转矩测量实验获取了 6 阶转矩波动信号；文献[82]提出了一种能解释 6 阶、12 阶转矩波动现象的永磁同步电机数学模型，通过转矩测量实验验证了 6 阶、12 阶转矩波动的存在和模型的正确性。以上文献未对更高阶转矩波动进行实验测量，无法说明高阶转矩波动阶次特性。

对于永磁同步电机高阶转矩波动的理论研究，文献[83—85]给出了电磁转矩的数学模型，该模型是基于正弦永磁磁场分布、正弦波电源供电、气隙均匀的假设，大多数转矩控制模型都基于此数学模型建立[86-91]，但由于电磁转矩的解析解不含高阶转矩项，故该模型不能反映永磁同步电机高阶转矩波动。很多因素会引起永磁同步电机的转矩波动：非正弦分布的气隙磁场、谐波电流、相的不平衡、开槽[92][93]。文献[94]推导了 $6k$ 阶转矩波动的谐波电流与谐波感应电动势的表达式，提出非正弦分布的气隙磁场是永磁同步电机转矩波动的最主要源头。文献[95]通过扩展的卡尔曼滤波器对气隙磁场非正弦分布永磁同步电机的 $6k$ 阶磁链进行观测，进而得到 $6k$ 阶转矩值。文献[96]通过空载实验，获得永磁同步电机感应电动势各阶次系数，进而得到气隙磁场非正弦分布永磁同步电机的 $6k$ 阶转矩波动表达式。文献[97]通过非正弦分布气隙磁场的数值计算和实验求出 1 阶、5 阶、7 阶等感应电动势谐波分量，由转矩指令得到各阶次谐波电流大小，最终得到 $6k$ 阶转矩波动表达式。然而，这些计算模型中的关键因素“各阶次磁链”或“各阶次感应电动势”需要依赖状态观测器、磁场数值计算或空载实验来获取，未能实现气隙磁场非正弦分布永磁同步电机 $6k$ 阶转矩的完全解析。

相对于普通工业驱动用永磁同步电机，由于电动车具有多工况、变负载、宽调速范围等特点，电动车用永磁同步电机电磁转矩谐波来源更丰富，扭转振动非线性特征更明显，进而导致其减振降噪的难度更大。因此，对电动车用永磁同步电机非线性扭转振动进行理论建模具有重要意义。

永磁同步电机的扭转振动是一种复杂的机电耦联与磁固耦合振动问题。机电之间相互作用规律的研究，需要解决两方面问题[65]：一方面是正确地建立机电系统相耦联的数学模型，另一方面是机电耦联系统非线性数学方程的定性定量求解。针对大型发电机和超声波电机扭转振动问题的研究文献较多。文献[98]应用推广形式的拉格朗日-麦克斯韦方程建立了发电机转子轴系扭振方程组，由非线性振动平均法研究了电磁激发的转子轴系扭振问题。文献[99]利用集中参数法建立了某型交流发电机的动力学模型，通过动态仿真分析得到脉冲电流作用下弹性轴冲击扭转振动的力矩曲线与扭转角曲线。文献[100]通过有限元法对复合型超声波电机的径向振动与扭转振动进行了模态分析。然而，鲜有文献针对永磁同步电机扭转振动进行研究。

综合以上文献可知，永磁同步电机径向力和径向振动主要引起电机本体的噪声，永磁同步电机转矩波动和扭转振动才是引起电动车车身阶次振动和车内噪声的主要振源。然而，现有文献尚未建立同时考虑永磁体磁场非正弦分布、开槽、时间谐波电流等因素的永磁同步电机高阶转矩波动统一解析模型，尚未提出完整的高阶转矩波动实验测试方法和技术要点，缺乏对电动车用永磁同步电机转矩波动阶次特征和形成机理的完整描述，缺乏电动车用永磁同步电机非线性扭转振动的解析模型和简单快捷的求解方法。

1.3.2　永磁同步电机异常噪声的研究现状

车用工况下，永磁同步电机异常噪声问题较为突出，导致异常噪声源诊断和阶次特征分析工作难度增大。本节将重点分析电动车用永磁同步电机异常噪声源识别和阶次特征分析的研究现状。

1.3.2.1　异常噪声源诊断的研究现状

由于电动车用永磁同步电机具有负载变化大、调速范围宽、受力复杂、工作环境恶劣等特点，其噪声源极其丰富且其声品质较差。因此，亟待快速有效的建模技术诊断电动车用永磁同步电机的异常噪声源。

通常，建模技术可分为白箱建模、灰箱建模和黑箱建模三类[101]。过去的十年间，许多研究者为预测和分析永磁同步电机噪声做了很多贡献[102-109]。文献[102]建立了一种预测永磁同步电机振动和噪声的解析模型;文献[103]通过多物理场有限元建模精确预测与分析了永磁同步电机的噪声。文献[104]考虑了不同极槽配合对永磁同步电机噪声的影响。文献[105][106]研究了变频器的载波频率对永磁同步电机噪声的贡献。文献[107]用解析法和有限元法分析了动态偏心故障对永磁同步电机噪声产生的作用。文献[108]中讨论了通过永磁同步电机噪声实验诊断静态偏心、动态偏心和复合偏心。文献[109]讨论了永磁同步电机噪声和振动的电磁特性和机械特性,研究了共振时的异常噪声。现有文献预测噪声主要有两种方法[110]:确定性方法(deterministic method)和统计学方法(statistical method)。确定性方法的建模过程为:输入参数、建立电磁力模型、建立结构模型、建立声学模型、计算获得声功率级。统计学方法的建模过程为:输入参数、建立电磁力模型、建立移动模型、建立统计能量模型、建立辐射效率模型、计算获得声功率级。由于需要永磁同步电机详细的内部参数,因此,确定性方法和统计法均是一种白箱建模技术。永磁同步电机噪声分析的白箱建模技术有如下缺点:

1)建模精度依赖于永磁同步电机精确的内部参数(结构参数和电磁参数)[110];

2)大多通过几个离散的恒定转速分析永磁同步电机噪声,忽略了整个转速范围内的噪声变化;

3)仅选取声压级和频谱特性等物理声学参数来分析永磁同步电机噪声,然而这些物理声学参数有时不能正确反映人对噪声的主观感受,忽略了永磁同步电机的声品质;

4)建模过程耗时长。

然而,由于永磁同步电机制造商的保密性,电动车系统工程师没有办法获取永磁同步电机详细的内部数据。同时,需要考虑整个转速范围内永磁同步电机的噪声特性,关注声品质。另外,电动车的零部件成千上万,噪声源很多,亟待快速有效的建模技术识别和诊断电动车用永磁同步电机的异常噪声源。现有的永磁同步电机噪声识别与诊断的白箱建模技术已不能满足需求，而灰箱建模技术也需要掌握一些系统内部参数。因此，需要一种适用于系统级别分析的黑箱建模技术。

1.3.2.2 异常噪声阶次特征的研究现状

电动车具有多工况、变负载、宽调速等特点，主要采用变频调速永磁同步电机直接驱动。其噪声问题呈现新的特点：变频器供电产生大量的时间谐波电流，使气隙磁场也产生大量的谐波磁场，显著影响径向力波的幅值和阶次，并且可能导致径向力波频率与永磁同步电机或电动汽车车身的某些模态频率接近而发生共振，进而引起永磁同步电机甚至整车的振动和噪声的显著增大。因此，通过实验和理论分析的手段，对考虑时间谐波电流的永磁同步电机电磁噪声进行研究具有重要意义。

国外学者通过研究感应电动机、永磁直流无刷电动机、开关磁阻电动机，发现了变频器供电已成为电机振动和噪声的主要来源之一，指出应充分考虑控制系统对电磁噪声的影响[111]。比利时学者提出了变频器对感应电动机电磁噪声的四步研究法：首先分析变频器的频谱，其次根据电动机的数据对电磁力进行谱分析，然后计算定子结构的模态，最后将电磁力频谱和定子模态进行对照[112]。美国学者 Singli Garcia-Otero 应用改进的脉宽调制控制方法，消除了逆变器中对电动机共振频率敏感的电流谐波[113]。新加坡学者 C. Bi 等分析了噪声频率、谐波电流和谐波磁场的关系[114]。国内，唐任远院士等通过有限元法计算变频器供电时永磁同步电机的三维声场，预估并实验验证了开关频率处的噪声峰值频率[115]。

使用环境的不确定性和工况的多样性使电动车用永磁同步电机的时间谐波电流相对于普通工业驱动用永磁同步电机更加丰富，噪声问题也更加突出、复杂。虽然文献[116]考虑了时间谐波电流，系统地研究了电动车用永磁同步电机转矩波动阶次特征，但转矩波动是车身阶次振动和车内噪声的主要源头，而非永磁同步电机电磁噪声的主要源头[34]，其阶次特征也与电磁噪声的阶次特征差异较大。永磁同步电机电磁噪声的主要源头是径向力波[34]，径向力波的阶次特征可表征永磁同步电机电磁噪声的阶次特征。然而，鲜有文献在考虑时间谐波电流的基础上，研究电动车用永磁同步电机电磁噪声的阶次特征。

1.4　主要研究内容和技术路线

1.4.1　主要研究内容

本书的研究对象是电动车用径向充磁圆柱状永磁同步电机。本书研究了该类电机的非线性电磁振动和异常噪声。首先对引发电动车用永磁同步电机非线性振动和异常噪声的振源——非线性电磁转矩波动和径向力进行了研究，建立了统一的解析模型，分析了电磁转矩和径向力的阶次特征，通过有限元法和实验验证了解析分析的正确性；然后通过解析模态分析、有限元计算模态分析和实验模态分析，识别了电动车用永磁同步电机的模态参数，验证了所建结构模型的准确性，并进行了模态规划；在此基础上，建立了电动车用永磁同步电机电磁振动集中参数模型和结构有限元模型，分析了电磁振动的非线性特性；最后，首次提出了车用工况下永磁同步电机异常噪声识别、诊断、分析的“黑箱方法＋白箱方法”：先应用适用于系统级分析的黑箱方法快速识别和诊断出所有异常噪声源；再考虑这些异常噪声源，应用白箱方法做异常噪声的建模和分析。通过永磁同步电机噪声测试实验验证了所提“黑箱方法＋白箱方法”的正确性。

1.4.2　采用的技术路线

本研究采用的具体技术路线如图 1－1 所示。

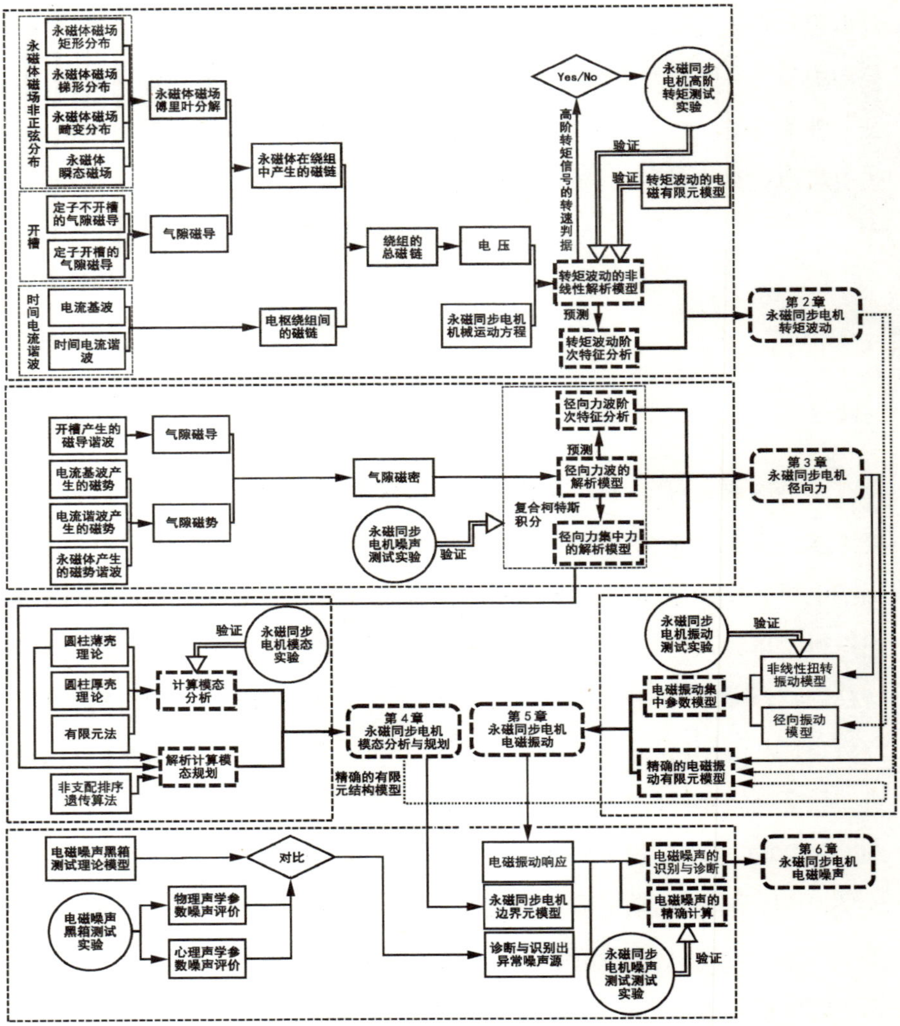

图 1-1　研究采用的技术路线图

第2章

电动车用永磁同步电机非线性电磁转矩波动分析

电动车主要采用永磁同步电机驱动，其振动噪声问题呈现以下一些新的特点：永磁同步电机的高阶转矩波动是车身阶次振动与车内噪声的主要振源，瞬态工况下对整车纵向振动的影响尤为显著。相对于普通工业驱动用永磁同步电机，由于电动车具有多工况、变负载、宽调速范围等特点，电动车用永磁同步电机的谐波转矩分量也更丰富、更复杂，减振降噪的难度更大。

引起永磁同步电机转矩波动的原因有以下一些：① 齿槽转矩；② 磁阻转矩；③ 电磁转矩波动。由于众多文献对永磁电机齿槽转矩已有较深研究，通过改变磁极参数、改变电枢参数和优化极槽配合等方式在电机设计阶段就可大幅削弱齿槽转矩[83]；电动车用永磁同步电机多采用表贴式永磁体形式，直轴和交轴的磁导几乎相等，不存在磁阻转矩。故电磁转矩波动成为电动车用永磁同步电机高阶转矩波动的主要原因。因此，通过理论和实验分析的手段，对永磁同步电机高阶电磁转矩波动进行研究具有重要意义。

本章将建立同时考虑永磁体磁场非正弦分布、定子开槽、时间谐波电流等因素的永磁同步电机电磁转矩的统一非线性解析模型，理论预测与分析电磁转矩波动和阶次特征，提出实现高阶转矩测量的转速判据，克服转矩传感器采样频率较低的技术限制、实现高阶转矩波动的实验测量和分析。

2.1 永磁同步电机电磁转矩的线性解析模型

分析调速永磁同步电机最常用的方法就是 dq 轴数学模型，它不仅可用于分析永磁同步电机的稳态运行性能，也可用于分析永磁同步电机的瞬态性能[85]。

文献[83—85]建立了基于永磁体磁场正弦分布、不考虑开槽、正弦波电源供电的永磁同步电机 dq 轴数学模型，给出了永磁同步电机电磁转矩的线性解析模型。

该模型的假设条件如下：

(1) 永磁体磁场呈正弦分布；

(2) 定子不开槽，气隙均匀；

(3) 永磁同步电机的电流为对称的三相正弦波电流；

(4) 忽略电机磁路饱和。

由此可以得到永磁同步电机 dq 轴数学模型。其电压[式(2-1)和式(2-2)]、电磁转矩[式(2-3)]和机械运动方程[式(2-4)]分别如下：

$$u_d = R_s i_d + L_d \frac{\mathrm{d}i_d}{\mathrm{d}t} - \omega_r L_q i_q \tag{2-1}$$

$$u_q = R_s i_q + L_q \frac{\mathrm{d}i_q}{\mathrm{d}t} + \omega_r L_d i_d + \omega_r \psi_1 \tag{2-2}$$

$$T_{em} = \frac{3}{2} p[\psi_1 i_q + (L_d - L_q) i_d i_q] \tag{2-3}$$

$$\frac{J}{p}\frac{\mathrm{d}\omega_r}{\mathrm{d}t}+\frac{B}{p}\omega_r=T_{em}-T_L \tag{2-4}$$

式中，u_d为 d 轴电压；u_q为 q 轴电压；T_{em}为电磁转矩；R_s为相电阻；i_d为 d 轴电流；i_q为 q 轴电流；L_d为 d 轴电感；L_q为 q 轴电感；ψ_1 为基波磁链；t 为时间；ω_r为电角速度；J 为转动惯量（包括转子转动惯量和负载机械折算过来的转动惯量）；p 为极对数；B 为摩擦系数；T_L为负载转矩。

由式(2－3)可知，由于此模型忽略了永磁体磁场非正弦分布、定子开槽、时间谐波电流等因素，不含谐波转矩，是一种线性解析模型，计算精度不高[126]。然而，大多数文献[86-91]报道的永磁同步电机转矩控制模型都是基于此线性解析模型建立的，均不能反映实际的永磁同步电机电磁转矩波动，不能很好地揭示电磁转矩波动的非线性特征。因此，亟待同时考虑永磁体磁场非正弦分布、定子开槽、时间谐波电流等因素的永磁同步电机电磁转矩波动的统一非线性解析模型。

2.2　永磁同步电机电磁转矩波动的非线性解析建模

本节理论推导并建立了同时考虑永磁体磁场非正弦分布、定子开槽、时间谐波电流等因素的永磁同步电机电磁转矩波动的统一非线性解析模型，旨在揭示永磁同步电机电磁转矩波动的形成机理和非线性特征。

2.2.1　考虑永磁体磁场非正弦分布的电磁转矩波动非线性解析建模

永磁体磁场分布的差异将导致永磁同步电机电磁转矩的计算值和实际值的偏差各不相同，影响分析计算的准确性。要精确计算永磁同步电机的电磁转矩和工作特性，应从提高永磁体磁场分布计算的准确性入手。因此，本节在考虑永磁体磁场非正弦分布的电磁转矩波动非线性建模时，分别建立了永磁体磁场矩形分布、永磁体磁场梯形分布、永磁体磁场畸变分布的永磁同步电机电磁转矩波动解析模型。

2.2.1.1 永磁体磁场矩形分布的电磁转矩波动非线性解析建模

外转子表贴式永磁同步电机电磁转矩的大小和气隙磁场的大小与分布有关，要分析电磁转矩必须计算出永磁磁极的气隙磁场大小和分布。本节利用傅里叶级数求解永磁磁极气隙磁场的分布，建立了考虑永磁体磁场矩形分布的电磁转矩波动非线性解析模型，最后通过有限元计算验证了该解析模型。

相对于 2.1 节中永磁同步电机电磁转矩线性模型的假设条件，本节作了如下假设：

(1) 永磁体磁场呈矩形分布[142]；

(2) 定子不开槽，气隙均匀；

(3) 永磁同步电机的电流为对称的三相正弦波电流；

(4) 忽略电机磁路饱和。

外转子表贴式永磁同步电机物理模型如图 2-1 所示。由于定子表面光滑、无齿槽，则永磁体磁极磁场强度径向分布如图 2-2，$Br(\theta)$是周期为 2π 的偶函数，则径向磁通密度表达式为

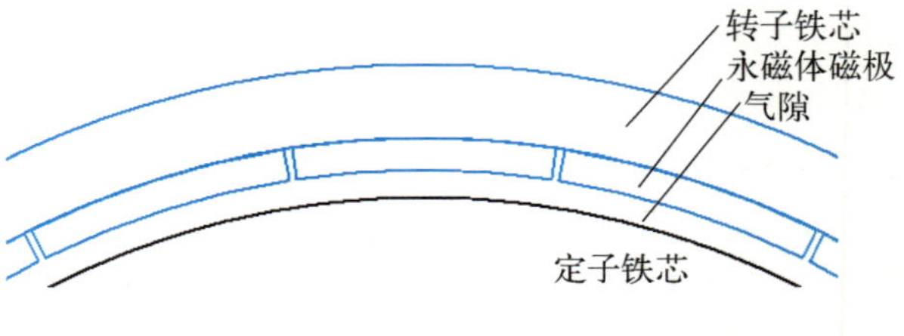

图 2-1 外转子表贴式永磁同步电机的物理模型

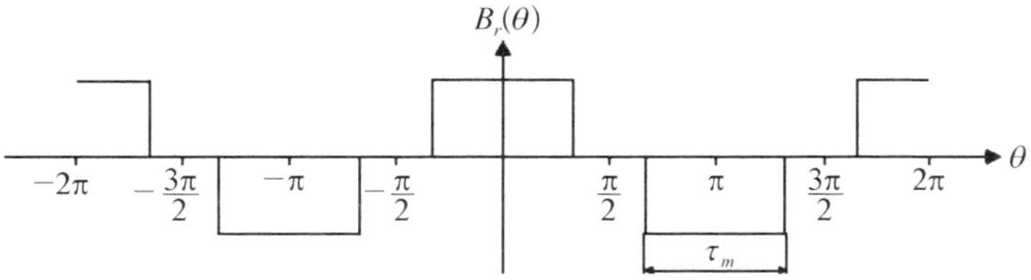

图 2-2　磁场强度径向分量分布

$$B_r(\theta)=\begin{cases}-B_r,(\text{当}-\pi+2k\pi\leqslant\theta\leqslant-\pi+\dfrac{\tau_m}{2}+2k\pi\\ \quad\text{或}\ \pi-\dfrac{\tau_m}{2}+2k\pi\leqslant\theta\leqslant\pi+2k\pi)\\ 0,\quad(\text{当}-\pi+\dfrac{\tau_m}{2}+2k\pi\leqslant\theta\leqslant-\dfrac{\tau_m}{2}+2k\pi\\ \quad\text{或}\dfrac{\tau_m}{2}+2k\pi\leqslant\theta\leqslant\pi-\dfrac{\tau_m}{2}+2k\pi)\\ B_r,\quad(\text{当}-\dfrac{\tau_m}{2}+2k\pi\leqslant\theta\leqslant\dfrac{\tau_m}{2}+2k\pi)\end{cases}\tag{2-5}$$

式中，θ 为转子 d 轴超前 A 相轴线 f_a 的电角度，如图 2-3 所示，且 $\theta=\omega_r t+\theta_0-\alpha$ [38]；α 为相对于定子的角度；ω_r 为电角速度；t 为时间；θ_0 为转子初始角度；B_r 为永磁体径向磁密极值。

而 $B_r(\theta)$ 的傅里叶级数表达式为

$$\frac{a_0}{2}+\sum_{n=1}^{\infty}[a_n\cos(n\theta)+b_n\sin(n\theta)]\tag{2-6}$$

式中，

$$a_0=\frac{1}{\pi}\int_{-\pi}^{\pi}B_r(\theta)\mathrm{d}\theta\tag{2-7}$$

$$a_n=\frac{1}{\pi}\int_{-\pi}^{\pi}B_r(\theta)\cos(n\theta)\mathrm{d}\theta\tag{2-8}$$

$$b_n = \frac{1}{\pi}\int_{-\pi}^{\pi} B_r(\theta)\sin(n\theta)\mathrm{d}\theta \tag{2-9}$$

将式(2-5)代入式(2-7)、式(2-8)和式(2-9),得傅里叶级数的系数:

$$\begin{aligned}
a_0 &= \frac{1}{\pi}\int_{-\pi}^{\pi} B_r(\theta)\mathrm{d}\theta = \frac{2}{\pi}\int_{0}^{\pi} B_r(\theta)\mathrm{d}\theta \\
&= \frac{2}{\pi}\left[\int_{0}^{\frac{\tau_m}{2}} B_r(\theta)\mathrm{d}\theta + \int_{\frac{\tau_m}{2}}^{\pi-\frac{\tau_m}{2}} B_r(\theta)\mathrm{d}\theta + \int_{\pi-\frac{\tau_m}{2}}^{\pi} B_r(\theta)\mathrm{d}\theta\right] \\
&= 0
\end{aligned} \tag{2-10}$$

$$\begin{aligned}
a_n &= \frac{1}{\pi}\int_{-\pi}^{\pi} B_r(\theta)\cos(n\theta)\mathrm{d}\theta = \frac{2}{\pi}\int_{0}^{\pi} B_r(\theta)\cos(n\theta)\mathrm{d}\theta \\
&= \frac{2}{\pi}\left[\int_{0}^{\frac{\tau_m}{2}} B_r(\theta)\cos(n\theta)\mathrm{d}\theta + \int_{\frac{\tau_m}{2}}^{\pi-\frac{\tau_m}{2}} B_r(\theta)\cos(n\theta)\mathrm{d}\theta + \int_{\pi-\frac{\tau_m}{2}}^{\pi} B_r(\theta)\cos(n\theta)\mathrm{d}\theta\right] \\
&= \frac{4B_r}{(2n-1)\pi}\sin\left[(2n-1)\frac{\tau_m}{2}\right]
\end{aligned} \tag{2-11}$$

$$\begin{aligned}
b_n &= \frac{1}{\pi}\int_{-\pi}^{\pi} B_r(\theta)\sin(n\theta)\mathrm{d}\theta = \frac{2}{\pi}\int_{0}^{\pi} B_r(\theta)\sin(n\theta)\mathrm{d}\theta \\
&= \frac{2}{\pi}\left[\int_{0}^{\frac{\tau_m}{2}} B_r(\theta)\sin(n\theta)\mathrm{d}\theta + \int_{\frac{\tau_m}{2}}^{\pi-\frac{\tau_m}{2}} B_r(\theta)\sin(n\theta)\mathrm{d}\theta \right.\\
&\quad \left. + \int_{\pi-\frac{\tau_m}{2}}^{\pi} B_r(\theta)\sin(n\theta)\mathrm{d}\theta\right] \\
&= 0
\end{aligned} \tag{2-12}$$

令 $k=n$, $k \in N^*$, 并将式(2-10)、式(2-11)、式(2-12)代入式(2-6),可得径向气隙磁通密度$B_r(\theta)$的傅里叶级数表达式为

$$B_r(\theta)=\sum_{k=1}^{\infty}\frac{4B_r}{(2k-1)\pi}\sin\left[(2k-1)\frac{\tau_m}{2}\right]\cos(2k-1)\theta$$
$$=\sum_{k=1}^{\infty}B_{(2k-1)}\cos(2k-1)\theta \tag{2-13}$$

式中，τ_m为永磁体极弧宽度。

为了计算 A、B、C 一相内感应磁链，假设定子绕组局部均匀分布，即在 β 范围内每相绕组的磁通恒定[142]，如图 2-3 所示。

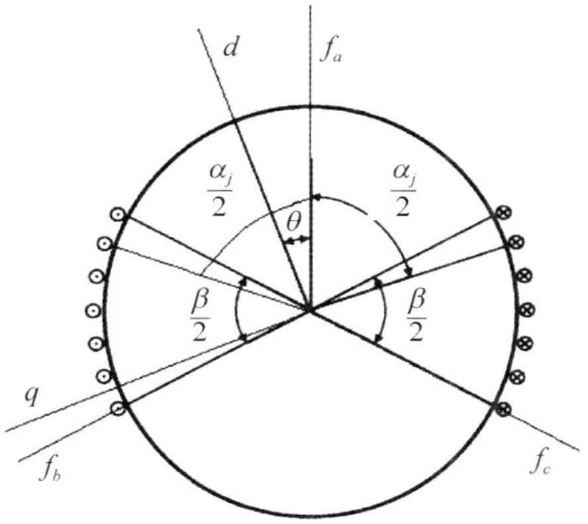

图 2-3　A、B、C 相定子绕组简化模型

磁链的计算公式为

$$\psi=\int_s B\,\mathrm{d}s \tag{2-14}$$

因此，由式(2-13)和式(2-14)可求得 A 相感应磁链：

$$\psi_{m,a}(\theta)=k\sum_{j=1}^{N_c}\left[\int_{\theta-\frac{\alpha_j}{2}}^{\theta+\frac{\alpha_j}{2}}B_r(\theta)\cdot r_s l_s\,\mathrm{d}\theta\right]$$
$$=\sum_{k=1}^{\infty}\sum_{j=1}^{N_c}\left\{\frac{8k_c B_r r_s l_s}{(2k-1)^2\pi}\sin\left[(2k-1)\frac{\tau_m}{2}\right]\sin\left[(2k-1)\frac{\alpha_j}{2}\right]\right\}$$
$$\cos[(2k-1)\theta]$$
$$=\sum_{k=1}^{\infty}\psi_{(2k-1)}\cos[(2k-1)\theta] \tag{2-15}$$

式中，k_c为绕组系数；N_c为相绕组线圈匝数；α_j定义见图 2-3；r_s为定子外圆半径；l_s为定子轴向长度。

A、B、C 三相感应磁链相角相差 $2\pi/3$。因此，A、B、C 三相感应磁链表达式为

$$\boldsymbol{\Psi}_{m,ph}=\begin{bmatrix}\psi_{m,a}(\theta)\\ \psi_{m,b}(\theta)\\ \psi_{m,c}(\theta)\end{bmatrix}=\begin{bmatrix}\psi_{m,a}(\theta)\\ \psi_{m,a}\left(\theta-\dfrac{2\pi}{3}\right)\\ \psi_{m,a}\left(\theta+\dfrac{2\pi}{3}\right)\end{bmatrix}$$

$$=\begin{bmatrix}\sum\limits_{k=1}^{\infty}\psi_{(2k-1)}\cos[(2k-1)\theta]\\ \sum\limits_{k=1}^{\infty}\psi_{(2k-1)}\cos\left[(2k-1)\left(\theta-\dfrac{2\pi}{3}\right)\right]\\ \sum\limits_{k=1}^{\infty}\psi_{(2k-1)}\cos\left[(2k-1)\left(\theta+\dfrac{2\pi}{3}\right)\right]\end{bmatrix}\tag{2-16}$$

将式(2-16)经过 Blondel-Park 变换可得到 dq 坐标系下的感应磁链：

$$\boldsymbol{\Psi}_{m,dq}=\boldsymbol{T}_{dq,ph}\boldsymbol{\Psi}_{m,ph}=\begin{bmatrix}\sum\limits_{k=1}^{\infty}\{\psi_1+[\psi_{(6k-1)}+\psi_{(6k+1)}]\cos 6k\theta\}\\ \sum\limits_{k=1}^{\infty}\{[-\psi_{(6k-1)}+\psi_{(6k+1)}]\sin 6k\theta\}\end{bmatrix}\tag{2-17}$$

式中，$\boldsymbol{T}_{dq,ph}$ 为 Blondel-Park 变换矩阵[84-85]：

$$\boldsymbol{T}_{dq,ph}=\frac{1}{3}\begin{bmatrix}2\cos\theta & 2\cos\left(\theta-\dfrac{2\pi}{3}\right) & 2\cos\left(\theta+\dfrac{2\pi}{3}\right)\\ -2\sin\theta & -2\sin\left(\theta-\dfrac{2\pi}{3}\right) & -2\sin\left(\theta+\dfrac{2\pi}{3}\right)\\ 1 & 1 & 1\end{bmatrix}\tag{2-18}$$

由此可得定子总磁链：

$$\boldsymbol{\psi}_{dq} = L\, i_{dq} + \psi_{m,\, dq}$$

$$= \begin{bmatrix} L_d & 0 \\ 0 & L_q \end{bmatrix} \begin{bmatrix} i_d \\ i_q \end{bmatrix} + \begin{bmatrix} \sum_{k=1}^{\infty} \{\psi_1 + [\psi_{(6k-1)} + \psi_{(6k+1)}]\cos 6k\theta\} \\ \sum_{k=1}^{\infty} \{[-\psi_{(6k-1)} + \psi_{(6k+1)}]\sin 6k\theta\} \end{bmatrix} \quad (2-19)$$

式中，L_d、L_q分别为 d、q 轴定子电感。

abc 坐标下的电压方程为

$$\boldsymbol{V}_{ph} = \boldsymbol{R}_s\, i_{ph} + \frac{\mathrm{d}}{\mathrm{d}t}(\boldsymbol{\psi}_{ph}) = \begin{bmatrix} \boldsymbol{R}_s & 0 & 0 \\ 0 & \boldsymbol{R}_s & 0 \\ 0 & 0 & \boldsymbol{R}_s \end{bmatrix} \begin{bmatrix} i_a \\ i_b \\ i_c \end{bmatrix} + \frac{\mathrm{d}}{\mathrm{d}t}(\boldsymbol{\psi}_{ph}) \quad (2-20)$$

式中，$\boldsymbol{V}_{ph}$、$\boldsymbol{\psi}_{ph}$ 分别为abc 坐标下相电压、相磁链；$\boldsymbol{R}_s$ 为相电阻；i_a、i_b、i_c为三相电流。

由 Blondel-Park 变换可根据式(2－20)得到 dq 坐标系下电压方程：

$$V_{dq0} = T_{dq,\, ph}\, V_{ph}$$

$$= \begin{bmatrix} R_s i_d + L_d \frac{\mathrm{d}}{\mathrm{d}t} i_d - \omega_r L_q i_q \\ -\omega_r \sum_{k=1}^{\infty} \{[(6k-1)\psi_{(6k-1)} + (6k+1)\psi_{(6k+1)}]\sin 6k\theta\} \\ R_s i_q + L_q \frac{\mathrm{d}}{\mathrm{d}t} i_q + \omega_r L_d i_d + \omega_r \psi_1 \\ +\omega_r \sum_{k=1}^{\infty} \{[-(6k-1)\psi_{(6k-1)} + (6k+1)\psi_{(6k+1)}]\cos 6k\theta\} \end{bmatrix}$$

(2－21)

式中，i_d、i_q分别为 dq 轴定子电流；ω_r为转子的电角速度。

由式(2－21)可得 dq 坐标下的感应电动势：

$$E=\begin{bmatrix}-\omega_r L_q i_q-\omega_r\sum_{k=1}^{\infty}\{[(6k-1)\psi_{(6k-1)}+(6k+1)\psi_{(6k+1)}]\sin 6k\theta\}\\ \omega_r L_d i_d+\omega_r\psi_1+\omega_r\sum_{k=1}^{\infty}\{[-(6k-1)\psi_{(6k-1)}+(6k+1)\psi_{(6k+1)}]\cos 6k\theta\}\end{bmatrix}\tag{2-22}$$

易得电磁功率：

$$P_e=u_{ph}^T i_{ph}=(T_{dq,\ ph}^{-1}E)^T(T_{dq,\ ph}^{-1}i_{dq})=\frac{3}{2}E^T i_{dq}\tag{2-23}$$

感应电动势产生了电磁转矩，电磁转矩可由下式求得：

$$T_e=\frac{P_e}{\omega_m}=\frac{P_e}{\dfrac{\omega_r}{p}}=\frac{pP_e}{\omega_r}\tag{2-24}$$

式中，ω_m为转子机械角速度。

故，联立式(2-22)—式(2-24)，可得电磁转矩的解析解：

$$\begin{aligned}T_e=&\frac{3}{2}p[(L_d-L_q)i_d i_q+\psi_1 i_q]\\&-\frac{3}{2}p\sum_{k=1}^{\infty}\{[(6k-1)\psi_{(6k-1)}+(6k+1)\psi_{(6k+1)}]i_d\}\sin 6k\theta\\&+\frac{3}{2}p\sum_{k=1}^{\infty}\{[-(6k-1)\psi_{(6k-1)}+(6k+1)\psi_{(6k+1)}]i_q\}\cos 6k\theta\end{aligned}\tag{2-25}$$

式中，$\psi_{(2k-1)}=\sum_{j=1}^{N_c}\left\{\dfrac{8k_c B_r r_s l_s}{(2k-1)^2\pi}\sin\left[(2k-1)\dfrac{\tau_m}{2}\right]\sin\left[(2k-1)\dfrac{\alpha_j}{2}\right]\right\}$。

因此，由式(2-25)电磁转矩的解析解可知：电磁转矩中包含$6k$阶转矩波动项，$6k$阶转矩波动由谐波磁链（ψ_{6k-1}与ψ_{6k+1}）和电流（i_d与i_q）共同产生；当不考虑谐波电流的影响时（i_d与i_q为常数），气隙磁场非正弦分布的谐波磁链ψ_{6k-1}与ψ_{6k+1}引起 6k 阶谐波转矩。6k 阶转矩以 6 阶、12 阶、18 阶转矩为主。当计算有限阶次 6k 阶电磁转矩时，即 k 取特定的自然数时，以上各式转化为常系数微分方程。该 6k 阶转矩波动不仅是永磁同步电机 6k 阶振动噪声的根源，也是引起电动汽车动力总成与整车阶次振动的根源。

根据电磁转矩的解析式(2－25)，对于 6k 阶转矩波动项，则有

$$\begin{aligned} 6k\theta &= 6k(\omega_r t + \theta_0 - \alpha) = 6k(p\omega_m t + \theta_0 - \alpha) \\ &= \left(6k\,\frac{pn}{60}\right)2\pi t + 6k\theta_0 - 6k\alpha \end{aligned} \tag{2-26}$$

式中，n 为机械转速，单位为 r/min；t 为时间。

则，永磁同步电机电磁转矩波动的第 6k 阶频率为

$$f_{6k} = 6k\left(\frac{pn}{60}\right) \tag{2-27}$$

由式(2－27)可知：当极对数 p 确定时，电磁转矩第 6k 阶频率与转速 n 成正比。在电动汽车加速或回馈制动过程中，转速穿越永磁同步电机的固有频率时，可能引起永磁同步电机的共振，影响整车舒适性。因此，在永磁同步电机设计时，需要根据极对数 p 和转速范围，规划电机定、转子模态频率，避开电磁转矩波动频率，防止共振。

为验证本解析计算方法，本书对 1 台 2 极 6 槽永磁同步电机的电磁转矩进行解析计算，电机参数如表 2－1 所列，同时建立二维有限元模型进行数值计算，其计算结果对比如图 2－4 所示。

图 2－4 表明：本书提出的解析计算模型与有限元计算结果基本吻合，可见此解析计算方法是有效可行的。

在电机额定转速下，由式(2－27)，可得该电机第 6k 阶转矩波动频率为

$$f_{6k} = 6k\,\frac{pn}{60} = 6k\,\frac{1\times 700}{60} = 70k(\text{Hz})\text{，其中 } k = 1,\ 2,\ 3,\ \cdots \tag{2-28}$$

表 2-1　永磁同步电机参数

参数/单位	数　值	参数/单位	数　值
额定功率/kW	2.2	额定转速/(r/min)	700
极对数/—	1	相数/—	3
定子电阻/Ω	0.023 3	极弧宽度/rad	0.6π
永磁体剩磁/T	0.12	定子外径/m	0.113 28
直轴电感/H	0.000 668	定子轴向长度/m	0.045
交轴电感/H	0.000 668		

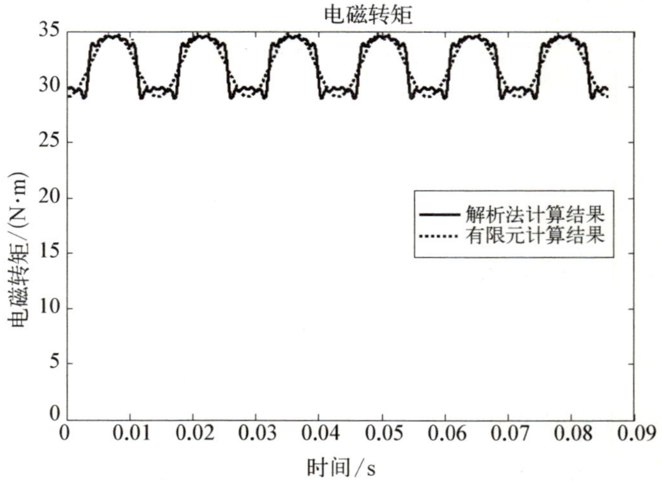

图 2-4　电磁转矩的解析计算与有限元计算结果对比

将图 2-4 所示解析计算结果进行频谱分析，如图 2-5 所示，电磁转矩波动各阶次频率为 71.6 Hz、143.2 Hz、214.8 Hz、286.4 Hz、340.1 Hz、429.6 Hz、483.3 Hz、554.9 Hz、626.5 Hz、698.1 Hz，与式(2-28)预测值较为吻合。验证了所提解析方法的正确性。

2.2.1.2　永磁体磁场梯形分布的电磁转矩波动非线性解析建模

电动车用永磁同步电机的电磁转矩波动与气隙磁场的分布与大小有

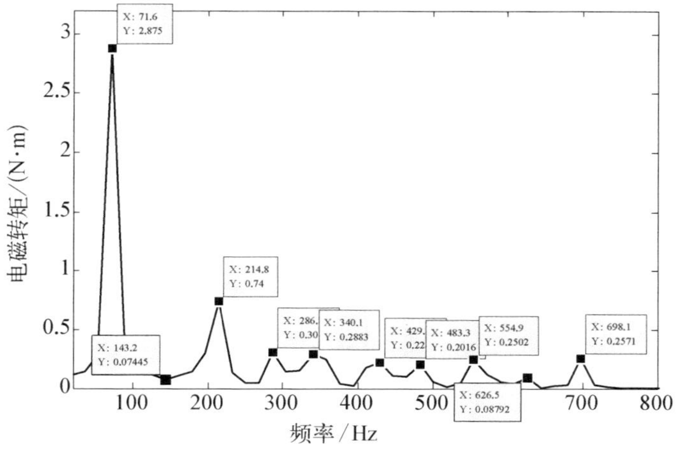

图 2-5　基于解析计算的电磁转矩频谱分析

关。气隙磁场由永磁体主磁极磁场和电枢反应磁场组成。瓦片型表贴式永磁同步电机的永磁体主磁极磁场通常呈梯形分布[97]。永磁体的空间分布将直接影响感应电动势的波形，进而会影响电磁转矩的生成。因此，本节将建立永磁体磁场畸变分布永磁同步电机电磁转矩的解析模型，最后通过有限元计算验证了该解析模型。

相对于 2.1 节中永磁同步电机电磁转矩线性模型的假设条件，本节作了如下假设：

(1) 永磁体磁场呈梯形分布[97]；

(2) 定子不开槽，气隙均匀；

(3) 永磁同步电机的电流为对称的三相正弦波电流；

(4) 忽略电机磁路饱和。

外转子表贴式永磁同步电机物理模型如图 2-6 所示。由于定子表面光滑无齿槽，则永磁体磁极磁场强度径向分布如图 2-6 所示。

$B_r(\theta)$是周期为 2π 的偶函数，则径向磁通密度表达式为

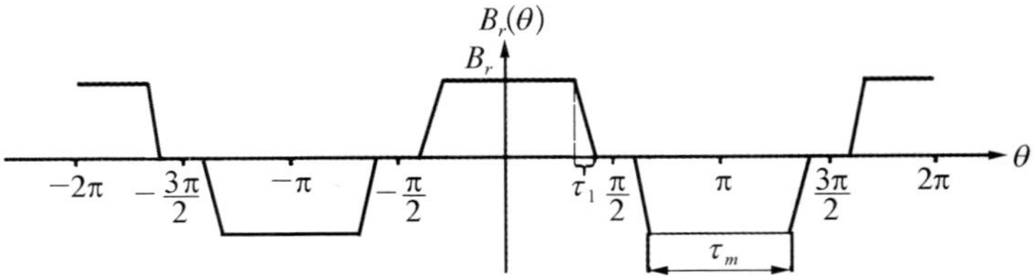

图 2-6　磁场强度径向分量分布

$$B_r(\theta)=$$

$$\begin{cases}-B_r,\left(当-\pi+2i\pi\leqslant\theta\leqslant-\pi+\dfrac{\tau_m}{2}+2i\pi\right)\\ \dfrac{B_r}{\tau_1}\left(\theta+\pi-\dfrac{\tau_m}{2}-\tau_1-2i\pi\right),\\ \quad\left(当-\pi+\dfrac{\tau_m}{2}+2i\pi\leqslant\theta\leqslant-\pi+\dfrac{\tau_m}{2}+\tau_1+2i\pi\right)\\ 0,\left(当-\pi+\dfrac{\tau_m}{2}+\tau_1+2i\pi\leqslant\theta\leqslant-\dfrac{\tau_m}{2}-\tau_1+2i\pi\right)\\ \dfrac{B_r}{\tau_1}\left(\theta+\dfrac{\tau_m}{2}+\tau_1-2i\pi\right),\left(当-\dfrac{\tau_m}{2}-\tau_1+2i\pi\leqslant\theta\leqslant-\dfrac{\tau_m}{2}+2i\pi\right)\\ B_r,\left(当-\dfrac{\tau_m}{2}+2i\pi\leqslant\theta\leqslant\dfrac{\tau_m}{2}+2i\pi\right)\\ -\dfrac{B_r}{\tau_1}\left(\theta-\dfrac{\tau_m}{2}-\tau_1-2i\pi\right),\left(当\dfrac{\tau_m}{2}+2i\pi\leqslant\theta\leqslant\dfrac{\tau_m}{2}+\tau_1+2i\pi\right)\\ 0,\left(当\dfrac{\tau_m}{2}+\tau_1+2i\pi\leqslant\theta\leqslant\pi-\dfrac{\tau_m}{2}-\tau_1+2i\pi\right)\\ -\dfrac{B_r}{\tau_1}\left(\theta-\pi+\dfrac{\tau_m}{2}+\tau_1-2i\pi\right),\left(当\pi-\dfrac{\tau_m}{2}-\tau_1+2i\pi\leqslant\theta\leqslant\pi-\dfrac{\tau_m}{2}+2i\pi\right)\\ -B_r,\left(当\pi-\dfrac{\tau_m}{2}+2i\pi\leqslant\theta\leqslant\pi+2i\pi\right)\end{cases}$$

(2-29)

由式(2-6),用傅里叶级数展开,得

$$B_r(\theta) = \sum_{k=1}^{\infty} \frac{8B_r}{(2k-1)^2 \pi \tau_1} \sin \frac{(2k-1)(\tau_m+\tau_1)}{2} \sin \frac{(2k-1)\tau_1}{2} \cos(2k-1)\theta$$

$$= \sum_{k=1}^{\infty} B_{(2k-1)} \cos(2k-1)\theta \tag{2-30}$$

式中,τ_m 和 τ_1 为气隙磁场梯形分布系数(图 2-6);$B_{(2i-1)}$ 为气隙磁密谐波幅值(图 2-7)。

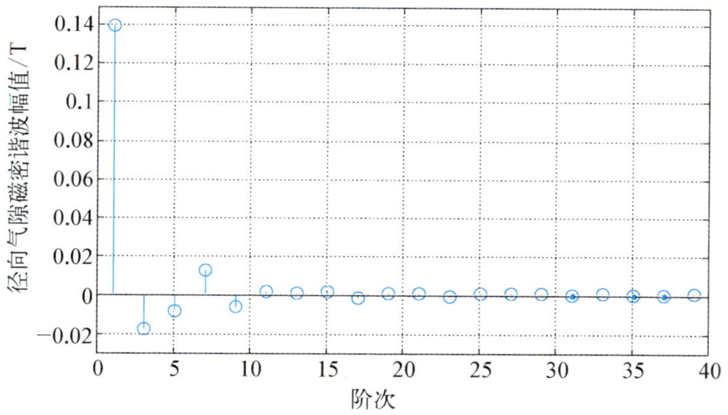

图 2-7　气隙磁密谐波 $B_{(2i-1)}$ 幅值

因此,由梯形磁场径向磁密分布式(2-29)与磁链计算式(2-14)可求得 A 相感应磁链:

$$\psi_{m,a}(\theta) = k_c \sum_{j=1}^{N_c} \left[\int_{\theta-\frac{\alpha_j}{2}}^{\theta+\frac{\alpha_j}{2}} B_r(\theta) \cdot r_s l_s \, d\theta \right]$$

$$= k_c \sum_{j=1}^{N_c} \left[\int_{\theta-\frac{\alpha_j}{2}}^{\theta+\frac{\alpha_j}{2}} \sum_{k}^{\infty} B_{(2k-1)} \cos(2k-1)\theta \cdot r_s l_s \, d\theta \right]$$

$$= \sum_{k=1}^{\infty} \sum_{j=1}^{N_c} \left\{ \frac{16 k_c r_s l_s B_r}{(2k-1)^3 \pi \tau_1} \sin \frac{(2k-1)(\tau_m+\tau_1)}{2} \right.$$

$$\sin\frac{(2k-1)\tau_1}{2}\sin\left[(2k-1)\frac{\alpha_j}{2}\right]\Bigg\}\cos[(2k-1)\theta]$$

$$=\sum_{k=1}^{\infty}\psi_{(2k-1)}\cos[(2k-1)\theta] \tag{2-31}$$

式中，$\psi_{(2k-1)}=\sum_{j=1}^{N_c}\left\{\frac{16k_c r_s l_s B_r}{(2k-1)^3\pi\tau_1}\sin\frac{(2k-1)(\tau_m+\tau_1)}{2}\sin\frac{(2k-1)\tau_1}{2}\sin\left[(2k-1)\frac{\alpha_j}{2}\right]\right\}$；$N_c$为相绕组线圈匝数；$\alpha_j$的定义见图 2-3；$r_s$为定子外圆半径；$l_s$为定子轴向长度。

进而可得定子总磁链：

$$\boldsymbol{\Psi}_{dq}=\boldsymbol{L}i_{dq}+\boldsymbol{\Psi}_{m,dq}$$
$$=\begin{bmatrix}L_d & 0\\ 0 & L_q\end{bmatrix}\begin{bmatrix}i_d\\ i_q\end{bmatrix}+\begin{bmatrix}\sum_{k=1}^{\infty}\{\psi_1+[\psi_{(6k-1)}+\psi_{(6k+1)}]\cos 6k\theta\}\\ \sum_{k=1}^{\infty}\{[-\psi_{(6k-1)}+\psi_{(6k+1)}]\sin 6k\theta\}\end{bmatrix} \tag{2-32}$$

矩阵微分，可得 dq 坐标系下的电压方程为

$$\boldsymbol{V}_{dq}=\boldsymbol{T}_{dq,ph}\boldsymbol{V}_{ph}$$
$$=\boldsymbol{T}_{dq,ph}\boldsymbol{R}_s i_{ph}+\boldsymbol{T}_{dq,ph}\frac{\mathrm{d}}{\mathrm{d}t}(\boldsymbol{\Psi}_{ph})$$
$$=R_s i_{dq}+T_{dq,ph}\left(\frac{\mathrm{d}}{\mathrm{d}t}T_{dq,ph}^{-1}\right)\psi_{dq}+\frac{\mathrm{d}}{\mathrm{d}t}\psi_{dq}$$
$$=\begin{bmatrix}R_s i_d+L_d\frac{\mathrm{d}}{\mathrm{d}t}i_d-\omega_r L_q i_q\\ \quad-\omega_r\sum_{k=1}^{\infty}\{[(6k-1)\psi_{(6k-1)}+(6k+1)\psi_{(6k+1)}]\sin 6k\theta\}\\ R_s i_q+L_q\frac{d}{dt}i_q+\omega_r L_d i_d+\omega_r\psi_1\\ \quad+\omega_r\sum_{k=1}^{\infty}\{[-(6k-1)\psi_{(6k-1)}+(6k+1)\psi_{(6k+1)}]\cos 6k\theta\}\end{bmatrix}$$

(2-33)

根据功率、电压、感应电动势的关系，可求得电磁转矩为

$$
\begin{aligned}
T_e =& \frac{3}{2}p[\psi_1 i_q + (L_d - L_q)i_d i_q] \\
& - \frac{3}{2}p\sum_{k=1}^{\infty}\{[(6k-1)\psi_{(6k-1)} + (6k+1)\psi_{(6k+1)}]\sin 6k\theta\}i_d \\
& + \frac{3}{2}p\sum_{k=1}^{\infty}\{[-(6k-1)\psi_{(6k-1)} + (6k+1)\psi_{(6k+1)}]\cos 6k\theta\}i_q
\end{aligned}
\tag{2-34}
$$

式中，$\psi_{(2k-1)} = \sum_{j=1}^{N_c}\left\{\frac{16k_c r_s l_s B_r}{(2k-1)^3\pi\tau_1}\sin\frac{(2k-1)(\tau_m+\tau_1)}{2}\sin\frac{(2k-1)\tau_1}{2}\sin\left[(2k-1)\frac{\alpha_j}{2}\right]\right\}$。

为了验证本解析计算方法的有效性，本书利用以上计算模型，对 1 台虚拟单元样机—2 极 6 槽永磁同步电机的电磁转矩进行编程计算分析，电机基本参数见表 2 - 2。同时利用二维有限元计算程序，对虚拟单元样机进行电磁转矩计算，其计算结果如图 2 - 8 所示。

表 2 - 2　永磁同步电机参数

参数/单位	数　值	参数/单位	数　值
额定功率/kW	2.2	额定转速/(r/min)	700
极对数/—	1	相数/—	3
定子电阻/Ω	0.023 3	极弧宽度/rad	0.6π
永磁体剩磁/T	0.12	定子外径/m	0.113 28
直轴电感/H	0.000 668	定子轴向长度/m	0.045
交轴电感/H	0.000 668	梯形分布系数 τ_1/rad	0.15π
梯形分布系数 τ_m/rad	0.85π		

从图 2 - 8 可以看出，提出的计算模型与有限元计算结果基本吻合，可见此解析计算方法是有效可行的。

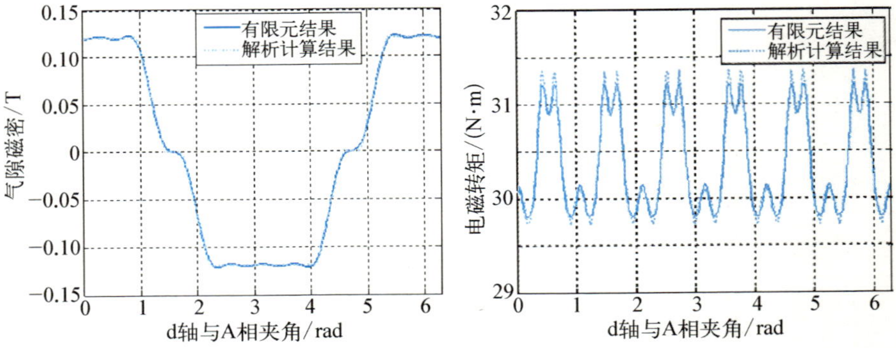

图 2-8　解析计算结果与有限元计算结果比较

2.2.1.3　永磁体磁场畸变分布的电磁转矩波动非线性解析建模

为提高过载能力，电动车用永磁同步电机的电密和磁密取值较高，磁场畸变增加，进而增加了磁场的谐波含量。文献[127]给出了忽略电枢反应磁场的影响、基于磁场畸变的永磁体磁场的径向分布，如图 2-9 所示。永磁体的空间分布将直接影响感应电动势的波形，进而会影响电磁转矩的生成。因此，本节将建立永磁体磁场畸变分布永磁同步电机电磁转矩的解析模型，最后通过有限元计算验证了该解析模型。

相对于 2.1 节中永磁同步电机电磁转矩线性模型的假设条件，本节作了如下假设：

（1）永磁体磁场呈畸变分布[127]；

（2）定子不开槽，气隙均匀；

（3）永磁同步电机的电流为对称的三相正弦波电流；

（4）忽略电机磁路饱和。

基于以上假设与文献[15]，本书得到分布式驱动用永磁同步电机磁场径向分布$B_r(\theta)$，如图 2-9 所示。$B_r(\theta)$是周期为 2π 的偶函数，则径向磁通密度表达式为

$$B_r(\theta)=$$

$$\begin{cases}
\dfrac{2(B_1-B_r)}{\tau_m}(\theta+\pi-2k\pi)-B_1,\ \left(\text{当}-\pi+2k\pi\leqslant\theta\leqslant-\pi+\dfrac{\tau_m}{2}+2k\pi\right)\\
\dfrac{B_r}{\tau_1}\left(\theta+\pi-\dfrac{\tau_m}{2}-\tau_1-2k\pi\right),\ \left(\text{当}-\pi+\dfrac{\tau_m}{2}+2k\pi\leqslant\theta\leqslant-\pi+\dfrac{\tau_m}{2}+\tau_1+2k\pi\right)\\
0,\left(\text{当}-\pi+\dfrac{\tau_m}{2}+\tau_1+2k\pi\leqslant\theta\leqslant-\dfrac{\tau_m}{2}-\tau_1+2k\pi\right)\\
\dfrac{B_r}{\tau_1}\left(\theta+\dfrac{\tau_m}{2}+\tau_1-2k\pi\right),\left(\text{当}-\dfrac{\tau_m}{2}-\tau_1+2k\pi\leqslant\theta\leqslant-\dfrac{\tau_m}{2}+2k\pi\right)\\
\dfrac{2(B_1-B_r)}{\tau_m}(\theta-2k\pi)+B_1,\left(\text{当}-\dfrac{\tau_m}{2}+2k\pi\leqslant\theta\leqslant 2k\pi\right)\\
-\dfrac{2(B_1-B_r)}{\tau_m}(\theta-2k\pi)+B_1,\left(\text{当}\ 2k\pi\leqslant\theta\leqslant\dfrac{\tau_m}{2}+2k\pi\right)\\
-\dfrac{B_r}{\tau_1}\left(\theta-\dfrac{\tau_m}{2}-\tau_1-2k\pi\right),\left(\text{当}\dfrac{\tau_m}{2}+2k\pi\leqslant\theta\leqslant\dfrac{\tau_m}{2}+\tau_1+2k\pi\right)\\
0,\left(\text{当}\dfrac{\tau_m}{2}+\tau_1+2k\pi\leqslant\theta\leqslant\pi-\dfrac{\tau_m}{2}-\tau_1+2k\pi\right)\\
-\dfrac{B_r}{\tau_1}\left(\theta-\pi+\dfrac{\tau_m}{2}+\tau_1-2k\pi\right),\ \left(\text{当}\ \pi-\dfrac{\tau_m}{2}-\tau_1+2k\pi\leqslant\theta\leqslant\pi-\dfrac{\tau_m}{2}+2k\pi\right)\\
-\dfrac{2(B_1-B_r)}{\tau_m}(\theta-\pi-2k\pi)-B_1,\ \left(\text{当}\ \pi-\dfrac{\tau_m}{2}+2k\pi\leqslant\theta\leqslant\pi+2k\pi\right)
\end{cases}$$

(2-35)

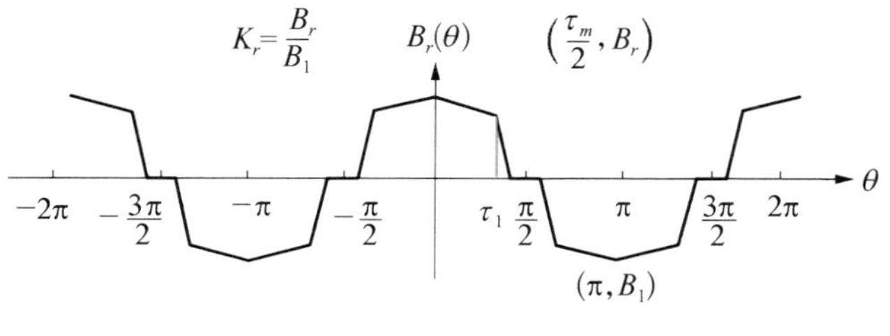

图 2-9　永磁体磁场强度径向分布

由式(2-6)，对式(2-35)用傅里叶级数展开，得

$$B_r(\theta)=\sum_{k=1}^{\infty}\frac{8}{(2k-1)^2\pi}\left[\frac{(B_1-B_r)}{\tau_m}\left(1-\cos\frac{(2k-1)\tau_m}{2}\right)+\frac{B_r}{\tau_1}\sin\frac{(2k-1)(\tau_m+\tau_1)}{2}\sin\frac{(2k-1)\tau_1}{2}\right]\cos(2k-1)\theta$$

$$=\sum_{k=1}^{\infty}B_{(2k-1)}\cos(2k-1)\theta \tag{2-36}$$

式中，B_1 为永磁体径向磁密值，如图 2-9 所示；$K_r=B_r/B_1$ 为波形畸变系数，反映了永磁体磁场的平顶程度；τ_1、τ_m 为永磁体磁场分布系数；B_{2i-1} 为永磁体气隙磁通密度 $2i-1$ 阶谐波幅值。

因此，由永磁体磁场径向磁通密度分布式(2-36)与磁链计算式(2-14)可求得 A 相感应磁链：

$$\psi_{m,a}(\theta)=k_c\sum_{j=1}^{N_c}\left[\int_{\theta-\frac{\alpha_j}{2}}^{\theta+\frac{\alpha_j}{2}}B_r(\theta)\cdot r_s l_s\,\mathrm{d}\theta\right]=\sum_{k=1}^{\infty}\sum_{j=1}^{N_c}\left\{\frac{16k_c r_s l_s}{(2k-1)^3\pi}\left[\frac{(B_1-B_r)}{\tau_m}\left(1-\cos\frac{(2k-1)\tau_m}{2}\right)+\frac{B_r}{\tau_1}\sin\frac{(2k-1)(\tau_m+\tau_1)}{2}\sin\frac{(2k-1)\tau_1}{2}\right]\sin\left[(2k-1)\frac{\alpha_j}{2}\right]\right\}\cos[(2k-1)\theta]$$

$$=\sum_{k=1}^{\infty}\psi_{(2k-1)}\cos[(2k-1)\theta] \tag{2-37}$$

式中，N_c 为一相绕组线圈串联匝数。

经 Blondel-Park 变换和矩阵微分可得 dq 坐标系下的电压方程为

$$\boldsymbol{V}_{dq0}=\begin{bmatrix} R_s i_d+L_d\dfrac{d}{dt}i_d-\omega_r L_q i_q \\ -\omega_r\sum_{k=1}^{\infty}\{[(6k-1)\psi_{(6k-1)}+(6k+1)\psi_{(6k+1)}]\sin 6k\theta\} \\ R_s i_q+L_q\dfrac{d}{dt}i_q+\omega_r L_d i_d+\omega_r\psi_1 \\ +\omega_r\sum_{k=1}^{\infty}\{[-(6k-1)\psi_{(6k-1)}+(6k+1)\psi_{(6k+1)}]\cos 6k\theta\} \end{bmatrix} \tag{2-38}$$

根据功率、电压、感应电动势关系，可得电磁转矩为

$$\begin{aligned} T_{em}=&\frac{3}{2}p[\psi_1 i_q+(L_d-L_q)i_d i_q] \\ &-\frac{3}{2}p\sum_{i=1}^{\infty}\{[(6k-1)\psi_{(6k-1)}+(6k+1)\psi_{(6k+1)}]i_d\}\sin 6k\theta \\ &+\frac{3}{2}p\sum_{i=1}^{\infty}\{[-(6k-1)\psi_{(6k-1)}+(6k+1)\psi_{(6k+1)}]i_q\}\cos k\theta \end{aligned} \tag{2-39}$$

式中，$\psi_{(2i-1)}=\sum_{j=1}^{N_c}\left\{\dfrac{16k_c r_s l_s}{(2k-1)^3\pi}\begin{bmatrix}\dfrac{(B_1-B_r)}{\tau_m}\left(1-\cos\dfrac{(2k-1)\tau_m}{2}\right)\\+\dfrac{B_r}{\tau_1}\sin\dfrac{(2k-1)(\tau_m+\tau_1)}{2}\sin\dfrac{(2k-1)\tau_1}{2}\end{bmatrix}\right.$

$\left.\sin\left[(2k-1)\dfrac{\alpha_j}{2}\right]\right\}$。

为了验证本解析计算方法的有效性，利用以上计算模型，对 1 台虚拟单元样机—2 极 6 槽永磁同步电机额定状态下的电磁转矩进行编程计算，

电机基本参数如表 2-3。同时利用二维有限元计算程序，对虚拟单元样机进行电磁转矩计算，其计算结果如图 2-10 所示。

表 2-3　永磁同步电机参数

参数/单位	数　值	参数/单位	数　值
额定功率/kW	2.2	额定转速/(r/min)	700
极对数/—	1	相数/—	3
定子电阻/Ω	0.023 3	极弧宽度/rad	0.6π
永磁体剩磁/T	0.12	定子外径/m	0.113 28
直轴电感/H	0.000 668	定子轴向长度/m	0.045
交轴电感/H	0.000 668	磁密畸变系数 K_r/—	1.25

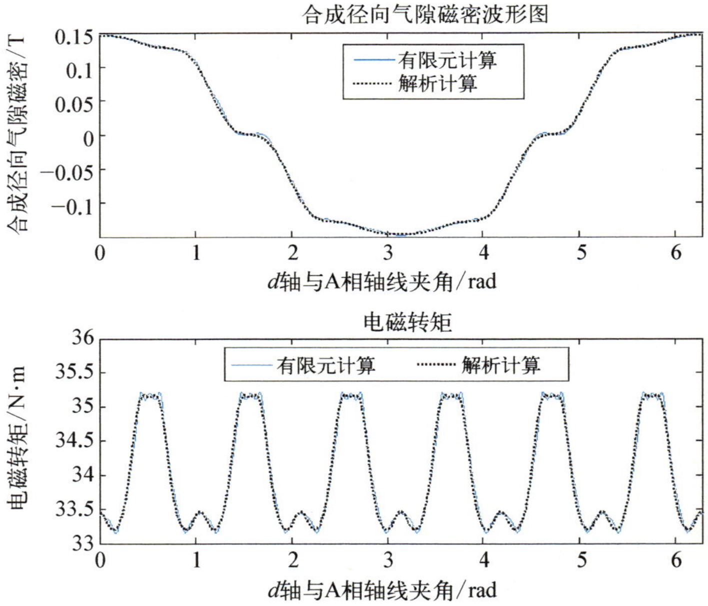

图 2-10　解析计算结果与有限元计算结果比较

本节解析计算假设定子表面光滑，未考虑定子开槽。为验证解析计算，有限元计算的定子模型也未开槽。因为本解析计算方法以永磁体径向气隙磁场分布为基础，所以，本书首先由有限元计算得到气隙中点处的永磁体径向气隙磁场分布，然后通过式(2-36)进行永磁体径向气隙磁场分布曲线的曲线拟合，最后由式(2-39)计算得到电磁转矩的解析解。根据图 2-10，利用式(2-36)进行的永磁体径向气隙磁场分布解析拟合与有限元计算结果基本一致，但仍有高频成分未实现完全拟合。当忽略电流谐波的影响时，由式(2-39)可知，$6k$ 阶电磁转矩谐波由$(6k-1)$阶和$(6k+1)$阶磁链谐波共同决定；由式(2-37)可知，$(6k-1)$阶和$(6k+1)$阶磁链谐波分别由$(6k-1)$阶和$(6k+1)$阶永磁体径向磁场谐波决定。故 $6k$ 阶电磁转矩谐波由$(6k-1)$阶和$(6k+1)$阶永磁体径向磁场谐波共同决定。当永磁体径向磁场的解析计算结果与有限元计算结果基本一致但存在高频成分未完全拟合时，这将导致电磁转矩解析计算结果与有限元计算结果基本一致、但存在高频成分差异，如图 2-10 所示。

综上所述，本解析计算方法是正确的，可以用于预测永磁体磁场畸变分布的电磁转矩。但也具有一定的局限性：其精度依赖于永磁体径向磁场分布的准确拟合。

2.2.2　考虑定子开槽的电磁转矩波动非线性解析建模

除了永磁体磁场非正弦分布外，定子开槽也将影响永磁同步电机电磁转矩波动。本节提出了一种考虑定子开槽和高次谐波永磁体磁场的永磁同步电机解析计算模型。建模过程基于瞬态气隙磁场分布的计算。当不考虑电流谐波时，电磁转矩具有 $6k$ 阶($k \in N^*$)转矩波动特性。最后，通过有限元计算验证了该解析计算结果。

相对于 2.1 节中永磁同步电机电磁转矩线性模型的假设条件，本节作了如下假设：

(1) 永磁体磁场呈瞬态分布[35]；

(2) 定子开矩形槽；

(3) 永磁同步电机的电流为对称的三相正弦波电流；

(4) 忽略电机磁路饱和。

定子开槽会导致磁路中磁导的变化，磁导会影响永磁体磁场的分布。开槽磁导依赖于转子位置。磁场波形也是随着转子位置变化的。为了获得气隙内永磁体磁场分布，本书采用了与文献[37]中相似的方法。据文献[37]作者的观点，气隙内永磁体径向磁场分布可通过忽略定子开槽时永磁体磁场与气隙开槽时相对磁导的乘积求得：

$$B_{PM} = B_{PM-less}(\theta_1)\lambda(\alpha) = B_{PM-less}(\alpha-\theta)\lambda(\alpha) \tag{2-40}$$

式中，$B_{PM-less}(\theta_1)$为不开槽定子的磁场分布函数；α为转子表面的角度；θ为转子位移角；θ_1为相对于转子的角度；$\lambda(\alpha)$为开槽气隙区域的相对磁导函数。

不开槽定子瞬态磁场分布函数$B_{PM-less}(\theta_1)$的计算见文献[35]。在极坐标下通过求解气隙磁场的泊松方程组，当$[(2k-1)p]^2-1\neq 0$时，气隙内永磁体径向磁场分布为

$$\begin{aligned}
B_{PM-less}(\theta_1) &= \sum_{k=1}^{\infty}\frac{2B_r\alpha_p}{\mu_r}\frac{\sin\dfrac{(2k-1)\pi\alpha_p}{2}}{\dfrac{(2k-1)\pi\alpha_p}{2}}\frac{(2k-1)p}{[(2k-1)p]^2-1}R_m^{-[(2k-1)p-1]}\\
&\left\{\frac{[(2k-1)p-1]R_m^{2(2k-1)p}+2R_r^{(2k-1)p+1}R_m^{(2k-1)p-1}-[(2k-1)p+1]R_r^{2(2k-1)p}}{\dfrac{\mu_r+1}{\mu_r}(R_s^{2(2k-1)p}-R_r^{2(2k-1)p})-\dfrac{\mu_r-1}{\mu_r}\left[R_m^{2(2k-1)p}-\left(\dfrac{R_sR_r}{R_m}\right)^{2(2k-1)p}\right]}\right\}\\
&\{r^{(2k-1)p-1}+R_s^{2(2k-1)p}r^{-[(2k-1)p+1]}\}\cos(2k-1)p\theta_1\\
&= \sum_{k=1}^{\infty}B_{2k-1}\cos(2k-1)p\theta_1
\end{aligned} \tag{2-41}$$

式中，B_r为永磁体材料的剩磁；α_p为极弧系数；p为极对数；R_m为永磁体圆弧半径；R_r为转子铁芯圆弧半径；R_s为定子铁芯圆弧半径；$r=R_s+g/2$，μ_r

为永磁体相对磁导率；B_{2k-1} 为磁场第 $(2k-1)$ 次谐波幅值。

开槽以两种方式影响磁场。首先，减少了每极磁通，通常通过引入卡特系数 k_z 计算此效应。其次，影响永磁体和气隙内的磁场分布。本书采用文献[37]中开槽气隙区域的二维模型相对磁导函数 $\lambda(\alpha)$ 来计算，可推得

$$\lambda(\alpha) = \sum_{\mu=0}^{\infty} (-1)^{\mu y_1} \Lambda_\mu Q_s \alpha \tag{2-42}$$

式中，y_1 为绕组节距；Q_s 为槽数；$\mu \in N^*$，Λ_μ 的推导如下：

$$\Lambda_0 = \frac{1}{k_z}\left[1 - \frac{0.8 Q_s b_0 \beta(r)}{\pi R_s}\right] \tag{2-43}$$

$$\Lambda_\mu = -\frac{4\beta(r)}{\pi\mu}\left[0.5 + \frac{1}{0.78125\left(\dfrac{2\pi R_s}{\mu b_0 Q_s}\right)^2 - 2}\right]\sin\left(\frac{0.8\mu b_0 Q_s}{R_s}\right) \tag{2-44}$$

式中，b_0 为槽宽度；卡特系数 k_z 近似为

$$k_z = \frac{2\pi R_s/Q_s}{2\pi R_s/Q_s - \dfrac{4}{\pi}\left[\dfrac{b_0}{2(g+h_m/\mu_r)}\tan^{-1}\dfrac{b_0}{2(g+h_m/\mu_r)} - \ln\sqrt{1+\left(\dfrac{b_0}{2(g+h_m/\mu_r)}\right)^2}\right]} \tag{2-45}$$

式中，g 为气隙长度；h_m 为永磁体厚度。

$\beta(r)$ 可通过保角变换获得：

$$\beta(r) = \frac{1}{2}\left[1 - 1\Big/\sqrt{1+\left(\frac{b_0}{2(g+h_m/\mu_r)}\right)^2(1+v^2)}\right] \tag{2-46}$$

式中，各参数可通过如下方程确定：

$$y\frac{\pi}{b_0}=\frac{1}{2}\ln\left(\frac{\sqrt{a^2+v^2}+v}{\sqrt{a^2+v^2}-v}\right)+\frac{2(g+h_m/\mu_r)}{b_0}\arctan\frac{2(g+h_m/\mu_r)v}{b_0\sqrt{a^2+v^2}} \tag{2-47}$$

$$a^2=1+4\left(\frac{g+h_m/\mu_r}{b_0}\right)^2 \tag{2-48}$$

$$y=\begin{cases}r-(R_s-g-h_m)\text{，对于内转子电机}\\(R_s+g+h_m)-r\text{，对于外转子电机}\end{cases} \tag{2-49}$$

式(2－47)是一个包含对数函数、指数函数和反三角函数的超越方程。本书提出了通过牛顿下山法解此超越方程。首先假设

$$f(v)=\frac{1}{2}\ln\left(\frac{\sqrt{a^2+v^2}+v}{\sqrt{a^2+v^2}-v}\right)+\frac{2(g+h_m/\mu_r)}{b_0}\arctan\frac{2(g+h_m/\mu_r)v}{b_0\sqrt{a^2+v^2}}-y\frac{\pi}{b_0} \tag{2-50}$$

然后，求得 $f(v)$的导数：

$$f(v)=\frac{\dfrac{v}{\sqrt{a^2+v^2}}+1}{\sqrt{a^2+v^2}+v}+\frac{a^2}{\left[\dfrac{b_0}{2(g+h_m/\mu_r)}\right]^2(a^2+v^2)^{\frac{3}{2}}+v^2\sqrt{a^2+v^2}} \tag{2-51}$$

根据牛顿下山法，式(2－47)的迭代解 v_{k+1}计算如下：

$$v_{k_a+1}=v_{k_a}-\frac{f(v_{k_a})}{f'(v_{k_a})} \tag{2-52}$$

式中，$k_a\in N$。

因此，式(2－40)中气隙内永磁体径向磁场分布的解析解如下：

$$B_{PM}=\sum_{k=1}^{\infty}\sum_{\mu=0}^{\infty}(-1)^{\mu y_1}B_{2k-1}\Lambda_{\mu}\cos[(2k-1)p(\alpha-\theta)]\cos\mu Q_s\alpha \tag{2-53}$$

因此，永磁体磁场在 A 相绕组中产生的磁链为

$$\psi_{m,a}(\theta)=k_{d(2k-1)}\sum_{j=1}^{N_c}\left[\int_{-\frac{\alpha_j}{2}}^{\frac{\alpha_j}{2}}B_{PM}R_s l_s\,d\alpha\right] \tag{2-54}$$

式中，$\psi_{m,a(\theta)}$ 为永磁体磁场在 A 相中产生的磁链；$k_{d(2k-1)}$ 为绕组第 $(2k-1)$ 次谐波分布系数；N_c 为一相绕组串联匝数；α_j 为绕组节距角；l_s 为定子长度。

假设[128]

$$q=\frac{Q_s}{2pm}=b+\frac{c}{d} \tag{2-55}$$

$$q'=bd+c \tag{2-56}$$

$$\alpha_1'=\frac{60^{\circ}}{q'} \tag{2-57}$$

式中，q 为每极每相槽数；m 为相数；b 为一个整数；c/d 为一个不可约真分数。因此，根据文献[128]，可得到适用于整数槽绕组和分数槽绕组的第 $(2k-1)$ 次谐波分布系数 $k_{d(2k-1)}$：

$$k_{d(2k-1)}=\frac{\sin[q'(2k-1)\alpha_1'/2]}{q'\sin[(2k-1)\alpha_1'/2]} \tag{2-58}$$

给出一相绕组串联匝数 N_c：

$$N_c=\frac{c_1 pqN_k}{a_1} \tag{2-59}$$

式中，c_1 为绕组层数；N_k 为每槽每层导体数；a_1 为并联支路数。

将式(2-53)代入式(2-54)，可得式(2-54)的解析解为

$$\psi_{m,a}(\theta)=\sum_{k=1}^{\infty}\psi_{2k-1}\cos[(2k-1)p\theta] \tag{2-60}$$

式中，当 $(2k-1)p-\mu Q_s\neq 0$ 时，有

$$\psi_{2k-1}=N_c k_{d(2k-1)}B_{2k-1}R_s l_s\cdot\sum_{j=1}^{N_c}\left\{\begin{aligned}&2\Lambda_0\frac{\sin[(2k-1)p\alpha_j/2]}{(2k-1)p}\\&+\sum_{\mu=1}^{\infty}(-1)^{\mu y_1}\Lambda_\mu\left[\begin{aligned}&\frac{\sin[((2k-1)p-\mu Q_s)\alpha_j/2]}{(2k-1)p-\mu Q_s}\\&+\frac{\sin[((2k-1)p+\mu Q_s)\alpha_j/2]}{(2k-1)p+\mu Q_s}\end{aligned}\right]\end{aligned}\right\} \tag{2-61}$$

当 $(2k-1)p-\mu Q_s=0$ 时，有

$$\psi_{2k-1}=N_c k_{d(2k-1)}B_{2k-1}R_s l_s\cdot\sum_{j=1}^{N_c}\left\{\begin{aligned}&2\Lambda_0\frac{\sin[(2k-1)p\alpha_j/2]}{(2k-1)p}\\&+\sum_{\mu=1}^{\infty}(-1)^{\mu y_1}\Lambda_\mu\left[\frac{\alpha_j}{2}+\frac{\sin[((2k-1)p+\mu Q_s)\alpha_j/2]}{(2k-1)p+\mu Q_s}\right]\end{aligned}\right\} \tag{2-62}$$

由于 A、B、C 三相磁链相差 2π/3。因此，abc 坐标系下，A、B、C 三相磁链表达式为

$$\boldsymbol{\psi}_{m,ph}=\begin{bmatrix}\psi_{m,a}(\theta)\\ \psi_{m,b}(\theta)\\ \psi_{m,c}(\theta)\end{bmatrix}=\begin{bmatrix}\psi_{m,a}(\theta)\\ \psi_{m,a}\left(\theta-\dfrac{2\pi}{3}\right)\\ \psi_{m,a}\left(\theta+\dfrac{2\pi}{3}\right)\end{bmatrix}$$

$$= \begin{bmatrix} \sum_{k=1}^{\infty} \psi_{(2k-1)} \cos[(2k-1)\theta] \\ \sum_{k=1}^{\infty} \psi_{(2k-1)} \cos\left[(2k-1)\left(\theta - \frac{2\pi}{3}\right)\right] \\ \sum_{k=1}^{\infty} \psi_{(2k-1)} \cos\left[(2k-1)\left(\theta + \frac{2\pi}{3}\right)\right] \end{bmatrix} \tag{2-63}$$

故将 abc 坐标系下三相磁链式经过 Blondel-Park 变换可得到 dq 坐标系下 d、q 轴的磁链：

$$\boldsymbol{\Psi}_{m,\,dq} = \boldsymbol{T}_{dq,\,ph} \boldsymbol{\Psi}_{m,\,ph} = \begin{bmatrix} \sum_{k=1}^{\infty} \{\psi_1 + [\psi_{(6k-1)} + \psi_{(6k+1)}] \cos 6kp\theta\} \\ \sum_{k=1}^{\infty} \{[-\psi_{(6k-1)} + \psi_{(6k+1)}] \sin 6kp\theta\} \end{bmatrix} \tag{2-64}$$

定子绕组中，根据假设条件(e3)，假设 a、b、c 三相基波正弦电流为

$$\begin{aligned} \boldsymbol{I}_{abc} &= [i_a \quad i_b \quad i_c]^{\mathrm{T}} \\ &= \left[i_1 \sin(p\theta + \varphi_1) \quad i_1 \sin\left(p\theta - \frac{2\pi}{3} + \varphi_1\right) \quad i_1 \sin\left(p\theta + \frac{2\pi}{3} + \varphi_1\right)\right]^{\mathrm{T}} \end{aligned} \tag{2-65}$$

式中，i_1 为三相基波电流幅值；φ_1 为三相基波电流的内功率因素角。

将 abc 坐标系下三相基波正弦电流式(2-65)经过 Blondel-Park 变换可得到 dq 坐标系下 d、q 轴电流为

$$\boldsymbol{I}_{dq} = \begin{bmatrix} i_d \\ i_q \end{bmatrix} = \boldsymbol{T}_{dq,\,abc} \boldsymbol{I}_{abc} = \begin{bmatrix} i_1 \sin \varphi_1 \\ -i_1 \cos \varphi_1 \end{bmatrix} \tag{2-66}$$

基波电流产生的磁链为

$$\boldsymbol{\Psi}_{armature,\,dq}=\boldsymbol{L}_{dq}\boldsymbol{I}_{dq}=\begin{bmatrix}L_d & 0\\ 0 & L_q\end{bmatrix}\begin{bmatrix}i_d\\ i_q\end{bmatrix} \tag{2-67}$$

式中，L_d、L_q分别为d、q轴定子电感，i_d和i_q分别为d、q轴电流。

定子绕组的总磁链：

$$\begin{aligned}\boldsymbol{\Psi}_{total,\,dq}&=\boldsymbol{\Psi}_{m,\,dq}+\boldsymbol{\Psi}_{armature,\,dq}\\&=\begin{bmatrix}L_d i_d+\sum\limits_{k=1}^{\infty}\{\psi_1+[\psi_{(6k-1)}+\psi_{(6k+1)}]\cos 6kp\theta\}\\ L_q i_q+\sum\limits_{k=1}^{\infty}\{[-\psi_{(6k-1)}+\psi_{(6k+1)}]\sin 6kp\theta\}\end{bmatrix}\end{aligned} \tag{2-68}$$

经 Blondel-Park 变换和矩阵微分，可得dq坐标系下的电压方程为

$$\boldsymbol{V}_{dq}=\begin{bmatrix}R_s i_d+L_d\dfrac{d}{dt}i_d-\omega_r L_q i_q\\ \quad-\omega_r\sum\limits_{k=1}^{\infty}\{[(6k-1)\psi_{(6k-1)}+(6k+1)\psi_{(6k+1)}]\sin 6k\theta\}\\ R_s i_q+L_q\dfrac{d}{dt}i_q+\omega_r L_d i_d+\omega_r\psi_1\\ \quad+\omega_r\sum\limits_{k=1}^{\infty}\{[-(6k-1)\psi_{(6k-1)}+(6k+1)\psi_{(6k+1)}]\cos 6k\theta\}\end{bmatrix} \tag{2-69}$$

根据功率、电压、感应电动势关系，可得电磁转矩为

$$\begin{aligned}T_{em}&=\frac{3}{2}p[\psi_1 i_q+(L_d-L_q)i_d i_q]\\&\quad-\frac{3}{2}p\sum_{i=1}^{\infty}\{[(6k-1)\psi_{(6k-1)}+(6k+1)\psi_{(6k+1)}]i_d\}\sin 6k\theta\end{aligned}$$

$$+\frac{3}{2}p\sum_{i=1}^{\infty}\{[-(6k-1)\psi_{(6k-1)}+(6k+1)\psi_{(6k+1)}]i_q\}\cos k\theta$$

(2-70)

式中，当 $(2k-1)p-\mu Q_s\neq 0$ 时，有

$$\psi_{2k-1}=N_c k_{d(2k-1)}B_{2k-1}R_s l_s\cdot$$

$$\sum_{j=1}^{N_c}\left\{\begin{aligned}&2\Lambda_0\frac{\sin[(2k-1)p\alpha_j/2]}{(2k-1)p}\\&+\sum_{\mu=1}^{\infty}(-1)^{\mu y_1}\Lambda_\mu\left[\begin{aligned}&\frac{\sin[((2k-1)p-\mu Q_s)\alpha_j/2]}{(2k-1)p-\mu Q_s}\\&+\frac{\sin[((2k-1)p+\mu Q_s)\alpha_j/2]}{(2k-1)p+\mu Q_s}\end{aligned}\right]\end{aligned}\right\}$$

(2-61)

当 $(2k-1)p-\mu Q_s=0$ 时，有

$$\psi_{2k-1}=N_c k_{d(2k-1)}B_{2k-1}R_s l_s\cdot$$

$$\sum_{j=1}^{N_c}\left\{\begin{aligned}&2\Lambda_0\frac{\sin[(2k-1)p\alpha_j/2]}{(2k-1)p}\\&+\sum_{\mu=1}^{\infty}(-1)^{\mu y_1}\Lambda_\mu\left[\frac{\alpha_j}{2}+\frac{\sin[((2k-1)p+\mu Q_s)\alpha_j/2]}{(2k-1)p+\mu Q_s}\right]\end{aligned}\right\}$$

(2-62)

相对于式(2-25)、式(2-34)和式(2-29)，由于式(2-70)考虑了定子开槽，使得永磁体磁链 ψ_{2k-1} 计及了齿槽效应，进而获得了考虑定子开槽的永磁同步电机电磁转矩解析式。

本书基于以上解析模型，对解析模型计算结果和有限元模型计算结果进行了比较。计算实例选择了电动车用的某款三相 20 极 27 槽双层绕组永磁同步电机。该电机的主要参数见表 2-4，电机模型见图 2-11。在计算

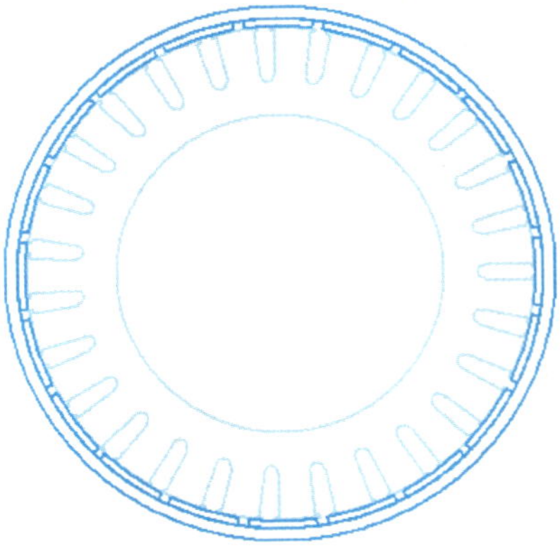

图 2-11 计算实例电机横截面

前，运用本解析模型可以预测转矩谐波频率为

$$f_{6k}=6k\left(\frac{pn}{60}\right)=6k\times\left(\frac{10\times600}{60}\right)=600k(\mathrm{Hz}) \tag{2-71}$$

表 2-4 永磁同步电机参数

参数/单位	数　值	参数/单位	数　值
额定功率/kW	2.2	额定转速/(r/min)	600
极对数/—	10	相数/—	3
槽数/—	27	绕组层数	2
额定电流幅值/A	100	绕组节距角/rad	2π/27
定子电阻/Ω	0.029 9	极弧宽度/rad	0.6π
永磁体剩磁/T	1.1	定子外径/m	0.113 28
直轴电感/H	0.000 589	转子半径/m	0.118
交轴电感/H	0.000 589	气隙长度/m	0.000 54

解析模型和有限元法计算出的气隙磁密如图 2-12 所示，气隙磁密谐波幅值如图 2-13 所示。根据图 2-13，除了第 17 阶的磁通谐波B_{17}之外，解析模型结果能较好吻合有限元模型结果。根据式(2-61)和式(2-62)，

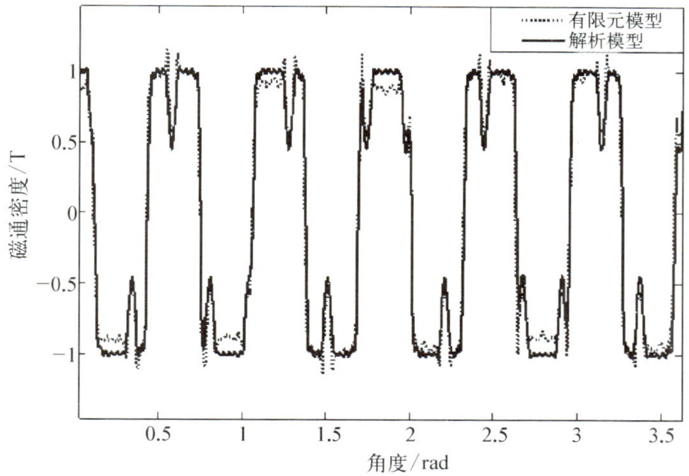

图 2－12　气隙磁密对比

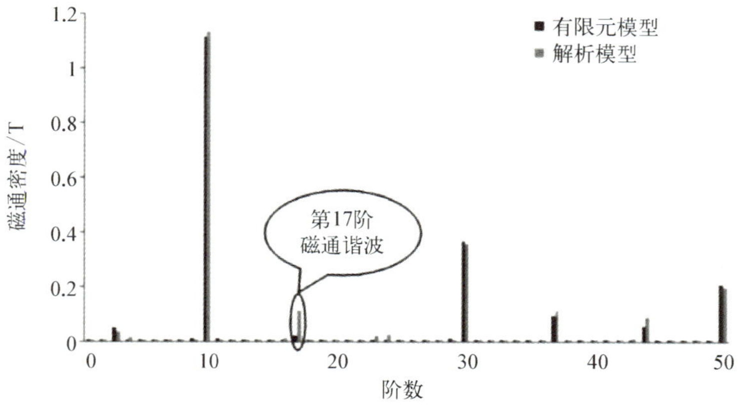

图 2－13　气隙磁密谐波阶次特性对比

上述差异会导致解析模型和有限元模型的 17 阶磁链ψ_{17}存在差异。再根据式(2－70)，其后果是：本解析模型与有限元模型中，第 18 阶转矩谐波T_{em_18}将存在一定的差异。

从图 2－14 和图 2－15 可以看出，除了第 18 阶转矩谐波 T_{em_18}之外，通过解析模型计算出的转矩谐波频率与幅值和用有限元方法计算出的结果基本一致。原因是解析模型与有限元模型的第 17 阶磁密谐波B_{17}计算差异

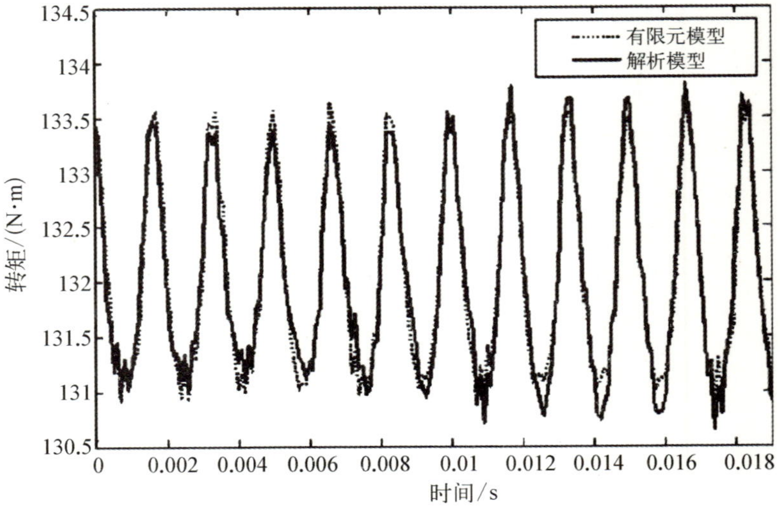

图 2-14　转矩波动对比

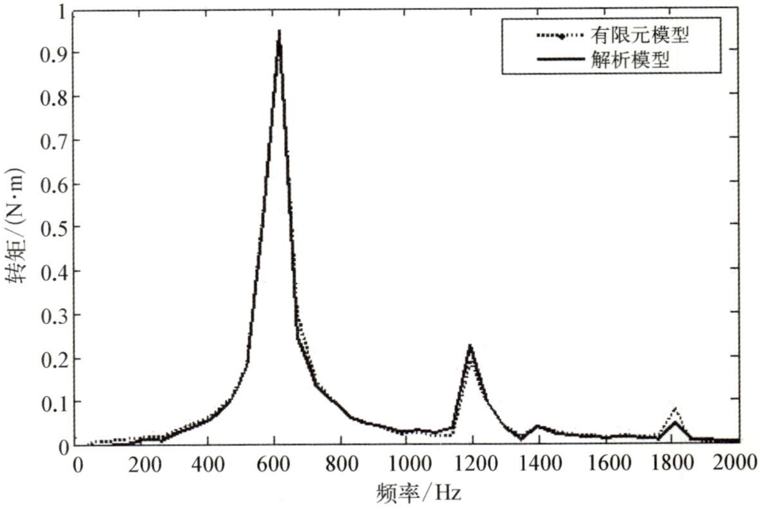

图 2-15　转矩谐波幅频特性对比

造成的第 17 阶磁链ψ_{17}偏差。然而，第 3 阶转矩谐波比第 1 阶转矩谐波要小很多，因此，解析模型的精度仍旧较高。从上面的分析可以看出，该解析模型的准确性主要取决于气隙磁密的计算精度。

综上所述，本解析计算方法是正确的，可以用于预测考虑定子开槽的永磁同步电机电磁转矩。但也具有一定的局限性：其精度依赖于永磁体径向磁场分布和开槽效应的准确计算。

2.2.3　考虑时间谐波电流的电磁转矩波动非线性解析建模

目前，变频调速永磁同步电机以其优异的调速和起制动性能正越来越多地被应用于电动汽车驱动中。但变频器供电也给永磁电机的振动噪声性能带来了许多不利的因素[8]。电机在变频器供电的条件下，定子电流中含有大量的时间谐波电流，使气隙也产生大量的谐波磁场，进而引起转矩波动。

本节的假设条件与 2.2.2 节的假设条件(e1)、(e2)、(e4)相同，为不失一般性，将假设条件(e3)变为“永磁同步电机电流含对称的三相 h 次时间谐波电流(当 $h=1$ 时，为基波正弦电流；当 $h\neq 1$ 时，为 h 次时间谐波电流)”。相对于 2.1 节中永磁同步电机电磁转矩线性模型的假设条件，本节作了如下假设：

(1) 永磁体磁场呈瞬态分布；

(2) 定子开矩形槽；

(3) 永磁同步电机电流含对称的三相 h 次时间谐波电流(当 $h=1$ 时，为基波正弦电流；当 $h\neq 1$ 时，为 h 次时间谐波电流)；

(4) 忽略电机磁路饱和。

根据假设条件(3)，设 a、b、c 三相 h 次时间谐波电流为

$$
\begin{aligned}
\boldsymbol{I}_{abc,h} &= [i_{a,h} \quad i_{b,h} \quad i_{c,h}]^{\mathrm{T}} \\
&= \Big[i_h \sin(hp\theta + \varphi_h) \quad i_h \sin\left(hp\theta - \frac{2\pi}{3} + \varphi_h\right) \\
&\qquad i_h \sin\left(hp\theta + \frac{2\pi}{3} + \varphi_h\right) \Big]^{\mathrm{T}}
\end{aligned} \tag{2-72}
$$

式中,i_h为h次电流幅值;φ_h为h次电流的内功率因素角。

故d、q轴电流为

$$\boldsymbol{I}_{dq,\,h}=\begin{bmatrix}i_{d,\,h}\\ i_{q,\,h}\end{bmatrix}=\boldsymbol{T}_{dq,\,abc}\boldsymbol{I}_{abc,\,h}=\begin{bmatrix}i_h\sin((h-1)p\theta+\varphi_h)\\ -i_h\cos((h-1)p\theta+\varphi_h)\end{bmatrix} \tag{2-73}$$

h次电流产生的磁链为

$$\boldsymbol{\Psi}_{armature,\,dq,\,h}=\boldsymbol{L}_{dq}\boldsymbol{I}_{dq,\,h}=\begin{bmatrix}L_d & 0\\ 0 & L_q\end{bmatrix}\begin{bmatrix}i_{d,\,h}\\ i_{q,\,h}\end{bmatrix} \tag{2-74}$$

定子绕组的总磁链:

$$\begin{aligned}\boldsymbol{\Psi}_{total,\,dq,\,h}&=\boldsymbol{\psi}_{m,\,dq}+\boldsymbol{\Psi}_{armature,\,dq,\,h}\\&=\begin{bmatrix}L_di_{d,\,h}+\sum\limits_{k=1}^{\infty}\{\psi_1+[\psi_{(6k-1)}+\psi_{(6k+1)}]\cos 6kp\theta\}\\ L_qi_{q,\,h}+\sum\limits_{k=1}^{\infty}\{[-\psi_{(6k-1)}+\psi_{(6k+1)}]\sin 6kp\theta\}\end{bmatrix}\end{aligned} \tag{2-75}$$

对定子绕组的总磁链求导,可得感应电动势:

$$\begin{aligned}\boldsymbol{E}_{dq,\,h}&=\begin{bmatrix}e_{d,\,h}\\ e_{q,\,h}\end{bmatrix}\\&=\begin{bmatrix}-\omega_r L_qi_{q,\,h}-\omega_r\sum\limits_{k=1}^{\infty}\{[(6k-1)\psi_{(6k-1)}\\ \quad+(6k+1)\psi_{(6k+1)}]\sin 6kp\theta\}\\ \omega_r L_di_{d,\,h}+\omega_r\sum\limits_{k=1}^{\infty}\{\psi_1+[-(6k-1)\psi_{(6k-1)}\\ \quad+(6k+1)\psi_{(6k+1)}]\cos 6kp\theta\}\end{bmatrix}\end{aligned} \tag{2-76}$$

由功率可求得电磁转矩：

$$
\begin{aligned}
T_{em,h} &= \frac{P_{em,h}}{\omega_r/p} = \frac{\frac{3}{2}E_{dq,h}^{T}I_{dq,h}}{\omega_r/p} \\
&= \frac{3}{2}p\Big\{-\psi_1 i_h\cos[(h-1)p\theta+\varphi_h] \\
&\quad -\frac{1}{2}(L_d-L_q)i_h^2\sin 2[(h-1)p\theta+\varphi_h]\Big\} \\
&\quad +\frac{3}{4}p\sum_{k=1}^{\infty}\{[(6k-1)\psi_{(6k-1)}+(6k+1)\psi_{(6k+1)}]i_h\} \\
&\quad \{\cos[(6k+h-1)p\theta+\varphi_h]-\cos[(6k-h+1)p\theta-\varphi_h]\} \\
&\quad -\frac{3}{4}p\sum_{k=1}^{\infty}\{[-(6k-1)\psi_{(6k-1)}+(6k+1)\psi_{(6k+1)}]i_h\} \\
&\quad \{\cos[(6k+h-1)p\theta+\varphi_h]+\cos[(6k-h+1)p\theta-\varphi_h]\}
\end{aligned}
\tag{2-77}
$$

由式(2－77)可知：当考虑 h 次电流时，转矩中不仅包含由 h 次电流单独引起的转矩波动项：$-1.5p\psi_1 i_h\cos[(h-1)p\theta+\varphi_h]$ 和 $-0.75p(L_d-L_q)i_h^2\sin 2[(h-1)p\theta+\varphi_h]$，还包含 h 次电流与非正弦分布永磁磁场、开槽引起的转矩波动项：$0.75p\sum_{k=1}^{\infty}\{[(6k-1)\psi_{6k-1}+(6k+1)\psi_{6k+1}]i_h\}\{\cos[(6k+h-1)p\theta+\varphi_h]-\cos(6k-h+1)p\theta-\varphi_h\}$ 和 $-0.75p\sum_{k=1}^{\infty}\{[-(6k-1)\psi_{6k-1}+(6k+1)\psi_{6k+1}]i_h\}\{\cos[(6k+h-1)p\theta+\varphi_h]+\cos(6k-h+1)p\theta-\varphi_h\}$。

2.2.4　电动车用永磁同步电机的统一非线性解析模型

2.2.1 节、2.2.2 节和 2.2.3 节分别考虑了永磁体磁场非正弦分布、定子开槽、时间谐波电流，至此可建立同时考虑永磁体磁场非正弦分布、定子开槽、时间谐波电流等因素的电动车用永磁同步电机统一非线性解析模型：

$$u_d = R_s i_d + L_d \frac{di_d}{dt} - \omega_r L_q i_q$$

$$- \omega_r \sum_{k=1}^{\infty} \{[(6k-1)\psi_{6k-1} + (6k+1)\psi_{6k+1}]\sin 6kp\theta\} \tag{2-78}$$

$$u_q = R_s i_q + L_q \frac{di_q}{dt} + \omega_r L_d i_d + \omega_r \psi_1$$

$$+ \omega_r \sum_{k=1}^{\infty} \{[-(6k-1)\psi_{6k-1} + (6k+1)\psi_{6k+1}]\cos 6kp\theta\} \tag{2-79}$$

$$T_{em} = \frac{3}{2} p[\psi_1 i_{q,h} + (L_d - L_q) i_{d,h} i_{q,h}]$$

$$- \frac{3}{2} p \sum_{k=1}^{\infty} \{[(6k-1)\psi_{(6k-1)} + (6k+1)\psi_{(6k+1)}] i_{d,h}\} \sin 6kp\theta$$

$$+ \frac{3}{2} p \sum_{k=1}^{\infty} \{[-(6k-1)\psi_{(6k-1)} + (6k+1)\psi_{(6k+1)}] i_{q,h}\} \cos 6kp\theta$$

$$\tag{2-80}$$

$$\frac{J}{p} \frac{d\omega_r}{dt} + \frac{B}{p} \omega_r = T_{em} - T_L \tag{2-81}$$

式中的关键参数如表 2-5 所列。

表 2-5　永磁同步电机统一非线性解析模型的关键参数

考虑的因素		关　键　参　数
永磁体磁场非正弦分布	永磁磁场矩形分布	$\psi_{(2k-1)} = \sum_{j=1}^{N_c} \left\{ \frac{8kB_r r_s l_s}{(2k-1)^2 \pi} \sin\left[(2k-1)\frac{\tau_m}{2}\right] \sin\left[(2k-1)\frac{\alpha_j}{2}\right] \right\}$
	永磁磁场梯形分布	$\psi_{(2k-1)} = \sum_{j=1}^{N_c} \left\{ \frac{16kr_s l_s B_r}{(2k-1)^3 \pi \tau_1} \sin \frac{(2k-1)(\tau_m + \tau_1)}{2} \sin \frac{(2k-1)\tau_1}{2} \sin\left[(2k-1)\frac{\alpha_j}{2}\right] \right\}$

续　表

考虑的因素		关　键　参　数
永磁体磁场非正弦分布	永磁磁场畸变分布	$\psi_{(2k-1)} = \sum_{j=1}^{N_c} \left\{ \frac{16kr_s l_s}{(2k-1)^3\pi} \left[\frac{(B_1 - B_r)}{\tau_m}\left(1-\cos\frac{(2k-1)\tau_m}{2}\right) + \frac{B_r}{\tau_1}\sin\frac{(2k-1)(\tau_m+\tau_1)}{2}\sin\frac{(2k-1)\tau_1}{2}\right] \sin\left[(2k-1)\frac{\alpha_j}{2}\right]\right\}$
定子开槽	$(2k-1)p-\mu Q_s \neq 0$	$\psi_{2k-1} = N_c k_{d(2k-1)} B_{2k-1} R_s l_s \cdot \sum_{j=1}^{N_c} \left\{ 2\Lambda_0 \frac{\sin[(2k-1)p\alpha_j/2]}{(2k-1)p} + \sum_{\mu=1}^{\infty} (-1)^{\mu y_1} \Lambda_\mu \left[\frac{\sin[((2k-1)p-\mu Q_s)\alpha_j/2]}{(2k-1)p-\mu Q_s} + \frac{\sin[((2k-1)p+\mu Q_s)\alpha_j/2]}{(2k-1)p+\mu Q_s} \right]\right\}$
	$(2k-1)p-\mu Q_s = 0$	$\psi_{2k-1} = N_c k_{d(2k-1)} B_{2k-1} R_s l_s \cdot \sum_{j=1}^{N_c} \left\{ 2\Lambda_0 \frac{\sin[(2k-1)p\alpha_j/2]}{(2k-1)p} + \sum_{\mu=1}^{\infty} (-1)^{\mu y_1} \Lambda_\mu \left[\frac{\alpha_j}{2} + \frac{\sin[((2k-1)p+\mu Q_s)\alpha_j/2]}{(2k-1)p+\mu Q_s} \right]\right\}$
时间谐波电流	正弦波电流	$\boldsymbol{I}_{dq,h} = \begin{bmatrix} i_{d,h} \\ i_{q,h} \end{bmatrix} = \begin{bmatrix} i_1 \sin\varphi_1 \\ -i_1\cos\varphi_1 \end{bmatrix}$
	h 次时间谐波电流	$\boldsymbol{I}_{dq,h} = \begin{bmatrix} i_{d,h} \\ i_{q,h} \end{bmatrix} = \begin{bmatrix} i_h \sin((h-1)p\theta+\varphi_h) \\ -i_h\cos((h-1)p\theta+\varphi_h) \end{bmatrix}$

对比 2.1 节中永磁同步电机的线性解析模型，本书所提的永磁同步电机统一非线性解析模型考虑了永磁体磁场非正弦分布、定子开槽、时间谐波电流等因素，能反映实际的永磁同步电机电磁转矩波动，很好地揭示电磁转矩波动的非线性特征。

2.3 永磁同步电机电磁转矩波动的阶次特征分析

文献[77]、[78]、[129]和[130]识别了电动车振源，指出：永磁同步电机的高阶转矩波动是车身阶次振动与车内噪声的主要振源，瞬态工况下对整车纵向振动的影响尤为显著。因此研究永磁同步电机电磁转矩波动的阶次特征具有重要意义。然而，这些文献未直接测量转矩信号、仅通过电机动力总成的振动信号代替转矩信号，对永磁同步电机转矩阶次特征和形成机理做了如下值得商榷的结论：电流传感器直流偏移误差引起了 1 阶转矩波动，电流传感器增益误差引起了 2 阶转矩波动，永磁体磁场的非正弦分布引起了 6 阶转矩波动。本章节将基于本书建立的永磁同步电机统一非线性解析模型，预测和分析电动车用永磁同步电机电磁转矩波动阶次特征和形成机理；2.4 节将通过高阶转矩波动实验验证本章节的预测和分析。

由式(2－77)可知：当考虑永磁体磁场非正弦分布、定子开槽、时间谐波电流时，电磁转矩中不仅包含由 h 次时间谐波电流单独引起的转矩波动项：$-1.5p\psi_1 i_h\cos[(h-1)p\theta+\varphi_h]$ 和 $-0.75p(L_d-L_q)i_h^2\sin 2[(h-1)p\theta+\varphi_h]$，还包含永磁磁场非正弦分布、定子开槽、$h$ 次时间谐波电流共同引起的转矩波动项：$0.75p\sum_{k=1}^{\infty}\{[(6k-1)\psi_{6k-1}+(6k+1)\psi_{6k+1}]i_h\}\{\cos[(6k+h-1)p\theta+\varphi_h]-\cos(6k-h+1)p\theta-\varphi_h\}$ 和 $-0.75p\sum_{k=1}^{\infty}\{[-(6k-1)\psi_{6k-1}+(6k+1)\psi_{6k+1}]i_h\}\{\cos[(6k+h-1)p\theta+\varphi_h]+\cos(6k-h+1)p\theta-\varphi_h\}$。因此，对电磁转矩波动频率做如下预测：

$$\begin{cases} f_{h-1} = (h-1)f \\ f_{2(h-1)} = 2(h-1)f \\ f_{6k+h-1} = (6k+h-1)f \\ f_{6k-h+1} = (6k-h+1)f \end{cases} \tag{2-82}$$

式中，f 为电流基波频率。

由式(2 - 77)可知，当 $h=1$ 时，即当电流中仅含基波分量时，转矩将只含 0 阶转矩和 $6k$ 阶的谐波转矩，该谐波转矩由永磁磁场非正弦分布和开槽引起，也即为 2.2 节和 2.3 节的结论；当 $h \neq 1$ 时，h 次时间谐波电流将单独产生 $(h-1)$ 阶和 $2(h-1)$ 阶的谐波转矩，永磁磁场非正弦分布、定子开槽、h 次时间谐波电流共同作用产生 $(6k+h-1)$ 阶和 $(6k-h+1)$ 阶的谐波转矩。故，与式(2 - 77)对应的电磁转矩波动阶次为

$$\begin{cases} Order_{h-1} = h-1 \\ Order_{2(h-1)} = 2(h-1) \\ Order_{6k+h-1} = 6k+h-1 \\ Order_{6k-h+1} = 6k-h+1 \end{cases} \tag{2-83}$$

2.4　永磁同步电机高阶转矩波动实验研究

电动车用永磁同步电机高阶转矩波动实验存在技术瓶颈，本节提出了测量高阶转矩波动信号的转速判据，实现了电动车用永磁同步电机 25 阶以内高阶转矩波动实验，验证了应用电动车用永磁同步电机统一非线性解析模型分析电磁转矩阶次特征和形成机理的正确性。

2.4.1　高阶转矩波动实验的技术瓶颈

电机转矩实验测量方法可分为：平衡力法、能量转化法、传递法。

由于平衡力法易引入一定的累积误差，能量转化法不易实现，传递法成为电机转矩测量的主要方法。传递法是一种将被测转矩传递到弹性元件上，根据弹性元件的变形、应力或应变等物理参量的变化来测量转矩的方法[80]。

然而，应用传递法研制的转矩传感器采样时间偏长，导致采样频率较低，以致使用现有转矩传感器实现永磁同步电机高阶转矩波动的实验测量成为难点。文献[81]分析了多个设计变量对转矩波动和转矩线性度的影响，通过转矩测量实验获取了 6 阶转矩波动信号；文献[82]提出了一种能解释 6 阶、12 阶转矩波动现象的永磁同步电机数学模型，通过转矩测量实验验证了 6 阶、12 阶转矩波动的存在和模型的正确性。以上文献未对更高阶转矩波动进行实验测量，无法说明高阶转矩波动阶次特性。

文献[77]、[78]、[129]和[130]识别了电动车振源，指出：永磁同步电机的高阶转矩波动是车身阶次振动与车内噪声的主要振源，瞬态工况下对整车纵向振动的影响尤为显著。但这些文献未直接测量转矩信号、仅通过电机动力总成的振动响应加速度信号代替转矩信号，由于永磁同步电机中电磁力不仅包含转矩，还包含径向力，因此很难对电动车用永磁同步电机转矩波动进行准确识别和精确描述。

与此同时，转矩传感器铭牌上标注的采样频率很可能远小于实际采样频率，这也将影响高阶转矩信号的测量。本实验采用价格特别昂贵的某进口转矩传感器，仍不能采集到 200 Hz 以上的转矩信号。因此，亟待有效方法克服现有转矩传感器采样频率较低的技术限制，实现电动车用永磁同步电机高阶转矩波动实验。

2.4.2 高阶转矩波动信号的转速判据

为克服现有转矩传感器采样频率较低的技术限制，实现电动车用永磁同步电机高阶转矩波动实验，本节基于式(2-82)，提出需测量的最高阶转矩波动频率应小于转矩传感器采样频率的判据：

$$
\begin{cases}
f_{h-1}=(h-1)f=(h-1)\dfrac{pn}{60}\leqslant f_c \\[2ex]
f_{2(h-1)}=2(h-1)f=2(h-1)\dfrac{pn}{60}\leqslant f_c \\[2ex]
f_{6k+h-1}=(6k+h-1)f=(6k+h-1)\dfrac{pn}{60}\leqslant f_c \\[2ex]
f_{6k-h+1}=(6k-h+1)f=(6k-h+1)\dfrac{pn}{60}\leqslant f_c
\end{cases}
\tag{2-84}
$$

式中，p 为极对数；n 为永磁同步电机转速；f_c 为转矩传感器采样频率。

整理式(2-84)，可得永磁同步电机高阶转矩波动信号的转速判据为

$$
\begin{cases}
n\leqslant \dfrac{60}{p2(h-1)}f_c \\[2ex]
n\leqslant \dfrac{60}{p(6k+h-1)}f_c
\end{cases}
\tag{2-85}
$$

由式(2-85)可知，当极对数和转速恒定时，转矩传感器的采样频率 f_c 和可测得的最高转矩阶次[$2(h-1)$或$(6k+h-1)$]正相关，转矩传感器的采样频率越高，可测得的最高转矩阶次就越高；反之，可测得的最高转矩阶次就越低。由于现有转矩传感器的采样频率均较低，故，可通过减小极对数或降低电机转速的方式实现高阶转矩信号的测量。当测试者仅关注永磁同步电机转矩波动的一般规律时，本书建议测试者选用极对数较小的电机，并按照式(2-85)设计转速工况；当测试者对某一特定永磁同步电机转矩波动进行测试时，由于该电机极对数已定，无法通过减少极对数实现高阶转矩信号测试，故本书建议测试者按照式(2-85)选择较低的转速工况进行测试，但要注意测试转速不得小于电机最小稳定运行转速，以免电机不能稳定运行从而影响测试结果。

2.4.3 高阶转矩波动实验的实施方案和技术要点

实验目的是通过测量电动车用永磁同步电机高阶转矩，了解转矩波动的特征，为发生机理的分析奠定基础。实验对象为某国产电动汽车用永磁同步电机，该电机为星形连接，其参数如表 2-6 所列。

实验采用台架实验方法。实验工况为匀速工况。由于受传感器实际采样频率的限制，电机动态、高阶转矩的实验测量一直是一个难点。本实验采用价格昂贵的某进口转矩传感器，仍不能采集到 200 Hz 以上的转矩信号。为获取动态、高阶转矩信号，实验前，作者根据理论推导得出转速判据式(2-78)，式中取 $i=4$，$h=2$，预计能通过本实验测得 $6i+h-1=25$ 阶谐波转矩，此时，转速 $n\leqslant 60f_c/[p(6k+h-1)]=120$ r/min，故本实验选取转速 100 r/min，预计能测量到 25 阶转矩波动以及负载转矩为 30 N·m、60 N·m、90 N·m 三个工况下的转矩信号。转矩测量实验设备如图 2-16 所示。

表 2-6 永磁同步电机的参数

参数/单位	数　值	参数/单位	数　值
额定电压/VDC	336	极对数/—	4
额定转矩/(N·m)	90	峰值功率/kW	40
额定转速/(r/min)	3 000	峰值转矩/(N·m)	145

2.4.4 高阶转矩波动实验的测试结果和机理分析

在电动车用永磁同步电机匀速过程中，转矩信号表现为平稳信号，可通过快速傅里叶变换得到转矩的频谱图。图 2-17 所示为转速 100 r/min 时、不同负载下永磁同步电机转矩的时间历程，图 2-18 所示为永磁同步电机转矩的频谱图。

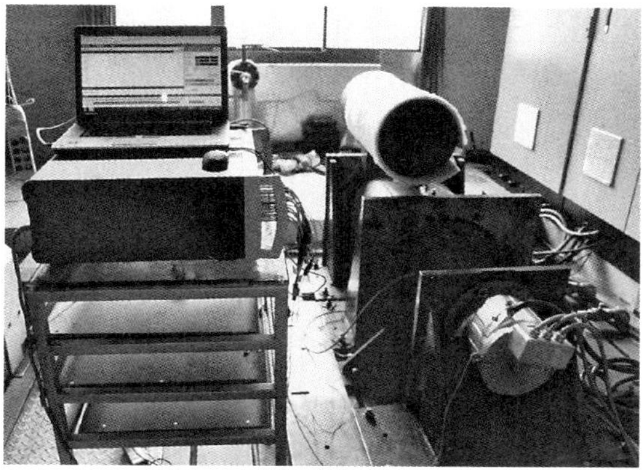

图 2-16　永磁同步电机高阶转矩测量实验设备

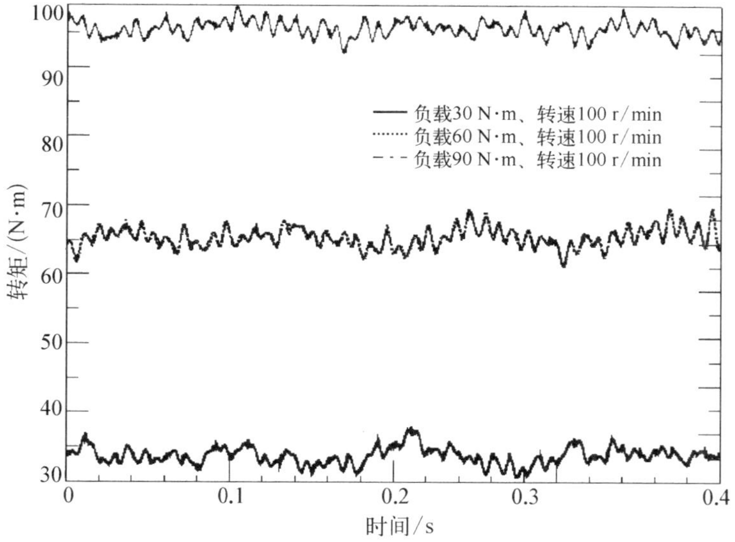

图 2-17　永磁同步电机转矩的时间历程

实验中，基波电流频率为 $f=pn/60=(4\times100)/60=6.67$ Hz，其中，p 为极对数，n 为电机转速。图 2-18 中，点 A 的频率始终恒定在 50.1 Hz，幅值也始终恒定在 0.38 N·m，经对比发现点 A 为转矩传感器的恒定波动值；点 L 和点 M 不是基波频率的整数倍，但与相邻的基波整数倍峰值十分

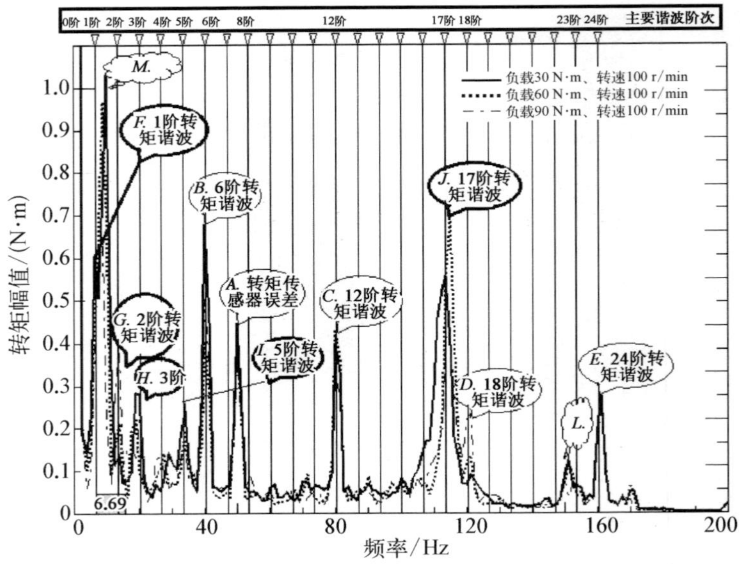

图 2-18　永磁同步电机转矩的频谱图

相近，经进一步甄别测功机信号和传感器信号可得出：点 M 为测功机转速波动引起，点 L 为系统误差引起。故分析时，需要排除点 A、点 L 和点 M 的影响。因此，根据图 2-18，可得如下结论：

（1）本实验利用现有实验条件，实现了永磁同步电机动态、高阶转矩的实验测量，测得了 25 阶以内的谐波转矩。

（2）永磁同步电机转矩波动表现出明显的阶次特性，谐波转矩的频率为电源频率的整数倍。

（3）永磁同步电机转矩波动的主要分量中含有 $6k$ 阶谐波转矩（如图 2-18中的点 B：6 阶谐波转矩、点 C：12 阶谐波转矩、点 D：18 阶谐波转矩、点 E：24 阶谐波转矩）。

（4）除 $6k$ 阶谐波转矩之外，还存在大量非 $6k$ 阶谐波转矩（如图 2-18 中的点 F：1 阶谐波转矩、点 G：2 阶谐波转矩、点 H：3 阶谐波转矩、点 I：5 阶谐波转矩、点 J：17 阶谐波转矩等）。

为了解释实验中出现的转矩谐波阶次与频率，还采集了 C 相电流信号，如图 2 - 19 所示；其频谱如图 2 - 20 所示。

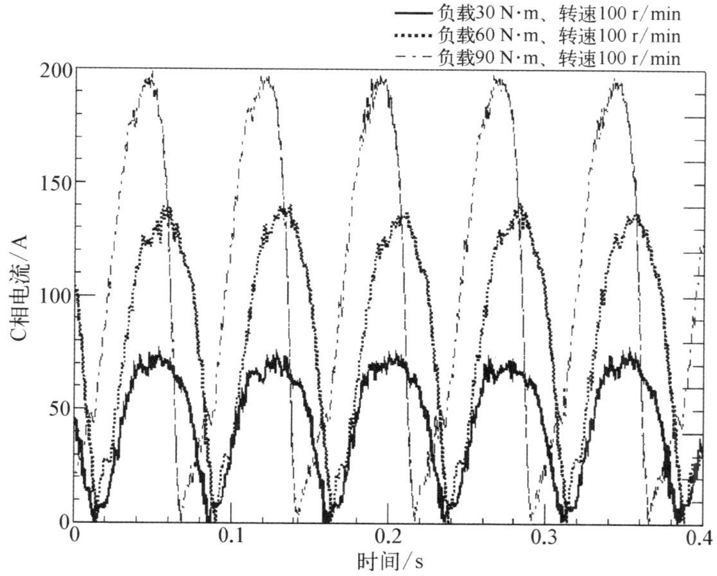

图 2 - 19　C 相电流的时间历程

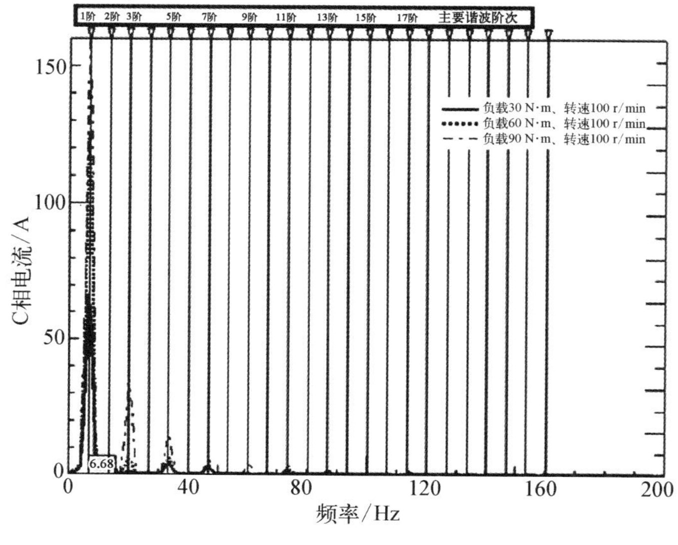

图 2 - 20　C 相电流的频谱图

实验中，由图 2-20 可知：式(2-75)和式(2-76)中 h 的取值集合为 $h\in\{1, 2, 3, 5, 7, 9, 11, 13, 15, 17, 19\}$。$k$ 的取值集合为 $k\in\{1, 2, 3, 4\}$。故将式(2-75)和式(2-76)的转矩波动阶次预测值(小于 25 阶)列入表 2-7；将实验结果图 2-18 中也出现的阶次值用斜体数字和灰色底纹标记，如表 2-7 所列。

表 2-7 转矩波动理论分析阶次预测值

h	k															
	1	2	3	4	1	2	3	4	1	2	3	4	1	2	3	4
	$(h-1)$/阶				$2(h-1)$/阶				$(6k+h-1)$/阶				$(6k-h+1)$/阶			
1	*0*				*0*				*6*	*12*	*18*	*24*	*6*	*12*	*18*	*24*
2	*1*				*2*				7	13	19		*5*	11	*17*	*23*
3	*2*				*4*				*8*	14	20		*4*	10	16	22
5	*4*				*8*				10	16	22		*2*	*8*	*12*	20
7	*6*				*12*				*12*	*18*	*24*		*0*	*6*	10	*18*
9	*8*				16				14	20				*4*	*8*	16
11	10				20				16	22				*2*	*6*	14
13	*12*				*24*				*18*	*24*				*0*	*4*	*12*
15	14								20						*2*	10
17	16								22						*0*	*8*
19	*18*								*24*							*6*

(注：在理论分析与试验结果中均出现的阶次用斜体数字和灰色底纹标记)

由表 2-7 可知：实验中出现的转矩波动阶次和频率均能通过本书的理论分析预测到，进而找到产生该阶次转矩波动的机理，例如 1 阶转矩波动仅由 2 阶时间谐波电流产生，而 17 阶转矩波动由 17 阶永磁磁场非正弦分布谐波磁链、19 阶永磁磁场非正弦分布谐波磁链、定子开槽、2 阶时间谐波电流共同产生。

为验证本书所提出的解析模型的通用性，本书选取了不同的永磁体磁场非正弦形式分布的永磁同步电机(如表 2-1 所列为永磁体磁场矩形分布的永磁同步电机的参数、表 2-2 所列为永磁体磁场梯形分布的永磁同步电机的参数、表 2-3 所列为永磁体磁场畸变分布的永磁同步电机的参数)、不同极槽配合的永磁同步电机(如表 2-1、表 2-2、表 2-3 所列相对于 1 对极 6 槽,而表 2-4 所列相对于 10 对极 27 槽)、是否考虑时间谐波电流的永磁同步电机(如表 2-1—表 2-4 所列相对于未考虑时间谐波电流的永磁同步电机,而表 2-6 所列相对于考虑了时间谐波电流的永磁同步电机)。可见,本书所提解析模型通用性较好,能合理地解释永磁同步电机转矩波动的阶次特征现象。

2.5　本 章 小 结

本章主要建立了电动车用永磁同步电机的统一非线性解析模型,预测并分析了电磁转矩波动的阶次特征和形成机理,通过克服现有转矩传感器采样频率较低的技术限制,实现了永磁同步电机高阶转矩波动的测量,验证了所提解析模型的正确性和有效性。主要包括以下几个方面:

(1) 为改进永磁同步电机线性模型不能准确计算电磁转矩和不能反映电磁转矩波动特征的缺陷,建立了考虑永磁体磁场非正弦分布、定子开槽、变频器供电下时间谐波电流等因素的永磁同步电机的统一非线性解析模型,得到了电磁转矩的解析解:谐波转矩不仅包含由 h 次时间谐波电流单独引起的转矩波动项,还包含永磁体磁场非正弦分布、定子开槽、h 次时间谐波电流共同引起的转矩波动项。通过理论分析发现:当 $h=1$ 时,即当电流中仅含基波分量时,转矩将只含 0 阶转矩和 $6k$ 阶的谐波转矩,该谐波转矩由永磁磁场非正弦分布和开槽引起;当 $h\neq 1$ 时,h 次时间谐波电流将单独产生 $h-1$ 阶和 $2(h-1)$阶的谐波转矩,永磁磁场非正弦分布、定子开槽、h 次时间谐波电流共同作用产生 $6k+h-1$ 阶和 $6k-h+1$ 阶的谐波转矩。

(2) 提出了测量高阶转矩波动信号的转速判据，克服了现有转矩传感器采样频率较低的技术限制，实现了电动车用永磁同步电机 25 阶以内高阶转矩波动实验。实验结果表明，转矩具有明显的阶次特征，主要阶次有 $h-1$ 阶、$2(h-1)$ 阶、$6k+h-1$ 阶、$6k-h+1$ 阶，验证了应用电动车用永磁同步电机统一非线性解析模型分析电磁转矩阶次特征和形成机理的正确性。

第3章

电动车用永磁同步电机非线性径向力分析

永磁同步电机中，主磁通主要沿径向进入气隙，并在定子和转子上产生径向力，引起定子和转子结构振动，从而产生电磁噪声。由于电动车具有多工况、变负载、宽调速等特点，主要采用变频器调速的永磁同步电机驱动。变频器供电将产生丰富的时间谐波电流，使气隙磁场产生大量的谐波磁场，显著影响径向力的幅值和阶次，进而导致永磁同步电机的异常噪声。

本章建立了考虑任意阶次时间谐波电流的永磁同步电机气隙磁场解析模型，应用麦克斯韦张量法建立了径向力波解析模型，进而沿外转子或外定子表面应用复合柯特斯公式对径向力波积分获得了具有 6 阶代数精度的径向集中力，并利用该解析模型分析了考虑时间谐波电流的径向力阶次特征。

3.1 考虑时间谐波电流的永磁同步电机气隙磁场解析建模

为建立考虑时间谐波电流的永磁同步电机气隙磁场解析模型，提出如下假设条件：

(1) 永磁体磁场呈瞬态分布[35]；

(2) 定子开矩形槽；

(3) 永磁同步电机电流含大量对称的三相 h 次时间谐波电流(当 $h=1$ 时,为基波正弦电流;当 $h\neq 1$ 时,为 h 次时间谐波电流; $h\in H$, H 为所有时间谐波电流阶次的集合)；

(4) 忽略电机磁路饱和。

本书采用磁势乘磁导法求解气隙磁密[8, 34]：

$$B(\alpha,\ t)=f(\alpha,\ t)\lambda_1(\alpha) \tag{3-1}$$

式中, $B(\alpha,\ t)$ 为气隙磁密; $f(\alpha,\ t)$ 为气隙磁势; $\lambda_1(\alpha)$ 为气隙磁导; α 为定子表面角度; t 为时间。

3.1.1 气隙磁势

首先分析变频器供电时永磁同步电机的气隙磁势。正弦波电流供电时,永磁电机中的气隙磁势可以分为基波电流磁势和永磁体等效磁势。

$$f(\alpha,\ t)=\sum_{v} f_{v}(\alpha,\ t)+\sum_{\mu} f_{\mu}(\alpha,\ t) \tag{3-2}$$

式中, $\sum_{v} f_{v}(\alpha,\ t)$ 为基波电流磁势; $\sum_{\mu} f_{\mu}(\alpha,\ t)$ 为永磁体等效磁势。

采用变频器供电的永磁同步电机与正弦波供电的永磁同步电机相比,气隙磁势中增加了所有 h 次时间谐波电流引起的时间谐波电流磁势:

$$\begin{aligned} f_h(\alpha,\ t) &= f(\alpha,\ t)+\sum_{h}\sum_{v} f_{hv}(\alpha,\ t) \\ &= \sum_{v} f_{v}(\alpha,\ t)+\sum_{\mu} f_{\mu}(\alpha,\ t)+\sum_{h}\sum_{v} f_{hv}(\alpha,\ t) \end{aligned} \tag{3-3}$$

式中, $\sum_{h}\sum_{v} f_{hv}(\alpha,\ t)$ 为所有 h 次时间谐波电流产生的时间谐波电流磁势。

基波电流磁势可表示为[128]

$$\sum_v f_v(\alpha,\ t)=\sum_v F_v\cos[\omega_0 t-vN_0\alpha-(\psi+90^\circ)] \tag{3-4}$$

式中，v 为谐波次数；F_v 为 v 次谐波磁势幅值；ψ 为基波电流的功角；ω_0 为基波电流电角速度；N_0 为单元电机个数。

对于不同极槽配合的永磁同步电机，谐波次数 v、绕组分布因数 k_{dv}、节距因数 k_{pv} 可能不同，将极大地影响基波电流磁势的计算正确性。首先引入单元电机的概念：设原电机相数为 m，定子槽数为 Q_s，永磁体极对数为 p，如果 Q_s 和 p 的最大公约数为 N_0，即 $Q_s/p=Z_0/p_0$，Z_0 是 m 的整数倍，则槽数为 Z_0、极对数为 p_0 的电机称为单元电机，原电机由 N_0 个单元电机组成。本节根据不同极槽配合给出整数槽和常用分数槽的谐波次数 v、绕组分布因数 k_{dv}、节距因数 k_{pv} 的计算公式[131-133]，如表 3-1 所列。

表 3-1　不同极槽配合时谐波次数、绕组分布因数、节距因数计算公式

极槽配合			谐波次数 vN_0	绕组分布因数 k_{dv}	节距因数 k_{pv}
整数槽	—	—	$(2mk_1+1)N_0$	$\dfrac{\sin\frac{v}{p}q\frac{\alpha_y}{2}}{q\sin\frac{v}{p}\frac{\alpha_y}{2}}$	$\sin\frac{v}{p}y\frac{\pi}{2}$
分数槽	$Z_0=2p_0\pm1$	双层	$(3k_1+1)N_0$	$\frac{1}{N}\left[(-1)^j+2\sum\limits_{i=1}^{j}(-1)^{j-i}\cos i\frac{v}{N_0}\alpha_y\right]$	$\sin\frac{v}{N_0}\frac{\pi}{Z_0}$
	$Z_0=2p_0\pm2$	单层	$(3k_1+1)N_0$	$\frac{1}{N}\sum\limits_{i=1}^{N/2}(-1)^{\frac{N}{2}-i}\sin\frac{2i-1}{2}\frac{v}{N_0}\alpha_y$	
		双层	$(6k_1+1)N_0$		
	$Z_0=2p_0\pm4$	单层	$(3k_1+1)N_0$	$\frac{1}{N}\left[(-1)^l+2\sum\limits_{i=1}^{l}(-1)^{l-i}\cos i\frac{v}{N_0}\alpha_y+2\sum\limits_{j=1}^{n}\cos(N+2l+j)\frac{v}{N_0}\alpha_y\right]$	
		双层	$(6k_1+1)N_0$		

其中，N 满足 $N/d=Z_0/2mp_0$，且 N/d 是不可约的真分数；$j=(N-1)/2$；$l=j/2$，即为 $j/2$ 向下取整；$n=(j+1)/2$；y 为节距系数；α_y 为单元电机绕组空间槽距角 $\alpha_y=2\pi p/Q_s$；$k_1=0$，±1，±2，±3，…。

v 次谐波磁势幅值 F_v 为：

$$F_v = \frac{\sqrt{2}m}{\pi v} I_{N_1} \left(\frac{c_1 pq N_k}{a} \right) k_{dv} k_{pv} \tag{3-5}$$

式中，I_{N1} 为基波电流有效值；m 为永磁同步电机的相数；c_1 为绕组层数；p 为极对数；q 为每极相槽数；N_k 为线圈匝数；a 为并联支路数；k_{dv} 为绕组分布因数；k_{pv} 为节距因数。

永磁同步电机在变频器供电下，定子电流中含有大量的时间谐波电流。这些时间谐波电流的注入，将改变气隙磁场的分布，使气隙磁场中增加了大量的谐波成分。这些时间谐波电流在气隙磁场中产生旋转的空间谐波磁场，使永磁同步电机径向力增大进而引起电机振动和噪声的增大[8]。所有的 h 次时间谐波电流产生的时间谐波电流磁势可表示为

$$\sum_h \sum_v f_{hv}(\alpha,\ t) = \sum_h \sum_v F_{hv} \cos[h\omega_0 t - vN_0\alpha - (\psi_h + 90^\circ)] \tag{3-6}$$

式中，F_{hv} 为 h 次时间谐波电流的 v 次谐波磁势幅值；ψ_h 为 h 次时间谐波电流的功角。

h 次时间谐波电流的 v 次谐波磁势幅值 F_{hv} 可表示为

$$F_{hv} = \frac{\sqrt{2}m}{\pi v} I_h \left(\frac{c_1 pq N_k}{a} \right) k_{dv} k_{pv} \tag{3-7}$$

式中，I_h 为 h 次时间谐波电流的幅值。

假定永磁体磁场沿转子有效极弧为矩形分布，通过傅里叶级数分解，可得永磁体磁势可表示为

$$\sum_\mu f_\mu(\theta,\ t) = \sum_\mu F_{2\mu-1} \cos(2\mu - 1)(\omega_0 t - p\alpha) \tag{3-8}$$

式中，$F_{2\mu-1}$ 为 $2\mu-1$ 次永磁体等效磁势谐波幅值。

$2\mu-1$ 次永磁体等效磁势谐波幅值 $F_{2\mu-1}$ 可表示为

$$F_{2\mu-1}=\frac{4\delta B_r\tau_m\sin\dfrac{(2\mu-1)}{2}}{\mu_0(2\mu-1)\pi} \tag{3-9}$$

式中，δ 为气隙长度，μ_0 为真空磁导率，B_r 为永磁体剩磁，τ_m 为极弧角。

$$\mu\in N^* \tag{3-10}$$

综上所述，将式(3-4)和式(3-8)代入式(3-2)，可得正弦波供电时永磁同步电机的气隙磁势：

$$\begin{aligned}f(\alpha,\ t)=&\sum_v F_v\cos[\omega_0 t-vN_0\alpha-(\psi+90^\circ)]\\&+\sum_\mu F_{2\mu-1}\cos(2\mu-1)(\omega_0 t-p\alpha)\end{aligned} \tag{3-11}$$

将式(3-4)、式(3-6)和式(3-8)代入式(3-3)，可得变频器供电时考虑所有的 h 次时间谐波电流永磁同步电机的气隙磁势：

$$\begin{aligned}f_h(\alpha,\ t)=&\sum_v F_v\cos[\omega_0 t-vN_0\alpha-(\psi+90^\circ)]\\&+\sum_\mu F_{2\mu-1}\cos(2\mu-1)(\omega_0 t-p\alpha)\\&+\sum_h\sum_v F_{hv}\cos[h\omega_0 t-vN_0\alpha-(\psi_h+90^\circ)]\end{aligned} \tag{3-12}$$

对比式(3-11)和式(3-12)可见：变频器供电时，增加了大量的时间谐波电流，进而增加了大量的气隙磁势谐波。

3.1.2　气隙磁导

开槽将影响气隙磁导。本书 2.2.2 节已推导了开槽时相对气隙磁导 $\lambda(\alpha)$，气隙磁导 $\lambda_1(\alpha)$ 可基于相对气隙磁导 $\lambda(\alpha)$ 求得：

$$\lambda_1(\alpha)=\frac{\mu_0}{g+\dfrac{h_m}{\mu_r}}\lambda(\alpha) \tag{3-13}$$

式中，g 为气隙长度；h_m 为永磁体厚度；μ_0 为真空磁导率；μ_r 为永磁体相对磁导率。

3.1.3 气隙磁密

气隙磁密可通过磁势乘以磁导法求得，故由式(3-1)、式(3-11)、式(3-13)可得正弦波供电时永磁同步电机的径向气隙磁密：

$$\begin{aligned} B(\alpha,\ t) &= \{\sum_{v} F_{v}\cos[\omega_0 t - vN_0\alpha - (\psi + 90°)] \\ &\quad + \sum_{\mu} F_{2\mu-1}\cos(2\mu-1)(\omega_0 t - p\alpha)\}\lambda_1(\alpha) \\ &= \lambda_1(\alpha)\sum_{v} F_{v}\cos[\omega_0 t - vN_0\alpha - (\psi + 90°)] \\ &\quad + \lambda_1(\alpha)\sum_{\mu} F_{2\mu-1}\cos(2\mu-1)(\omega_0 t - p\alpha) \end{aligned} \tag{3-14}$$

从式(3-14)可知，正弦波电流供电时，永磁同步电机的气隙磁场由两部分组成。第一部分是基波电流产生的电枢反应磁场，其转速为ω_0；第二部分是永磁体产生的永磁体磁场，其转速为 $(2\mu-1)\omega_0$，$\mu \in N^*$。

由式(3-1)、式(3-12)、式(3-13)可得变频器供电时考虑所有 h 次时间谐波电流的永磁同步电机气隙磁密：

$$B_h(\alpha,\ t) = \left\{\begin{matrix} \sum_{v} F_{v}\cos[\omega_0 t - vN_0\alpha - (\psi + 90°)] \\ + \sum_{\mu} F_{2\mu-1}\cos(2\mu-1)(\omega_0 t - p\alpha) \\ + \sum_{h}\sum_{v} F_{hv}\cos[h\omega_0 t - vN_0\alpha - (\psi_h + 90°)] \end{matrix}\right\}\lambda_1(\alpha)$$

$$\begin{aligned} &= \lambda_1(\alpha)\sum_{v} F_{v}\cos[\omega_0 t - vN_0\alpha - (\psi + 90°)] \\ &\quad + \lambda_1(\alpha)\sum_{\mu} F_{2\mu-1}\cos(2\mu-1)(\omega_0 t - p\alpha) \\ &\quad + \lambda_1(\alpha)\sum_{h}\sum_{v} F_{hv}\cos[h\omega_0 t - vN_0\alpha - (\psi_h + 90°)] \end{aligned}$$

$$= B(\alpha,\ t) + \lambda_1(\alpha)\sum_h\sum_v F_{hv}\cos[h\omega_0 t - vN_0\alpha - (\psi_h + 90°)] \tag{3-15}$$

对比式(3-14)和式(3-15)可见：$\lambda_1(\alpha)\sum_h\sum_v F_{hv}\cos[h\omega_0 t - vN_0\alpha - (\psi_h + 90°)]$是变频器供电条件下考虑了所有 h 次时间谐波电流永磁同步电机气隙磁密所特有的。它由所有 h 次时间谐波电流产生，在永磁同步电机气隙中同样也产生了旋转的谐波磁场，但转速是基波电流产生的基波磁场和谐波磁场的 h 倍，转速为 $h\omega_0$。

3.2　考虑时间谐波电流的永磁同步电机径向力波的解析建模

电磁噪声主要由径向力波引起。为了计算电磁振动和异常电磁噪声，必须知道它们的来源，即产生电磁振动和电磁噪声的径向力波。不考虑时间谐波电流时，根据麦克斯韦张量法，径向力波可表示为[110]：

$$P(\alpha,\ t) = \frac{B^2(\alpha,\ t) - B_t^2(\alpha,\ t)}{2\mu_0} \tag{3-16}$$

式中，$P(\alpha,\ t)$为径向力；$B(\alpha,\ t)$为径向气隙磁密；$B_t(\alpha,\ t)$为切向气隙磁密；μ_0为真空磁导率。

铁磁材料的磁导率远远大于空气的磁导率，磁力线进入定转子铁芯时基本垂直于铁芯表面。因此，切向气隙磁密远远小于径向气隙磁密，故径向力波可简化为[110, 145]：

$$P(\alpha,\ t) \approx \frac{B^2(\alpha,\ t)}{2\mu_0} \tag{3-17}$$

正弦波电流供电时，气隙磁场由永磁体磁场和基波电流电枢反应磁场叠加产生。将式(3-14)代入式(3-17)，可得不考虑时间谐波电流时，径向力波的解析表达式：

$$
\begin{aligned}
P(\alpha,\ t) &= \frac{\lambda_1^2(\alpha)}{2\mu_0}\{\sum_v F_v \cos[\omega_0 t - vN_0\alpha - (\psi + 90°)] \\
&\quad + \sum_\mu F_{2\mu-1}\cos(2\mu-1)(\omega_0 t - p\alpha)\}^2 \\
&= \frac{\lambda_1^2(\alpha)}{2\mu_0}\left\{\begin{aligned}
&\{\sum_v F_v \cos[\omega_0 t - vN_0\alpha - (\psi + 90°)]\}^2 \\
&+ 2\sum_v F_v \cos[\omega_0 t - vN_0\alpha - (\psi + 90°)] \\
&\sum_\mu F_{2\mu-1}\cos(2\mu-1)(\omega_0 t - p\alpha) \\
&+ \left\{\sum_\mu F_{2\mu-1}\cos(2\mu-1)(\omega_0 t - p\alpha)\right\}^2
\end{aligned}\right\}
\end{aligned}
\tag{3-18}
$$

由式(3-18)可知，正弦波电流供电时，径向力波 $P(\alpha,\ t)$ 的来源为：

(1) 基波电流电枢反应磁场自身的谐波成分相互作用产生，$[\lambda_1^2(\alpha)/2\mu_0]\{\sum_v F_v \cos[\omega_0 t - vN_0\alpha - (\psi + 90°)]\}^2$；

(2) 永磁体磁场自身的谐波成分相互作用产生，$[\lambda_1^2(\alpha)/2\mu_0][\sum_\mu F_{2\mu-1}\cos(2\mu-1)(\omega_0 t - p\alpha)]^2$；

(3) 基波电流电枢反应磁场和永磁体磁场相互作用产生，$[\lambda_1^2(\alpha)/2\mu_0]\sum_v F_v \cos[\omega_0 t - vN_0\alpha - (\psi + 90°)]\sum_\mu F_{2\mu-1}\cos(2\mu-1)(\omega_0 t - p\alpha)$。

式(3-18)是仅考虑了正弦波电流供电时永磁同步电机径向力波的解析解。然而，电动车具有多工况、变负载、宽调速等特点，主要采用变频调速永磁同步电机直接驱动，变频器供电将产生大量的时间谐波电流，使气隙磁场也产生大量的谐波磁场，显著影响径向力波的幅值和阶次，并且可能导致径向力波频率与永磁同步电机或电动汽车车身的某些模态频率接近而发生共振，进而引起永磁同步电机振动和噪声显著增大。因而，需要建立考虑时间谐波电流的永磁同步电机径向力波的解析表达式。

当考虑所有 h 次的时间谐波电流时，根据麦克斯韦张量法，径向力波可表示为如下解析式：

$$P_h(\alpha,\ t) \approx \frac{B_h^2(\alpha,\ t)}{2\mu_0} \tag{3-19}$$

变频器供电时，气隙磁场由永磁体磁场、基波电流电枢反应磁场、所有 h 次时间谐波电流电枢反应磁场叠加产生。将式(3－15)代入式(3－19)，可得考虑了所有的 h 次时间谐波电流的径向力波解析表达式：

$$\begin{aligned}
P_h(\alpha,\ t) &= \frac{\lambda_1^2(\alpha)}{2\mu_0}\left\{\begin{aligned}&\sum_v F_v\cos[\omega_0 t - vN_0\alpha - (\psi + 90°)]\\ &+\sum_\mu F_{2\mu-1}\cos(2\mu-1)(\omega_0 t - p\alpha)\\ &+\sum_h\sum_v F_{hv}\cos[h\omega_0 t - vN_0\alpha - (\psi_h + 90°)]\end{aligned}\right\}^2\\
&= P(\alpha,\ t) + \frac{\lambda_1^2(\alpha)}{2\mu_0}\left\{\begin{aligned}&\left\{\sum_h\sum_v F_{hv}\cos[h\omega_0 t - vN_0\alpha - (\psi_h + 90°)]\right\}^2\\ &+2\sum_v F_v\cos[\omega_0 t - vN_0\alpha - (\psi + 90°)]\\ &\sum_h\sum_v F_{hv}\cos[h\omega_0 t - vN_0\alpha - (\psi_h + 90°)]\\ &+2\sum_\mu F_{2\mu-1}\cos(2\mu-1)(\omega_0 t - p\alpha)\\ &\sum_h\sum_v F_{hv}\cos[h\omega_0 t - vN_0\alpha - (\psi_h + 90°)]\end{aligned}\right\}
\end{aligned} \tag{3-20}$$

由式(3－20)可知，变频器供电时，径向力波 $P_h(\alpha,\ t)$ 的来源为：

(1) 基波电流电枢反应磁场自身的谐波成分相互作用产生，$[\lambda_1^2(\alpha)/$

$2\mu_0]\{\sum_v F_v\cos[\omega_0 t - vN_0\alpha - (\psi + 90°)]\}^2$；

（2）永磁体磁场自身的谐波成分相互作用产生，$[\lambda_1^2(\alpha)/2\mu_0][\sum_\mu F_{2\mu-1}\cos(2\mu-1)(\omega_0 t - p\alpha)]^2$；

（3）基波电流电枢反应磁场和永磁体磁场相互作用产生，$[\lambda_1^2(\alpha)/2\mu_0]\sum_v F_v\cos[\omega_0 t - vN_0\alpha - (\psi + 90°)]\sum_\mu F_{2\mu-1}\cos(2\mu-1)(\omega_0 t - p\alpha)$；

（4）时间谐波电流电枢反应磁场自身的谐波成分相互作用产生，$[\lambda_1^2(\alpha)/2\mu_0]\{\sum_h\sum_v F_{hv}\cos[h\omega_0 t - vN_0\alpha - (\psi_h + 90°)]\}^2$；

（5）时间谐波电流电枢反应磁场和永磁体磁场相互作用产生，$[\lambda_1^2(\alpha)/2\mu_0]\sum_\mu F_{2\mu-1}\cos(2\mu-1)(\omega_0 t - p\alpha)\sum_h\sum_v F_{hv}\cos[h\omega_0 t - vN_0\alpha - (\psi_h + 90°)]$；

（6）时间谐波电流电枢反应磁场和基波电流电枢反应磁场相互作用产生，$[\lambda_1^2(\alpha)/2\mu_0]\sum_v F_v\cos[\omega_0 t - vN_0\alpha - (\psi + 90°)]\sum_h\sum_v F_{hv}\cos[h\omega_0 t - vN_0\alpha - (\psi_h + 90°)]$。

对比式(3－18)和式(3－20)可知：变频器供电时，由于存在大量的时间谐波电流，径向力波解析解$P_h(\alpha, t)$不仅包含了正弦波电流供电时径向力波解析解 $P(\alpha, t)$，还包含了时间谐波电流电枢反应磁场自身产生的径向力波、时间谐波电流电枢反应磁场和永磁体磁场相互作用产生的径向力波、时间谐波电流电枢反应磁场和基波电流电枢反应磁场相互作用产生的径向力波，导致径向力波的谐波成分更加丰富，进而导致电磁振动和电磁噪声的谐波成分更加丰富。

3.3　考虑时间谐波电流的永磁同步电机径向集中力的解析建模

径向力波是作用在定、转子铁芯单位面积上的径向电磁压力，亦即压强。由于径向力波不是一个恒定值，是关于空间角度和时间的函数，且电磁场计算和结构振动计算的网格往往很难保证一致，存在网格、节点很难一一对应的问题，因此应用径向力波对结构振动加载一直是一个技术难点。

通常，有两种方式实现径向力波的加载：节点分布力加载和面集中力加载。文献[47]、[134]、[135]应用二维电磁场有限元计算求得了径向力波，通过 ANSYS 二次开发，编程记录了二维平面每一个节点的径向力波，再应用编程将二维平面上所有节点的径向力波对单元微元面积积分，转化为三维空间下单元节点上的径向力波，加载到三维有限元结构对应的节点上，进而求得结构振动响应和噪声辐射。这是一种加载节点分布力的方式，该方法还原了径向力波是一种单位面积上的径向电磁压强的本质，更加符合实际，精确度较高，然而技术难度较高。文献[102]、[103]应用二维电磁场有限元计算求得了径向力波，通过径向力波对空间角度和时间的积分，将节点分布力转化为面集中力，加载到每一个定子齿或转子永磁体的中线上，进而求得电机结构振动响应。这是一种加载面集中力的方式，该方法不直接加载径向力波，而是将径向力波转化为每一个定子齿面或转子永磁体面中线上的集中力，再作用于结构有限元模型，简化了加载方式，化繁为简，精度也较高。

综观节点分布力加载和面集中力加载，都涉及对径向力波积分转化为径向集中力，只不过节点分布力加载是二维平面上的径向力波对单元微元面积的积分转化为三维空间下单元上的径向集中力，而面集中力加载是二维平面上的径向力波对定子齿面或转子永磁体面的面积积分转化为三维空间下定子齿或转子永磁体上的径向集中力。根据这两种方式的共性，本书将节点分布力和面集中力统一为径向集中力，探讨具有较高精度的径向集中力的解析建模方法。

为不失一般性，在柱坐标系 $O\text{-}u_\alpha u_3 u_x$ 下，设电机任意圆周表面 S 在径

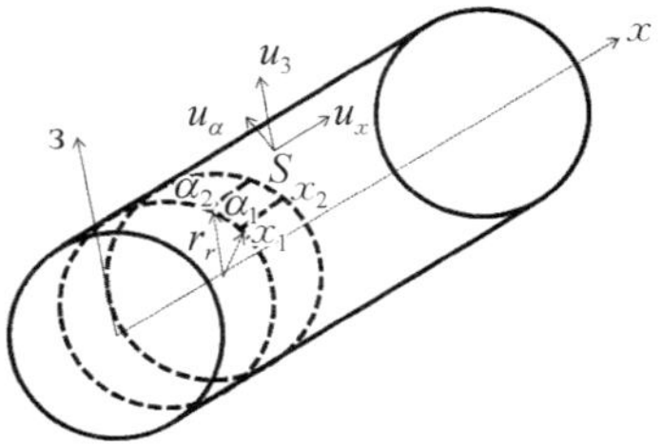

图 3-1 电机任意表面示意图

向u_3方向上的半径为r_r，圆周u_α方向上对应的角度为$\alpha_1 \to \alpha_2$，在轴向u_x方向上对应的位置为$x_1 \to x_2$，$0 \leqslant \alpha_1 \leqslant \alpha_2 \leqslant 2\pi$，$0 \leqslant x_1 \leqslant x_2 \leqslant l_r$，$l_r$为电机定、转子轴向长度，如图 3-1 所示。将单位面积上的径向力波转化为径向集中力，可通过径向力波对任意表面的面积积分实现：

$$F_r(t) = \int_{\alpha_1}^{\alpha_2} \int_{x_1}^{x_2} P_r(\alpha,\ r_r,\ x,\ t) \cdot r_r \,\mathrm{d}x \mathrm{d}\alpha \tag{3-21}$$

式中，$P_r(\alpha,\ r_r,\ x,\ t)$为$t$时刻，$(\alpha,\ r_r,\ x)$处的径向力波。

采用笛卡尔坐标系 $O-XYZ$ 进行分析，则该径向集中力在 X 轴和 Y 轴坐标方向上的分量为

$$F_{rX}(t) = \int_{\alpha_1}^{\alpha_2} \int_{x_1}^{x_2} P_r(\alpha,\ r_r,\ x,\ t) \cdot r_r \cos\alpha \,\mathrm{d}x \mathrm{d}\alpha \tag{3-22}$$

$$F_{rY}(t) = \int_{\alpha_1}^{\alpha_2} \int_{x_1}^{x_2} P_r(\alpha,\ r_r,\ x,\ t) \cdot r_r \sin\alpha \,\mathrm{d}x \mathrm{d}\alpha \tag{3-23}$$

式(3-21)、式(3-22)、式(3-23)是任意表面 S 上径向集中力及其在 X 轴、Y 轴坐标方向上分力的一般表达式，可通过改变积分区间，同时实现节点分布力加载和面集中力加载。

若忽略端部效应，且不存在偏心、斜极、斜槽等情况时，气隙磁密不随轴向长度变化，故径向力波也不随轴向长度变化。则式(3-21)—式(3-23)可简化为

$$F_r(t) = l_r r_r \int_{\alpha_1}^{\alpha_2} P_r(\alpha,\ t) \mathrm{d}\alpha \tag{3-24}$$

$$F_{rX}(t) = l_r r_r \int_{\alpha_1}^{\alpha_2} P_r(\alpha,\ t) \cos\alpha \,\mathrm{d}\alpha \tag{3-25}$$

$$F_{rY}(t) = l_r r_r \int_{\alpha_1}^{\alpha_2} P_r(\alpha, t) \sin\alpha \, d\alpha \tag{3-26}$$

式中，$P_r(\alpha, t)$为 t 时刻，α 角度处的径向力波。

正弦波供电时，$P_r(\alpha, t)$可由式(3-17)确定，则相应的径向集中力为

$$F(t) = l_r r_r \int_{\alpha_1}^{\alpha_2} P(\alpha, t) \, d\alpha \tag{3-27}$$

采用笛卡尔坐标系 $O-XYZ$ 进行分析，则该径向集中力在 X 轴和 Y 轴坐标方向上的分量为

$$F_X(t) = l_r r_r \int_{\alpha_1}^{\alpha_2} P(\alpha, t) \cos\alpha \, d\alpha \tag{3-28}$$

$$F_Y(t) = l_r r_r \int_{\alpha_1}^{\alpha_2} P(\alpha, t) \sin\alpha \, d\alpha \tag{3-29}$$

变频器供电时，考虑所有的时间谐波电流，$P_r(\alpha, t)$可由式(3-20)确定，则相应的径向集中力为

$$F_h(t) = l_r r_r \int_{\alpha_1}^{\alpha_2} P_h(\alpha, t) \, d\alpha \tag{3-30}$$

采用笛卡尔坐标系 $O-XYZ$ 进行分析，则该径向集中力在 X 轴和 Y 轴坐标方向上的分量为

$$F_{hX}(t) = l_r r_r \int_{\alpha_1}^{\alpha_2} P_h(\alpha, t) \cos\alpha \, d\alpha \tag{3-31}$$

$$F_{hY}(t) = l_r r_r \int_{\alpha_1}^{\alpha_2} P_h(\alpha, t) \sin\alpha \, d\alpha \tag{3-32}$$

由于 $P(\alpha, t)$和$P_h(\alpha, t)$的复杂性，精确求解式(3-27)—式(3-32)非常困难。本书采用复合柯特斯公式求解定积分，具体做法是：将积分区间$[\alpha_1, \alpha_2]$分成 4 等分，步长为 $y=(\alpha_2-\alpha_1)/4$，节点为 $\theta_i = iy(i=0, 1, 2, 3, 4)$，在每一个小区间$[\alpha_i, \alpha_{i+1}]$上应用柯特斯公式，即得到复合柯特斯公

式的定积分近似解，近似解具有 6 阶代数精度。

因此，正弦波供电时，式(3－27)—式(3－29)的复合柯特斯公式近似解分别为

$$
\begin{aligned}
F(t) &= l_r r_r \int_{\alpha_1}^{\alpha_2} P(\alpha,\ t)\mathrm{d}\alpha \\
&\approx l_r r_r \left\{ \frac{y}{90} \begin{bmatrix} 7P(\theta_0,\ t) + 32\sum_{i=0}^{3} P(\theta_{i+\frac{1}{4}},\ t) + 12\sum_{i=0}^{3} P(\theta_{i+\frac{1}{2}},\ t) \\ + 32\sum_{i=0}^{3} P(\theta_{i+\frac{3}{4}},\ t) + 14\sum_{i=0}^{3} P(\theta_i,\ t) + 7P(\theta_4,\ t) \end{bmatrix} \right\}
\end{aligned}
\tag{3-33}
$$

$$
\begin{aligned}
F_X(t) &= l_r r_r \int_{\alpha_1}^{\alpha_2} P(\alpha,\ t)\cos\alpha\,\mathrm{d}\alpha \\
&\approx l_r r_r \left\{ \frac{y}{90} \begin{bmatrix} 7P(\theta_0,\ t)\cos\theta_0 + 32\sum_{i=0}^{3} P(\theta_{i+\frac{1}{4}},\ t)\cos\theta_{i+\frac{1}{4}} \\ + 12\sum_{i=0}^{3} P(\theta_{i+\frac{1}{2}},\ t)\cos\theta_{i+\frac{1}{2}} + 32\sum_{i=0}^{3} P(\theta_{i+\frac{3}{4}},\ t)\cos\theta_{i+\frac{3}{4}} \\ + 14\sum_{i=0}^{3} P(\theta_i,\ t)\cos\theta_i + 7P(\theta_4,\ t)\cos\theta_4 \end{bmatrix} \right\}
\end{aligned}
\tag{3-34}
$$

$$
\begin{aligned}
F_Y(t) &= l_r r_r \int_{\alpha_1}^{\alpha_2} P(\alpha,\ t)\sin\alpha\,\mathrm{d}\alpha \\
&\approx l_r r_r \left\{ \frac{y}{90} \begin{bmatrix} 7P(\theta_0,\ t)\sin\theta_0 + 32\sum_{i=0}^{3} P(\theta_{i+\frac{1}{4}},\ t)\sin\theta_{i+\frac{1}{4}} \\ + 12\sum_{i=0}^{3} P(\theta_{i+\frac{1}{2}},\ t)\sin\theta_{i+\frac{1}{2}} + 32\sum_{i=0}^{3} P(\theta_{i+\frac{3}{4}},\ t)\sin\theta_{i+\frac{3}{4}} \\ + 14\sum_{i=0}^{3} P(\theta_i,\ t)\sin\theta_i + 7P(\theta_4,\ t)\sin\theta_4 \end{bmatrix} \right\}
\end{aligned}
\tag{3-35}
$$

式中，$\theta_{i+0.25}=0.75\,\theta_i+0.25\,\theta_{i+1}$；$\theta_{i+0.5}=0.5\,\theta_i+0.5\,\theta_{i+1}$；$\theta_{i+0.75}=0.25\,\theta_i+0.75\,\theta_{i+1}$。

故变频器供电时，式(3-30)—式(3-32)的复合柯特斯公式近似解分别为

$$
\begin{aligned}
F_h(t)&=l_r r_r\int_{\alpha_1}^{\alpha_2}P_h(\alpha,\ t)\mathrm{d}\alpha\\
&\approx l_r r_r\left\{\frac{y}{90}\left[\begin{aligned}&7P_h(\theta_0,\ t)+32\sum_{i=0}^{3}P_h(\theta_{i+\frac{1}{4}},\ t)+12\sum_{i=0}^{3}P_h(\theta_{i+\frac{1}{2}},\ t)\\&+32\sum_{i=0}^{3}P_h(\theta_{i+\frac{3}{4}},\ t)+14\sum_{i=0}^{3}P_h(\theta_i,\ t)+7P_h(\theta_4,\ t)\end{aligned}\right]\right\}
\end{aligned}
\tag{3-36}
$$

$$
\begin{aligned}
F_{hX}(t)&=l_r r_r\int_{\alpha_1}^{\alpha_2}P_h(\alpha,\ t)\cos\alpha\,\mathrm{d}\alpha\\
&\approx l_r r_r\left\{\frac{y}{90}\left[\begin{aligned}&7P_h(\theta_0,\ t)\cos\theta_0+32\sum_{i=0}^{3}P_h(\theta_{i+\frac{1}{4}},\ t)\cos\theta_{i+\frac{1}{4}}\\&+12\sum_{i=0}^{3}P_h(\theta_{i+\frac{1}{2}},\ t)\cos\theta_{i+\frac{1}{2}}+32\sum_{i=0}^{3}P_h(\theta_{i+\frac{3}{4}},\ t)\cos\theta_{i+\frac{3}{4}}\\&+14\sum_{i=0}^{3}P_h(\theta_i,\ t)\cos\theta_i+7P_h(\theta_4,\ t)\cos\theta_4\end{aligned}\right]\right\}
\end{aligned}
\tag{3-37}
$$

$$
\begin{aligned}
F_{hY}(t)&=l_r r_r\int_{\alpha_1}^{\alpha_2}P_h(\alpha,\ t)\sin\alpha\,\mathrm{d}\alpha\\
&\approx l_r r_r\left\{\frac{y}{90}\left[\begin{aligned}&7P_h(\theta_0,\ t)\sin\theta_0+32\sum_{i=0}^{3}P_h(\theta_{i+\frac{1}{4}},\ t)\sin\theta_{i+\frac{1}{4}}\\&+12_h\sum_{i=0}^{3}P(\theta_{i+\frac{1}{2}},\ t)\sin\theta_{i+\frac{1}{2}}+32\sum_{i=0}^{3}P_h(\theta_{i+\frac{3}{4}},\ t)\sin\theta_{i+\frac{3}{4}}\\&+14\sum_{i=0}^{3}P_h(\theta_i,\ t)\sin\theta_i+7P_h(\theta_4,\ t)\sin\theta_4\end{aligned}\right]\right\}
\end{aligned}
\tag{3-38}
$$

至此，求得了正弦波电流供电和变频器供电时永磁同步电机径向集中力的复合柯特斯近似解析解，且复合柯特斯近似解析解具有 6 阶代数精度。现给出三种积分区间 $[\alpha_1, \alpha_2]$ 对应的径向集中力的含义：

(1) 当积分区间 $[\alpha_1, \alpha_2]$ 为 $[0, 2\pi]$ 时，式(3-34)、式(3-35)、式(3-37)、式(3-38)为永磁同步电机不平衡磁拉力(Unbalanced Magnetic Pull, UMP)的复合柯特斯近似解析解，式(3-33)和式(3-36)为永磁同步电机所受径向集中力的复合柯特斯近似解析解；

(2) 当积分区间 $[\alpha_1, \alpha_2]$ 取为某一个定子齿的齿距或某一个永磁体的极距时，式(3-33)—式(3-38)为该定子齿或永磁体所受的径向集中力的复合柯特斯近似解析解，应用该解析解可实现面集中力的加载方式；

(3) 当积分区间 $[\alpha_1, \alpha_2]$ 取为某一个有限单元所对应的角度时，式(3-33)—式(3-38)为该有限单元所受径向集中力的复合柯特斯近似解析解，应用该解析解可实现节点分布力的加载方式。

3.4 考虑时间谐波电流的永磁同步电机径向力阶次特征分析

绕组与磁场有相对运动时，在绕组内会产生感应电动势；在绕组内通以电流时，在绕组周围会产生磁场，不光有起主要作用的基波磁场，还有一系列的谐波磁场。根据麦克斯韦张量法，谐波磁场将产生大量的谐波径向力波。当径向力波频率与电机结构模态频率相等或相近，并且径向力波阶次与电机结构周向模数相等时，电机结构会发生剧烈振动。对于电动车用永磁同步电机，由于驱动工况复杂、负载变化大、调速范围宽，变频器供电时将产生大量的时间谐波电流，将加剧谐波磁场和谐波径向力波的产生。

因此,分析考虑时间谐波电流的永磁同步电机径向力阶次特征具有重要意义。

本节基于 3.1 节—3.3 节的解析模型,以某三相 24 极 27 槽、轮毂永磁同步电机为例,选取轮毂永磁同步电机的工况为转速 500 r/min 和负载 10 N·m,分析谐波磁场和谐波径向力波,电机电磁参数如表 3-2。

表 3-2　某 24 极 27 槽轮毂永磁同步电机电磁参数

参数/单位	数　值	参数/单位	数　值
极对数/—	12	槽数/—	27
绕组层数/—	2	并联支路数/—	1
定子半径/m	0.113 28	轴向长度/m	0.045 0
气隙长度/m	0.000 54	绕组节距/—	1
永磁体剩磁/T	1	转子外半径/m	0.137 25
绕组匝数/—	104	极弧系数/—	0.93

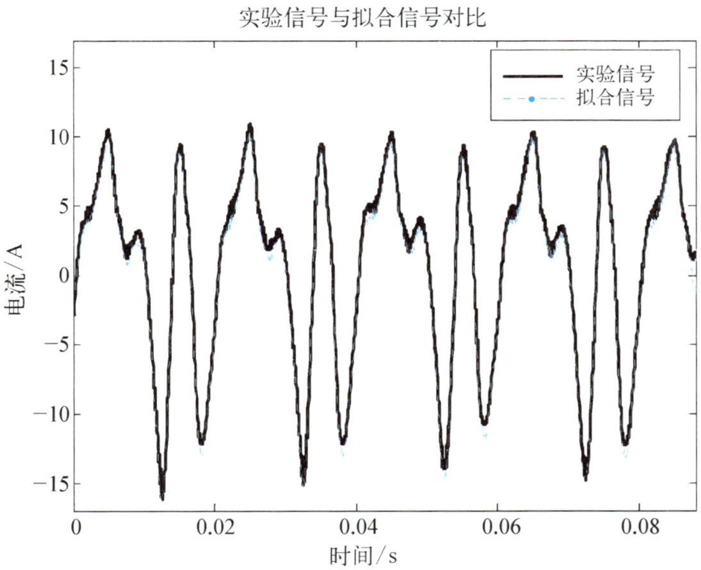

图 3-2　轮毂永磁同步电机 A 相电流实验信号和拟合信号对比图

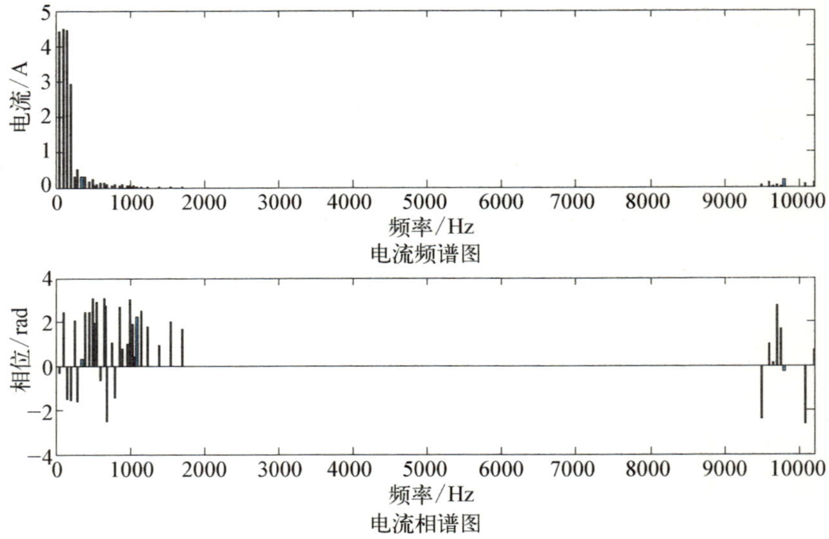

图 3-3　A 相电流幅频图和相频图

由表 3-3 易知：此工况下，轮毂永磁同步电机的 A 相基波电流幅值为 $I_1 = 4.5$ A，频率为 $f_1 = 100$ Hz，相角 $\varphi_1 = 2.5$ rad。理想情况下，正弦波供电，轮毂永磁同步电机仅通入基波电流；然而，实际运行过程中，由变频器供电，轮毂永磁同步电机含有丰富的时间谐波电流，如表 3-3 所列。为对比时间谐波电流的影响，本书解析计算了正弦波供电和变频器供电两种情况下的磁势、磁场、径向力波、径向集中力。

表 3-3　时间谐波电流阶次、幅值、相角

阶次 h/—	幅值 I_h/A	相角 φ_h/rad	阶次 h/—	幅值 I_h/A	相角 φ_h/rad
0.5	4.4	−0.3	3.5	0.3	0.3
1.0	4.5	2.5	4.0	0.3	2.5
1.5	4.5	−1.5	4.6	0.2	2.5
2.0	2.9	−1.5	5.0	0.2	3.1
2.5	0.3	2.1	5.2	0.1	1.9
3.0	0.5	−1.6	5.6	0.1	2.9

续　表

阶次 h/—	幅值 I_h/A	相角 ψ_h/rad	阶次 h/—	幅值 I_h/A	相角 ψ_h/rad
6.0	0.1	−0.7	95.0	0.1	−2.4
6.5	0.1	3.1	96.0	0.1	1.0
6.9	0.1	−2.5	98.0	0.2	−0.2
7.5	0.1	1.0	100.8	0.1	−2.6
8.0	0.1	−1.5	101.9	0.1	0.7
9.0	0.1	0.8			

三相 24 极 27 槽轮毂永磁同步电机的每极每相槽数 $q=Q_s/(2pm)=3/8$，为分数槽集中绕组永磁同步电机。极对数 p 和槽数Q_s 的最大公约数为 3，则单元电机数 $N_0=3$，该电机由 3 个极对数 $p_0=4$、槽数 $Z_0=9$ 的单元电机组成，且满足 $Z_0=2p_0+1$，故根据表 3-1，绕组谐波次数为 $\upsilon N_0=(3k_1+1)N_0=3(3k_1+1)$，其绕组分布系数、绕组短距系数、绕组因数如图 3-4 所示。

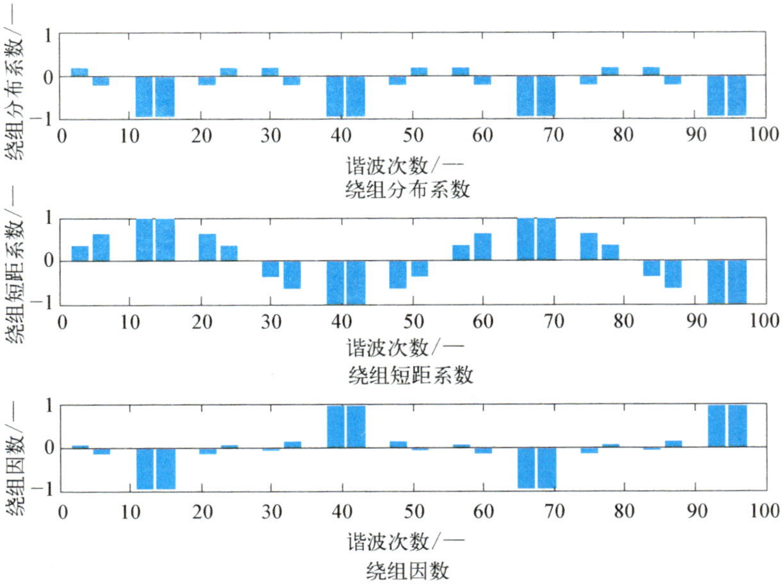

图 3-4　绕组分布系数、绕组短距系数、绕组因数

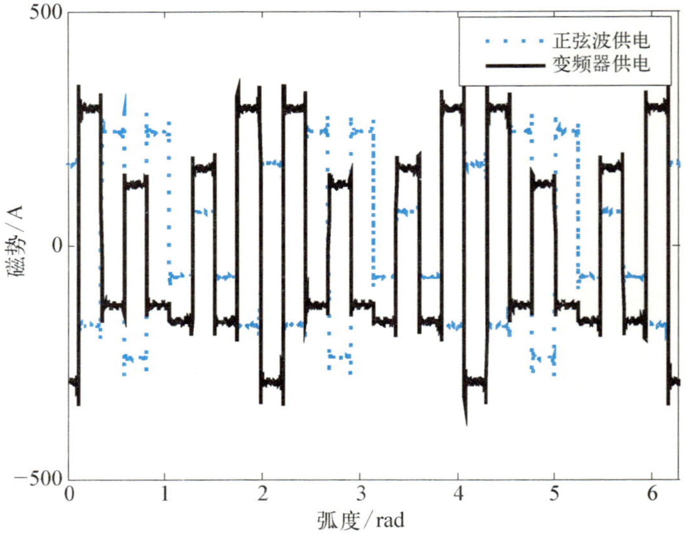

图 3-5　正弦波供电和变频器供电时电枢反应磁势对比

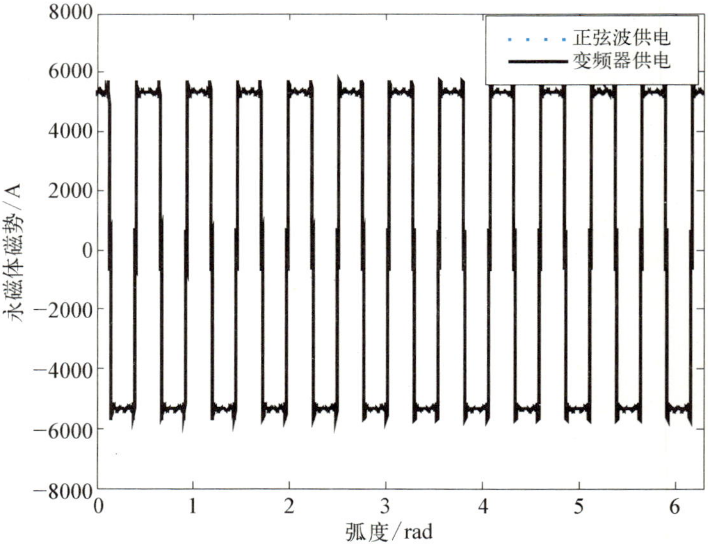

图 3-6　正弦波供电和变频器供电时永磁体磁势对比

当该电机绕组中通以电流时，电枢反应磁势谐波次数为 $vN_0=(3k_1+1)N_0=3(3k_1+1)$，电枢反应磁势空间分布在整个圆周上重复 3 次。对比正弦波电流供电和变频器供电，电枢反应磁势有很大差异，如图 3－5 所示；由于不考虑磁饱和，在正弦波电流供电和变频器供电时，永磁体磁势均相同，如图 3－6 所示。

开槽将影响气隙磁导。根据式(3－13)，对比正弦波供电和变频器供电时气隙磁导，两者均相同，如图 3－7 所示。

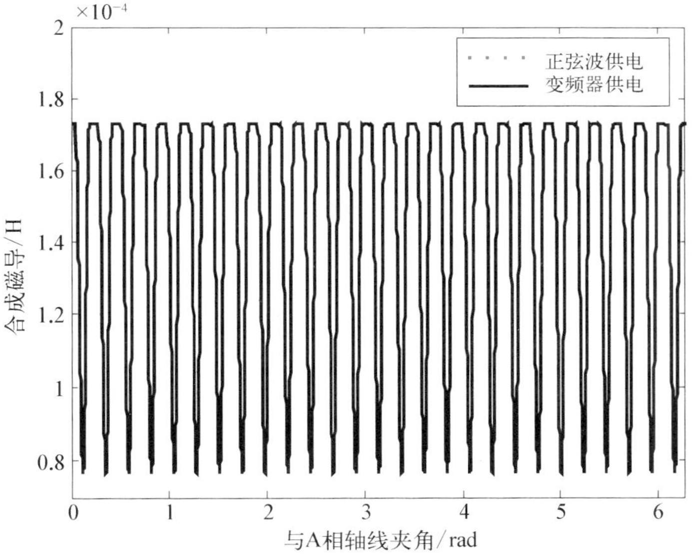

图 3－7　正弦波供电和变频器供电时气隙磁导对比

磁通密度可通过磁势乘以气隙磁导获得。正弦波供电和变频器供电时，时间谐波电流将显著影响电枢反应磁场，如图 3－8 所示；由于不考虑磁饱和，时间谐波电流将不影响永磁体磁场，如图 3－9 所示。

气隙磁场可通过电枢反应磁场与永磁体磁场线性叠加求得，如图 3－10所示，由于时间谐波电流影响电枢反应磁场，故正弦波供电和变频器供电时，气隙磁场存在差异；由于永磁体剩磁很高，永磁体磁场是主极磁场，

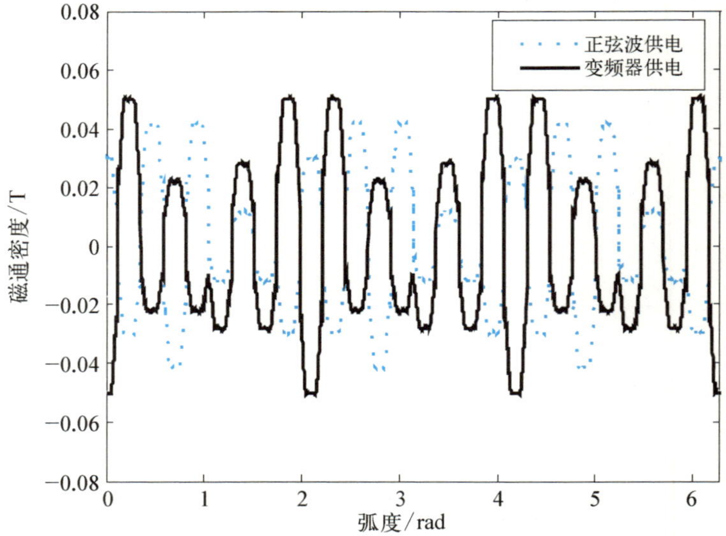

图 3-8　正弦波供电和变频器供电时电枢反应磁场对比

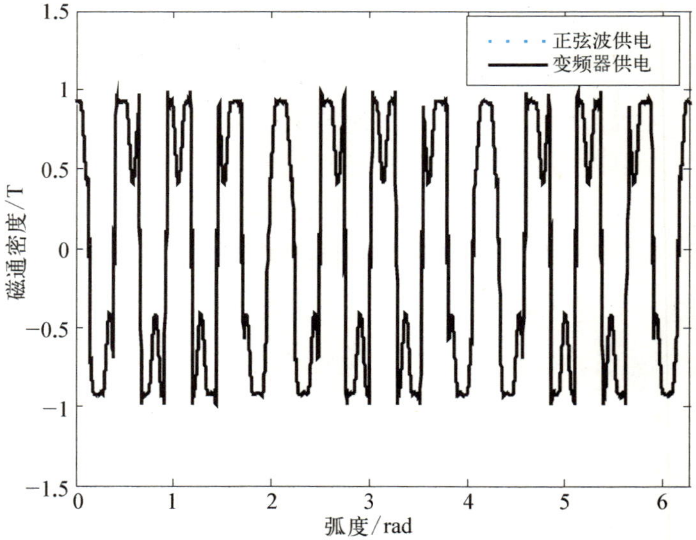

图 3-9　正弦波供电和变频器供电时永磁体磁场对比

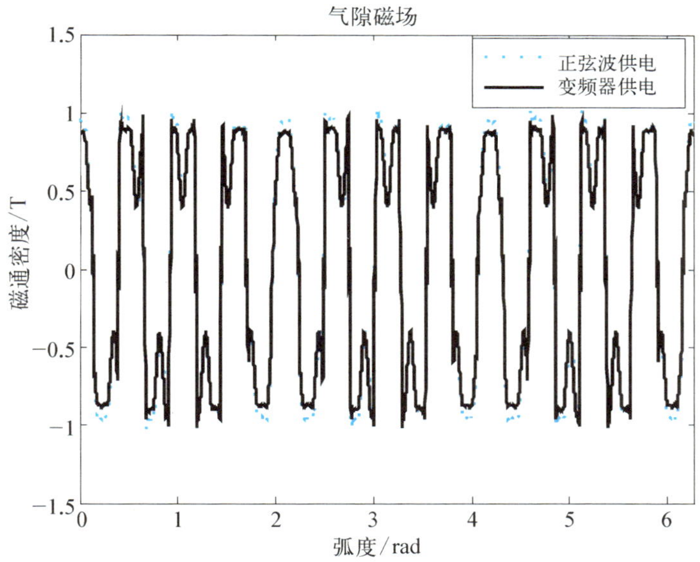

图 3－10　正弦波供电和变频器供电时气隙磁场对比

电枢反应磁场的幅值远小于永磁体磁场的幅值，气隙磁场的幅值主要由永磁体磁场决定，时间谐波电流虽然显著影响电枢反应磁场，但是相对于主极磁场—永磁体磁场很小，故正弦波供电和变频器供电时，气隙磁场的幅值差异较小。

根据麦克斯韦张量法可求得径向力波。当正弦波供电和变频器供电时，径向力波的幅值差异较大，如图 3－11 所示。

本书应用复合柯特斯公式对径向力波进行积分，求得具有 6 阶代数精度的径向集中力，如图 3－12 所示，正弦波供电和变频器供电时，径向集中力时间历程曲线均不光滑，存在高阶谐波。为分析谐波信息，应用快速傅里叶变换处理径向集中力，如图 3－13 所示，正弦波供电和变频器供电时，径向集中力的主要频率为 $2kf$，其中 $k \in N^*$，f 是电源频率，变频器供电时，还存在其他频率的谐波峰值。

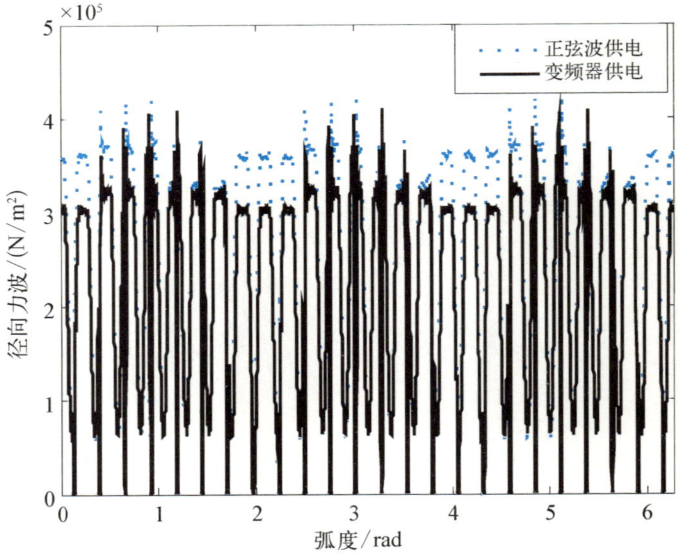

图 3-11　正弦波供电和变频器供电时径向力波对比

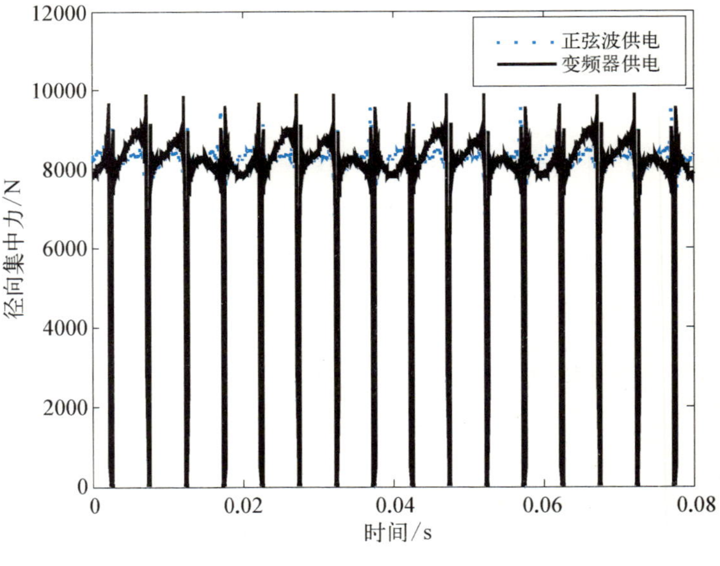

图 3-12　正弦波供电和变频器供电径向集中力对比

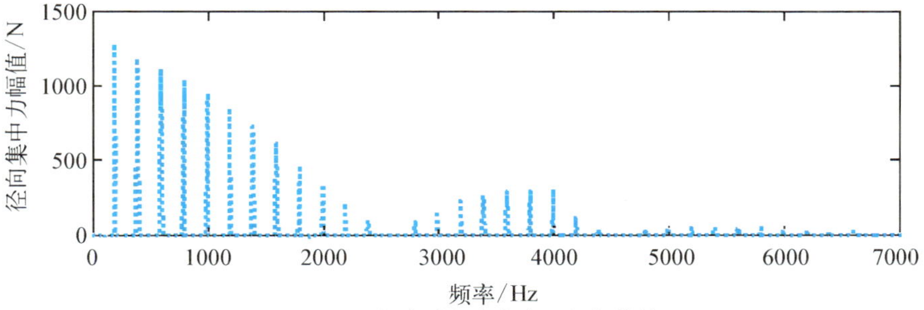

正弦波供电时径向集中力幅频特性

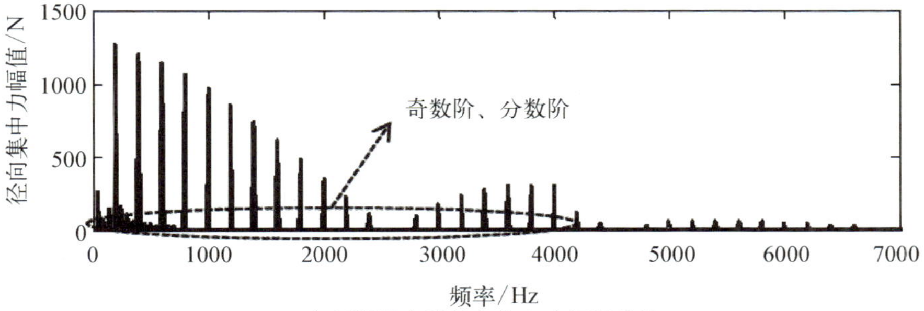

变频器供电时径向集中力幅频特性

图 3 - 13　正弦波供电和变频器供电时径向集中力幅频特性对比

径向力波和径向集中力的特征频率为

$$\begin{cases} f_{2h_i} = 2h_i f \\ f_{2h_j} = 2h_j f \\ f_{2(2\mu-1)} = 2(2\mu-1)f \\ f_{h_i \pm h_j} = (h_i \pm h_j)f \\ f_{2\mu-1\pm h_j} = (2\mu-1\pm h_j)f \\ f_{2\mu-1\pm h_i} = (2\mu-1\pm h_i)f \end{cases} \tag{3-39}$$

径向力波和径向集中力的特征阶次为：

$$\begin{cases} Order_{2h_i} = 2h_i \\ Order_{2h_j} = 2h_j \\ Order_{2(2\mu-1)} = 2(2\mu-1) \\ Order_{h_i \pm h_j} = h_i \pm h_j \\ Order_{2\mu-1\pm h_j} = 2\mu-1 \pm h_j \\ Order_{2\mu-1\pm h_i} = 2\mu-1 \pm h_i \end{cases} \tag{3-40}$$

为确定变频器供电永磁同步电机的特征频率，由式(3-39)和式(3-40)可知：考虑时间谐波电流时，径向力波和径向集中力的特征频率为 $2h_i f$、$2h_j f$、$2(2\mu-1)f$、$(h_i \pm h_j)f$、$(2\mu-1\pm h_i)f$、$(2\mu-1\pm h_j)f$，特征阶次为 $2h_i$、$2h_j$、$2(2\mu-1)$、$(h_i \pm h_j)$、$(2\mu-1\pm h_i)$、$(2\mu-1\pm h_j)$，其中，h_i、h_j 为时间谐波电流第 i 阶和第 j 阶谐波阶次，$\mu \in N^*$，f 为电源频率。当时间谐波电流阶次 h_i 和 h_j 是分数时，径向力波和径向集中力将出现分数阶特征频率；当时间谐波电流阶次 h_i 和 h_j 是偶数时，径向力波和径向集中力将出现奇数阶特征频率。

3.5 本章小结

本章建立了考虑任意阶次时间谐波电流的永磁同步电机气隙磁场解析模型，应用麦克斯韦张量法建立了径向力波解析模型，进而沿外转子或外定子表面应用复合柯特斯公式对径向力波积分获得了具有 6 阶代数精度的径向集中力，并利用该解析模型分析了考虑时间谐波电流的径向力阶次特征。通过分析可总结出以下结论：

(1) 变频器供电时，电动车用永磁同步电机相电流中含有大量的时间谐波电流，这些时间谐波电流将显著影响电枢反应磁场；但当电枢反应磁场远弱于永磁体磁场时，时间谐波电流对气隙磁场影响较小。

（2）考虑时间谐波电流时，径向力波和径向集中力的特征频率为 $2h_i f$、$2h_j f$、$2(2\mu-1)f$、$(h_i \pm h_j)f$、$(2\mu-1 \pm h_i)f$、$(2\mu-1 \pm h_j)f$，特征阶次为 $2h_i$、$2h_j$、$2(2\mu-1)$、$(h_i \pm h_j)$、$(2\mu-1 \pm h_i)$、$(2\mu-1 \pm h_j)$，其中，h_i、h_j 为时间谐波电流第 i 阶和第 j 阶谐波阶次，$\mu \in N^*$，f 为电源频率。考虑时间谐波电流时，径向力波和径向集中力不仅包含偶数阶特征频率，还可能包含奇数阶特征频率，甚至还可能包含分数阶特征频率。当时间谐波电流阶次 h_i 和 h_j 是偶数时，径向力波和径向集中力将出现奇数阶特征频率；当时间谐波电流阶次 h_i 和 h_j 是分数时，径向力波和径向集中力将出现分数阶特征频率。

第4章 电动车用永磁同步电机模态分析和模态规划

除了电机电磁力，电机结构的振动特性也同样影响着电机的电磁振动和噪声。用来描述结构振动特性的参数被称为模态参数。电机的模态参数包括：电机固有频率、电机模态振型和阻尼比。这些模态参数可以由计算或实验分析取得，这样一个计算或实验分析的过程称为模态分析；在设计电机结构时，使之具有给定的模态频率或模态振型，这就是电机模态规划。对电动车用永磁同步电机做模态分析和模态规划具有如下功能：评价电机结构的动态特性、诊断及预报结构系统的故障、控制电机结构的辐射噪声、在新电机设计中进行结构动态特性的预估和优化设计。本章旨在通过解析模态分析、有限元计算模态分析、实验模态分析研究电动车用永磁同步电机的模态参数，结合不同转速下电磁力激励频率范围，应用非支配排序遗传算法实现电机模态规划，为低噪声电机设计提供指导意见。已有大量研究工作指出，电机电磁振动和电磁噪声主要源自外定子或外转子的电磁振动和电磁噪声，而非内转子或内定子的电磁振动和电磁噪声[34, 47, 110]。因此，本书做电动车用永磁同步电机模态分析和模态规划时，未计及内定子。

4.1　外转子圆柱壳体的解析模态分析

4.1.1　外转子圆柱壳体的解析模态建模

电动车用永磁同步电机外转子的结构一般为圆柱体，若忽略外转子上的永磁体，则可把外转子的结构简化为圆环结构[33, 110]。但是，圆环模型局限在二维平面内分析外转子结构，没有考虑外转子轴向长度和端盖约束对模态的影响[110]。因此，有必要建立三维圆柱壳体模型，分析外转子的固有频率和模态振型。

用圆柱薄壳理论分析电动车用永磁同步电机外转子时，应基于以下假设条件[136, 144]：

(1) 外转子结构为圆柱壳，忽略外转子上的永磁体，外转子材料的弹性模量和泊松比各向均匀分布；

(2) 外转子壳体厚度 h 相对于外转子壳体中性面半径 a 很薄，亦即厚径比 $h/a \leqslant 0.05$[144]；

(3) 忽略外转子壳体内的剪切变形和转动惯量；

(4) 忽略端盖对外转子的质量和刚度的影响。

可利用中性面的几何特性和运动情况描述圆柱薄壳的运动情况，建立圆柱薄壳坐标系如图 4-1 所示。图 4-1 中，圆柱薄壳的中性面半径为 a，壳体厚度为 h，壳体长度为 L；在圆柱薄壳端面圆心上建立柱坐标系，x 为轴向，θ 为切向转角，3 为径向。取圆柱薄壳上任意一点 P，该点沿轴向 x 坐标、切向 θ 坐标和径向 3 坐标的振动位移分别为：u_x、u_θ、u_3。

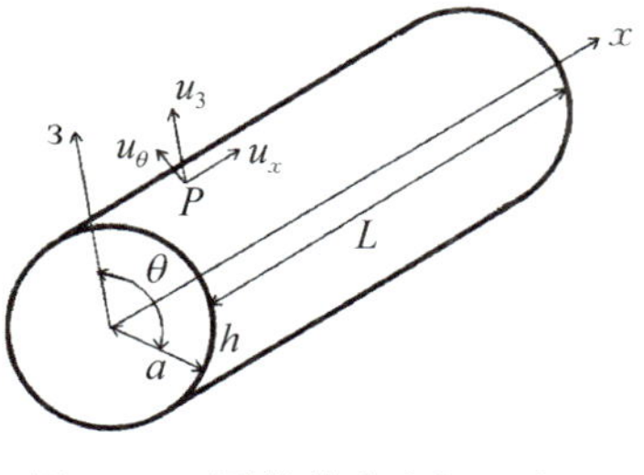

图 4-1　圆柱薄壳坐标示意图

描述无阻尼圆柱薄壳受迫振动的运动方程[136]为：

$$-K\frac{\partial^2 u_x}{\partial x^2}-\frac{K(1-\mu)}{2a^2}\frac{\partial^2 u_x}{\partial \theta^2}-\frac{K(1+\mu)}{2a}\frac{\partial^2 u_\theta}{\partial x\partial \theta}-\frac{K\mu}{a}\frac{\partial u_3}{\partial x}+\rho h\frac{\partial^2 u_x}{\partial t^2}=q_x \tag{4-1}$$

$$-\frac{K(1+\mu)}{2a}\frac{\partial^2 u_x}{\partial x\partial \theta}-\frac{(1-\mu)(D+Ka^2)}{2a^2}\frac{\partial^2 u_\theta}{\partial x^2}-\frac{D+Ka^2}{a^4}\frac{\partial^2 u_\theta}{\partial \theta^2}+\frac{D}{a^2}\frac{\partial^3 u_3}{\partial x^2\partial \theta}+\frac{D}{a^4}\frac{\partial^3 u_3}{\partial \theta^3}-\frac{K}{a^2}\frac{\partial u_3}{\partial \theta}+\rho h\frac{\partial^2 u_\theta}{\partial t^2}=q_\theta \tag{4-2}$$

$$\frac{\mu K}{a}\frac{\partial u_x}{\partial x}-\frac{D}{a^2}\frac{\partial^3 u_\theta}{\partial x^2\partial \theta}-\frac{D}{a^4}\frac{\partial^3 u_\theta}{\partial \theta^3}+\frac{K}{a^2}\frac{\partial u_\theta}{\partial \theta}+D\frac{\partial^4 u_3}{\partial x^4}+\frac{2D}{a^2}\frac{\partial^4 u_3}{\partial x^2\partial \theta^2}+\frac{D}{a^4}\frac{\partial^4 u_3}{\partial \theta^4}+\frac{K}{a^2}u_3+\rho h\frac{\partial^2 u_3}{\partial t^2}=q_3 \tag{4-3}$$

式中，K 为圆柱壳体刚度；D 为弯曲刚度；E 为壳体材料的杨氏模量；μ 为泊松比；ρ 为壳体材料密度；q_x、q_θ、q_3 分别为作用在壳体上的沿轴向、切向和径向分布的面压力。

$$K=\frac{Eh}{1-\mu^2} \tag{4-4}$$

$$D=\frac{Eh^3}{12(1-\mu^2)} \tag{4-5}$$

在固有频率处，壳体上任意一点 $P(u_x、u_\theta、u_3)$ 的振动位移可通过振型函数 U_x、U_θ、U_3 分别表示为

$$u_x=U_x(x,\ \theta)\mathrm{e}^{j\omega t} \tag{4-6}$$

$$u_\theta=U_\theta(x,\ \theta)\mathrm{e}^{j\omega t} \tag{4-7}$$

$$u_3=U_3(x,\ \theta)\mathrm{e}^{j\omega t} \tag{4-8}$$

式中，ω 为圆柱壳体的固有频率。

两端有端盖，所以圆柱壳体两端的边界条件可近似为两端简支，满足如下 8 个边界圆柱薄壳自由振动时，式(4-1)—式(4-3)中作用在壳体上的各向面压力为 0，即

$$-K\frac{\partial^2 u_x}{\partial x^2}-\frac{K(1-\mu)}{2a^2}\frac{\partial^2 u_x}{\partial\theta^2}-\frac{K(1+\mu)}{2a}\frac{\partial^2 u_\theta}{\partial x\partial\theta}-\frac{K\mu}{a}\frac{\partial u_3}{\partial x}+\rho h\frac{\partial^2 u_x}{\partial t^2}=0 \tag{4-9}$$

$$-\frac{K(1+\mu)}{2a}\frac{\partial^2 u_x}{\partial x\partial\theta}-\frac{(1-\mu)(D+Ka^2)}{2a^2}\frac{\partial^2 u_\theta}{\partial x^2}-\frac{D+Ka^2}{a^4}\frac{\partial^2 u_\theta}{\partial\theta^2}+\frac{D}{a^2}\frac{\partial^3 u_3}{\partial x^2\partial\theta}+\frac{D}{a^4}\frac{\partial^3 u_3}{\partial\theta^3}-\frac{K}{a^2}\frac{\partial u_3}{\partial\theta}+\rho h\frac{\partial^2 u_\theta}{\partial t^2}=0 \tag{4-10}$$

$$\frac{\mu K}{a}\frac{\partial u_x}{\partial x}-\frac{D}{a^2}\frac{\partial^3 u_\theta}{\partial x^2\partial\theta}-\frac{D}{a^4}\frac{\partial^3 u_\theta}{\partial\theta^3}+\frac{K}{a^2}\frac{\partial u_\theta}{\partial\theta}+D\frac{\partial^4 u_3}{\partial x^4}+\frac{2D}{a^2}\frac{\partial^4 u_3}{\partial x^2\partial\theta^2}+\frac{D}{a^4}\frac{\partial^4 u_3}{\partial\theta^4}+\frac{K}{a^2}u_3+\rho h\frac{\partial^2 u_3}{\partial t^2}=0 \tag{4-11}$$

电动车用永磁同步电机外转子圆柱壳体两端简支的边界条件为：

$$u_\theta(0,\ \theta,\ t)=0 \tag{4-12}$$

$$u_3(0,\ \theta,\ t)=0 \tag{4-13}$$

$$M_{xx}(0,\ \theta,\ t)=0 \tag{4-14}$$

$$N_{xx}(0,\ \theta,\ t)=0 \tag{4-15}$$

$$u_\theta(L,\ \theta,\ t)=0 \tag{4-16}$$

$$u_3(L,\ \theta,\ t)=0 \tag{4-17}$$

$$M_{xx}(L,\ \theta,\ t)=0 \tag{4-18}$$

$$N_{xx}(L,\ \theta,\ t)=0 \tag{4-19}$$

式中，M_{xx}为圆柱壳体中性面上沿轴向 x 方向的力矩；N_{xx}为圆柱壳体中性面上沿轴向 x 方向的拉力。

外转子圆柱壳体两端简支时，振型函数分别为

$$U_x(x,\ \theta)=A\cos\frac{m_x\pi x}{L}\cos n_\theta(\theta-\phi) \tag{4-20}$$

$$U_\theta(x,\ \theta)=B\sin\frac{m_x\pi x}{L}\sin n_\theta(\theta-\phi) \tag{4-21}$$

$$U_3(x,\ \theta)=C\sin\frac{m_x\pi x}{L}\cos n_\theta(\theta-\phi) \tag{4-22}$$

式中，m_x为圆柱壳体轴向 x 方向的模数；n_θ为圆柱壳体切向 θ 方向的模数；A、B、C 分别为轴向、切向、径向振型函数的幅值。

将圆柱壳体的振动位移函数式(4-6)—式(4-8)和两端简支时的振型函数式(4-20)—式(4-22)代入圆柱壳体的自由振动方程式(4-9)—式(4-11)中，可得：

$$\begin{bmatrix}\rho h\omega^2-k_{11} & k_{12} & k_{13}\\ k_{21} & \rho h\omega^2-k_{22} & k_{23}\\ k_{31} & k_{32} & \rho h\omega^2-k_{33}\end{bmatrix}\begin{bmatrix}A\\ B\\ C\end{bmatrix}=0 \tag{4-23}$$

式中，$k_{11}=K\left[\left(\frac{m_x\pi}{L}\right)^2+\frac{1-\mu}{2}\left(\frac{n_\theta}{a}\right)^2\right]$； $k_{12}=k_{21}=K\frac{1+\mu}{2}\frac{m_x\pi}{L}\frac{n_\theta}{a}$； $k_{13}=k_{31}=\frac{\mu K}{a}\frac{m_x\pi}{L}$； $k_{22}=\left(K+\frac{D}{a^2}\right)\left[\frac{1-\mu}{2}\left(\frac{m_x\pi}{L}\right)^2+\left(\frac{n_\theta}{a}\right)^2\right]$； $k_{23}=k_{32}=-\frac{Kn_\theta}{a^2}-\frac{Dn_\theta}{a^2}\left[\left(\frac{m_x\pi}{L}\right)^2+\left(\frac{n_\theta}{a}\right)^2\right]$； $k_{33}=D\left[\left(\frac{m_x\pi}{L}\right)^2+\left(\frac{n_\theta}{a}\right)^2\right]^2+\frac{K}{a^2}$。

令式(4-23)的系数行列式为 0，即

$$\begin{vmatrix} \rho h\omega^2-k_{11} & k_{12} & k_{13} \\ k_{21} & \rho h\omega^2-k_{22} & k_{23} \\ k_{31} & k_{32} & \rho h\omega^2-k_{33} \end{vmatrix}=0 \tag{4-24}$$

可得固有频率 ω 的一元 6 次方程组：

$$\omega^6+a_1\omega^4+a_2\omega^2+a_3=0 \tag{4-25}$$

式中，$a_1=-\dfrac{1}{\rho h}(k_{11}+k_{22}+k_{33})$；　$a_2=\dfrac{1}{(\rho h)^2}(k_{11}k_{33}+k_{22}k_{33}+k_{11}k_{22}-k_{23}^2-k_{12}^2-k_{13}^2)$；　$a_3=\dfrac{1}{(\rho h)^3}(k_{11}k_{23}^2+k_{22}k_{13}^2+k_{33}k_{12}^2+2k_{12}k_{23}k_{13}-k_{11}k_{22}k_{33})$。

求解式(4-25)可得三个固有频率。于是，对于每一组(m_x，n_θ)，圆柱壳体都有三个固有频率 $\omega_{1m_xn_\theta}$、$\omega_{2m_xn_\theta}$、$\omega_{3m_xn_\theta}$ 与之对应，每一个固有频率又有唯一的模态振型与之对应。因此，与固有频率 $\omega_{im_xn_\theta}$ 对应的振型函数为

$$\begin{bmatrix} U_{x,\,im_xn_\theta}(0,\,\theta) \\ U_{\theta,\,im_xn_\theta}(0,\,\theta) \\ U_{3,\,im_xn_\theta}(0,\,\theta) \end{bmatrix}=C_{im_xn_\theta}\begin{bmatrix} \dfrac{A_{im_xn_\theta}}{C_{im_xn_\theta}}\cos\dfrac{m_x\pi x}{L}\cos n_\theta(\theta-\phi) \\ \dfrac{B_{im_xn_\theta}}{C_{im_xn_\theta}}\sin\dfrac{m_x\pi x}{L}\sin n_\theta(\theta-\phi) \\ \sin\dfrac{m_x\pi x}{L}\cos n_\theta(\theta-\phi) \end{bmatrix} \tag{4-26}$$

式中，$\omega_{im_xn_\theta}$ 为任意常数，$i=1,\,2,\,3$。

式(4-26)中的振型参数 $A_{im_xn_\theta}$、$B_{im_xn_\theta}$、$C_{im_xn_\theta}$ 可由式(4-23)求得：

$$\frac{A_{im_xn_\theta}}{C_{im_xn_\theta}}=-\frac{k_{13}(\rho h\omega_{im_xn_\theta}^2-k_{22})-k_{12}k_{23}}{(\rho h\omega_{im_xn_\theta}^2-k_{11})(\rho h\omega_{im_xn_\theta}^2-k_{22})-k_{12}^2} \tag{4-27}$$

$$\frac{B_{im_x n_\theta}}{C_{im_x n_\theta}} = -\frac{k_{23}(\rho h \omega_{im_x n_\theta}^2 - k_{11}) - k_{21}k_{13}}{(\rho h \omega_{im_x n_\theta}^2 - k_{11})(\rho h \omega_{im_x n_\theta}^2 - k_{22}) - k_{12}^2} \tag{4-28}$$

根据式(4－27)和式(4－28)，模态振型的计算精度依赖于圆柱壳体模态频率，因此准确计算模态频率是模态分析和模态规划的前提。

基于圆柱薄壳理论分析，本节对某三相 24 极 27 槽轮毂永磁同步电机进行解析计算模态分析，电机实物如图 4－2 所示，外转子圆柱壳体结构参数如表 4－1。

(a) 电机整体　　(b) 外转子圆柱壳体

图 4－2　轮毂永磁同步电机

表 4－1　外转子圆柱壳体结构参数

参数/单位	数　值	参数/单位	数　值
轴向长度/m	0.06	低碳钢弹性模量/Pa	2.06×10^{11}
外转子外半径/m	0.137 25	低碳钢泊松比/—	0.3
外转子厚度/m	0.006	低碳钢密度/(kg/m^3)	7 850

外转子厚度 h 与外转子外半径 a 之比为 $h/a = 0.044 \leqslant 0.05$，满足圆柱薄壳理论的使用条件。故建立外转子圆柱壳体物理模型，如图 4－3 所示。

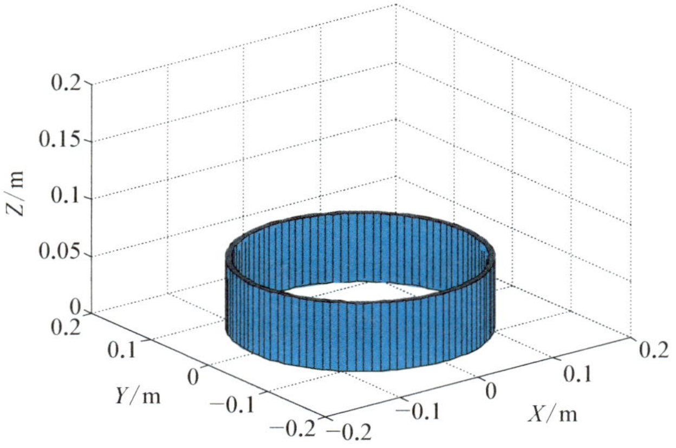

图 4-3　外转子圆柱壳体解析模型

用式(4-25)计算外转子圆柱壳体的模态频率，用式(4-26)计算模态振型，并与 ANSYS 的仿真结果对比，可见表 4-2 和图 4-4—图 4-10。

表 4-2　外转子圆柱壳体模态参数的解析解和数值解

模态阶数 /—	轴向模数 /—	周向模数 /—	模态频率解析解/Hz	模态频率有限元解/Hz	相对误差
1	1	3	6 892.4	6 868.0	0.36%
2	1	4	6 908.0	6 858.0	0.73%
3	1	2	7 002.8	7 007.4	0.07%
4	1	1	7 132.2	7 130.0	0.03%
5	1	5	7 133.9	7 063.2	1.00%
6	1	6	7 613.5	7 525.1	1.17%
7	1	7	8 352.9	8 244.9	1.31%

由于计算外转子圆柱壳体模态频率的解析式建立在圆柱薄壳理论的基础上，而本例中的外转子厚度较薄，因此表中的解析解和数值解高度一致。表 4-3 对比了外转子前 7 阶的模态频率的解析解和数值解，二者的相对误差被控制在 1.31%以内。图 4-4—图 4-10 对比了外转子前 7 阶的模态振型

的解析解和数值解，两者的吻合度很高。可见，本节建立的外转子圆柱壳体解析模态分析精度较高，可用于两端简支的外转子圆柱壳体的模态分析。

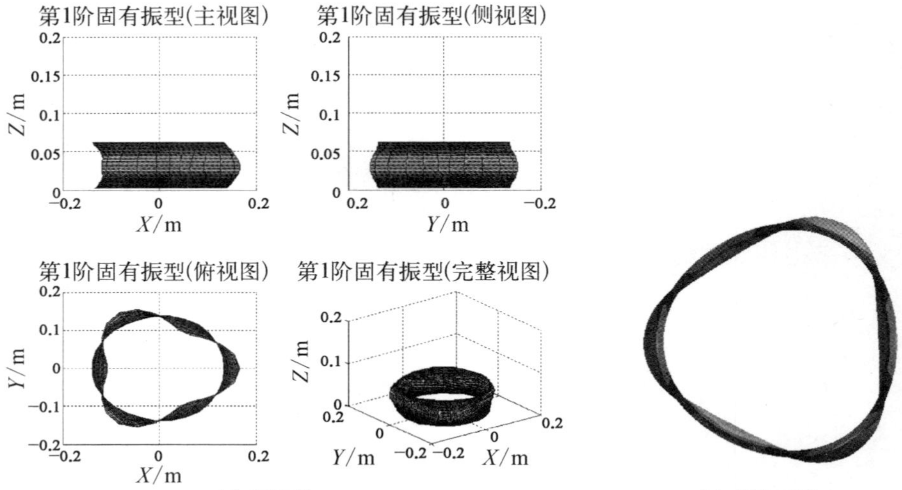

(a) 解析法　　(b) 有限元法

图 4-4　外转子圆柱壳体第 1 阶模态振型

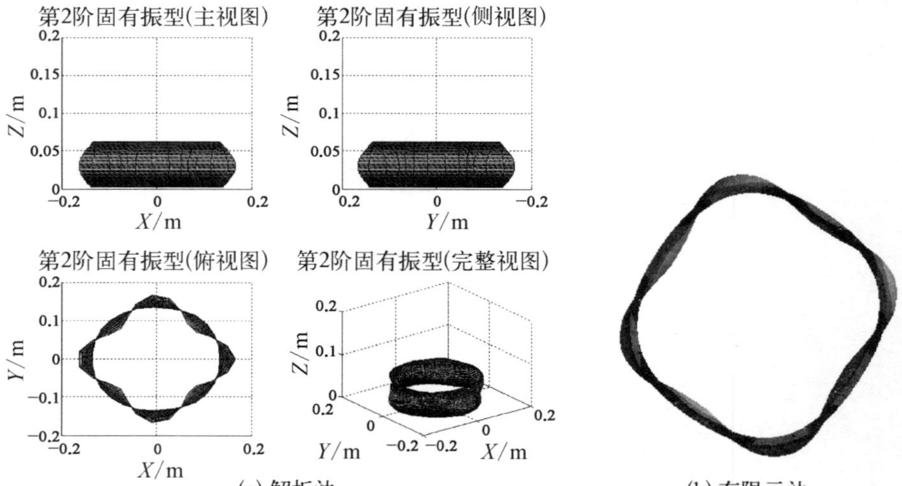

(a) 解析法　　(b) 有限元法

图 4-5　外转子圆柱壳体第 2 阶模态振型

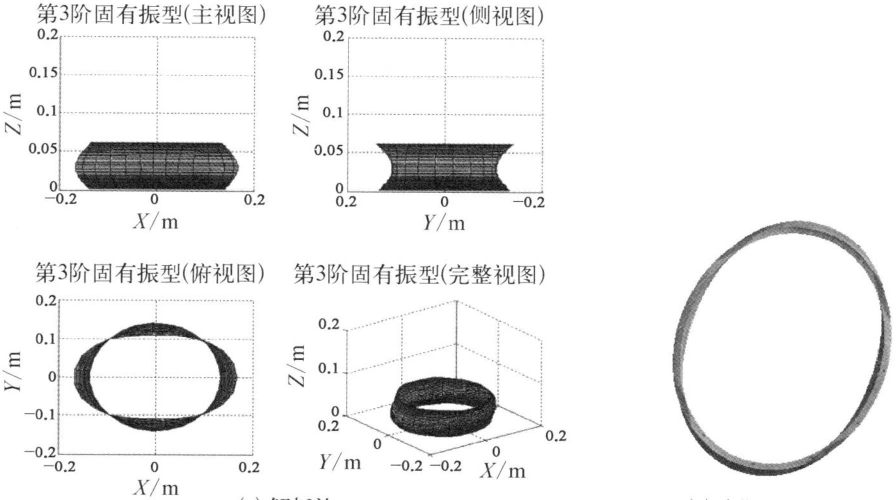

(a) 解析法　　(b) 有限元法

图 4 - 6　外转子圆柱壳体第 3 阶模态振型

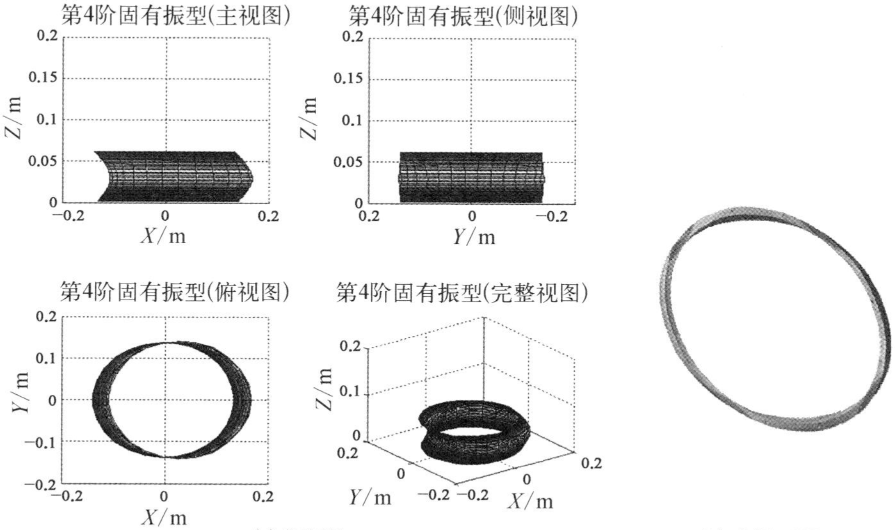

(a) 解析法　　(b) 有限元法

图 4 - 7　外转子圆柱壳体第 4 阶模态振型

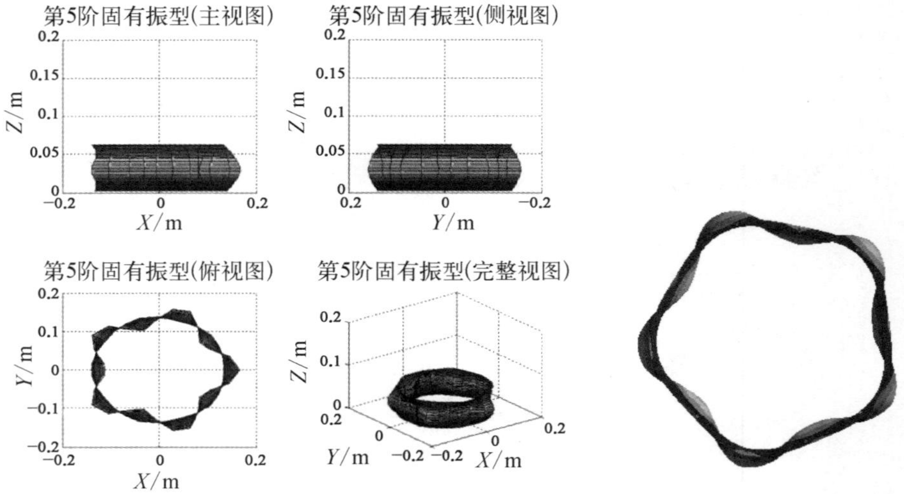

(a) 解析法　　(b) 有限元法

图 4-8　外转子圆柱壳体第 5 阶模态振型

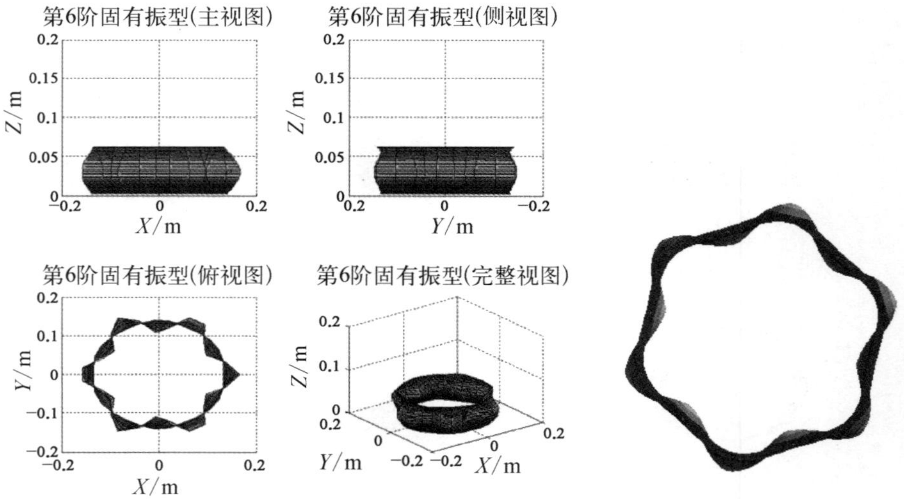

(a) 解析法　　(b) 有限元法

图 4-9　外转子圆柱壳体第 6 阶模态振型

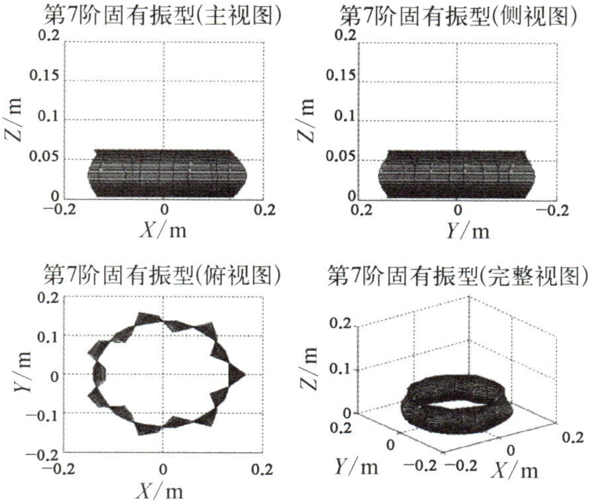

(a) 解析法

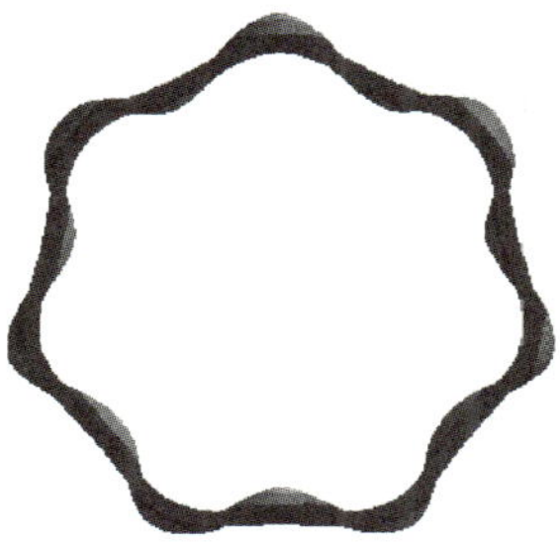

(b) 有限元法

图 4-10　外转子圆柱壳体第 7 阶模态振型

表 4-3　不同长径比时外转子圆柱壳体模态频率的解析解和数值解

L/a	解析模态频率/Hz						有限元模态频率/Hz					
	1 阶	2 阶	3 阶	4 阶	5 阶	6 阶	1 阶	2 阶	3 阶	4 阶	5 阶	6 阶
0.1	77 859	78 091	78 477	79 018	79 714	80 565	61 293	61 441	61 689	62 035	62 479	63 020
0.2	20 342	20 542	20 880	21 359	21 986	22 764	18 934	19 103	19 386	19 788	20 312	20 963
0.3	10 493	10 595	10 789	11 104	11 569	12 207	10 193	10 278	10 455	10 719	11 129	11 696
0.4	7 547	7 571	7 632	7 643	7 926	8 438	7 419	7 459	7 490	7 529	7 737	8 199
0.5	5 980	6 086	6 128	6 339	6 575	6 590	5 897	6 019	6 021	6 285	6 428	6 541
0.6	4 961	5 039	5 215	5 477	5 674	6 120	4 907	4 963	5 175	5 371	5 642	6 088
0.7	4 240	4 301	4 586	4 767	5 212	5 567	4 201	4 243	4 559	4 682	5 191	5 443
0.8	3 692	3 772	4 081	4 283	4 833	5 123	3 661	3 724	4 061	4 211	4 818	5 016
0.9	3 259	3 380	3 656	3 940	4 494	4 818	3 233	3 339	3 640	3 877	4 483	4 721
1	2 911	3 083	3 291	3 692	4 181	4 600	2 889	3 047	3 277	3 684	4 172	4 510
2	1 434	1 531	2 073	2 099	2 911	2 923	1 427	1 519	2 071	2 078	2 885	2 889

续 表

L/a	解析模态频率/Hz						有限元模态频率/Hz					
	1 阶	2 阶	3 阶	4 阶	5 阶	6 阶	1 阶	2 阶	3 阶	4 阶	5 阶	6 阶
3	907	1 165	1 277	1 922	1 945	2 064	902	1 163	1 268	1 907	1 928	2 056
4	733	744	1 206	1 434	1 531	1 600	728	742	1 198	1 426	1 528	1 600
5	527	666	1 096	1 160	1 179	1 360	525	662	1 089	1 160	1 172	1 349
6	407	636	876	907	1 165	1 166	405	633	876	901	1 159	1 163
7	337	622	682	798	918	1 159	335	619	682	793	916	1 153
8	294	544	614	733	744	1 021	293	544	611	728	742	1 015
9	268	443	609	619	692	907	266	443	606	617	688	901
10	251	368	527	605	666	828	250	368	525	603	662	823

4.1.2 长径比对模态解析模型计算精度的影响分析

在 4.1.1 节中，已建立了外转子圆柱壳体的模态解析模型。由圆柱薄壳理论可知，长径比 L/a 将影响圆柱壳体模态解析模型的计算精度。

本节对不同长径比的两端简支低碳钢外转子圆柱壳体进行分析。低碳钢的弹性模量、泊松比、密度如表 4-1 所列。

当考虑不同长径比时，设厚径比为恒定值，用式(4-25)计算外转子圆柱壳体的模态频率，并与 ANSYS 的数值解对比，可见表 4-3 和表 4-4。

表 4-4 不同长径比时外转子圆柱壳体模态频率解析解和数值解的相对误差

L/a	相对百分比误差(%)					
	1 阶	2 阶	3 阶	4 阶	5 阶	6 阶
0.1	27.03	27.1	27.21	27.38	27.59	27.84
0.2	7.436	7.533	7.707	7.939	8.241	8.591
0.3	2.943	3.084	3.195	3.592	3.954	4.369

续　表

L/a	相对百分比误差(%)					
	1 阶	2 阶	3 阶	4 阶	5 阶	6 阶
0.4	1.725	1.502	1.896	1.514	2.443	2.915
0.5	1.407	1.113	1.777	0.859	2.287	0.749
0.6	1.1	1.531	0.773	1.974	0.567	0.526
0.7	0.928	1.367	0.592	1.815	0.405	2.278
0.8	0.847	1.289	0.492	1.71	0.311	2.133
0.9	0.804	1.228	0.44	1.625	0.245	2.055
1	0.762	1.181	0.427	0.217	0.216	1.996
2	0.491	−0.79	0.097	1.011	0.901	1.177
3	0.554	0.172	0.71	0.787	0.882	0.389
4	0.687	0.27	0.668	0.561	0.196	0
5	0.381	0.604	0.643	0	0.597	0.815
6	0.494	0.474	0	0.666	0.518	0.258
7	0.597	0.485	0	0.631	0.218	0.52
8	0.341	0	0.491	0.687	0.27	0.591
9	0.752	0	0.495	0.324	0.581	0.666
10	0.4	0	0.381	0.332	0.604	0.608

由表 4－4 可知：

(1) 当长径比 $L/a=0.1$ 时，外转子圆柱壳体前 6 阶模态频率解析解和数值解的相对误差已大于 27%，解析解的精度远远不能满足工程计算要求；

(2) 当长径比 $L/a\geqslant 0.2$ 时，外转子圆柱壳体前 6 阶模态频率解析解和数值解的相对误差被控制在 8.591%以内，解析解的精度即可满足工程计算要求；

(3) 进一步分析可发现，当长径比 $L/a\geqslant 0.4$ 时，外转子圆柱壳体前 6 阶模态频率解析解和数值解的相对误差被控制在 2.91%以内，解析解的精度较高。

用式(4－26)计算外转子圆柱壳体的模态振型的轴向模数、径向模数、模态振型，并与 ANSYS 的数值结果对比，如表 4－5 所列。

表 4-5　不同长径比时外转子圆柱壳体解析和有限元模态振型的轴向模数和径向模数

L/a	解析模态振型和有限元模态振型的轴向模数和径向模数													
	1 阶		2 阶		3 阶		4 阶		5 阶		6 阶		7 阶	
	轴向	径向	轴向	径向	轴向	径向	轴向	径向	轴向	径向	轴向	径向	轴向	径向
0.1	1	1	1	2	1	3	1	4	1	5	1	6	1	7
0.2	1	1	1	2	1	3	1	4	1	5	1	6	1	7
0.3	1	1	1	2	1	3	1	4	1	5	1	6	1	7
0.4	1	3	1	2	1	1	1	4	1	5	1	6	1	7
0.5	1	4	1	3	1	5	1	2	1	6	1	1	1	7
0.6	1	4	1	5	1	3	1	6	1	2	1	1	1	7
0.7	1	4	1	5	1	3	1	6	1	2	1	7	1	1
0.8	1	4	1	5	1	3	1	6	1	2	1	7	1	1
0.9	1	4	1	5	1	3	1	6	1	2	1	7	1	1
1	1	4	1	5	1	3	1	6	1	2	1	7	1	1
2	1	3	1	4	1	2	1	5	2	4	1	6	2	5
3	1	3	1	2	1	4	2	4	1	5	2	3	1	1
4	1	3	1	2	1	4	2	3	2	4	1	1	1	5
5	1	2	1	3	2	3	1	1	1	4	2	4	2	2
6	1	2	1	3	1	1	2	3	2	2	1	4	2	4
7	1	2	1	3	1	1	2	3	2	2	1	4	3	3
8	1	2	1	1	1	3	2	3	2	2	3	3	1	4
9	1	2	1	1	1	3	2	2	2	3	3	3	1	4
10	1	2	1	1	2	2	1	3	2	3	3	3	3	2

由表 4-5 可知：当长径比 $L/a \geqslant 0.2$ 时，外转子圆柱壳体前 6 阶模态振型的解析解和数值解吻合度较高，解析解的精度即可满足工程计算要求。

限于篇幅，当长径比 $L/a \geqslant 0.2$ 时，本节仅列举了表 4-5 中长径比 $L/a = 3$ 的外转子圆柱壳体解析模态振型和有限元计算模态振型，如图 4-11—图 4-16 所示，二者吻合度较高。

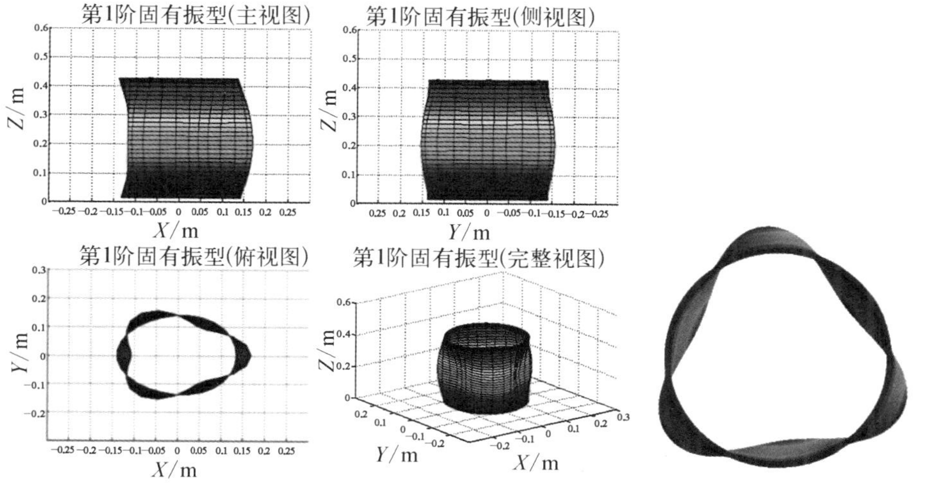

(a) 解析法　　(b) 有限元法

图 4-11　外转子圆柱壳体第 1 阶模态振型

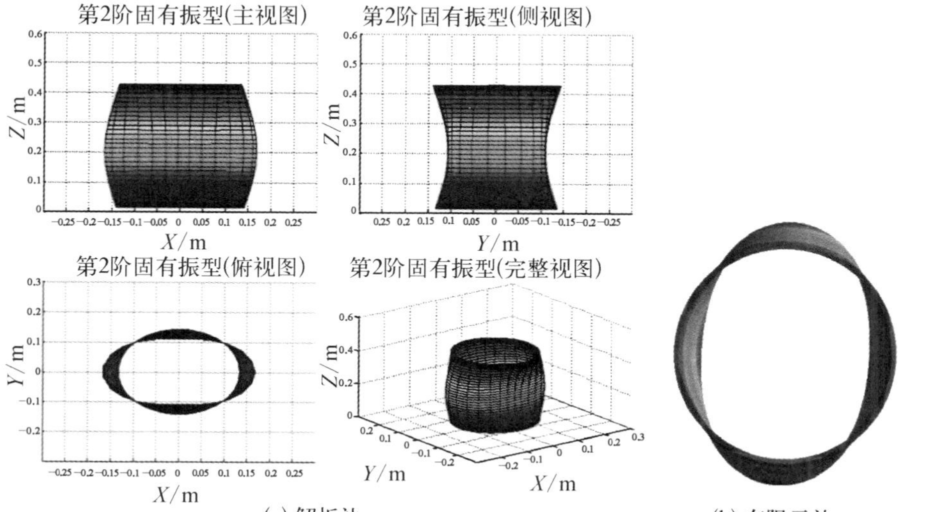

(a) 解析法　　(b) 有限元法

图 4-12　外转子圆柱壳体第 2 阶模态振型

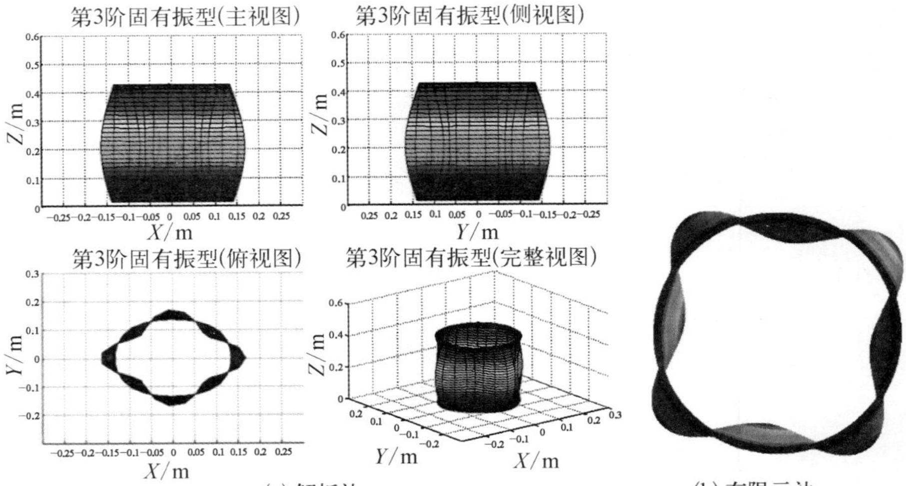

(a) 解析法　　(b) 有限元法

图 4-13　外转子圆柱壳体第 3 阶模态振型

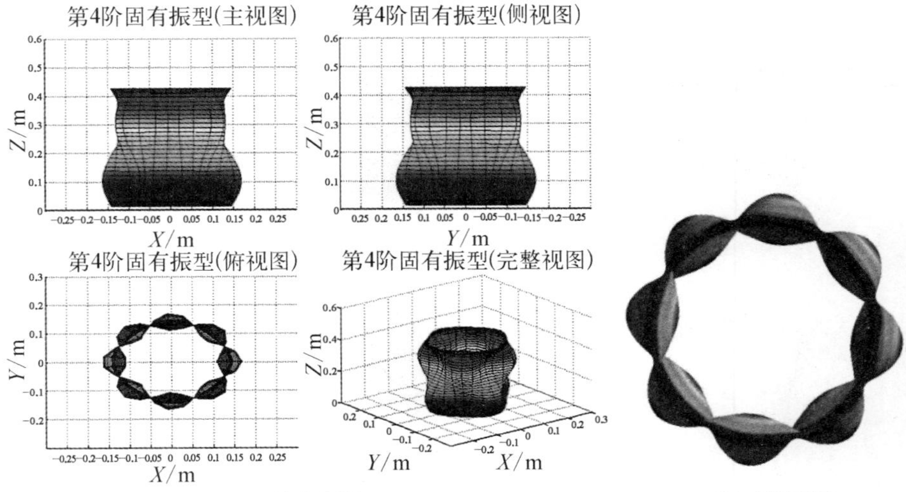

(a) 解析法　　(b) 有限元法

图 4-14　外转子圆柱壳体第 4 阶模态振型

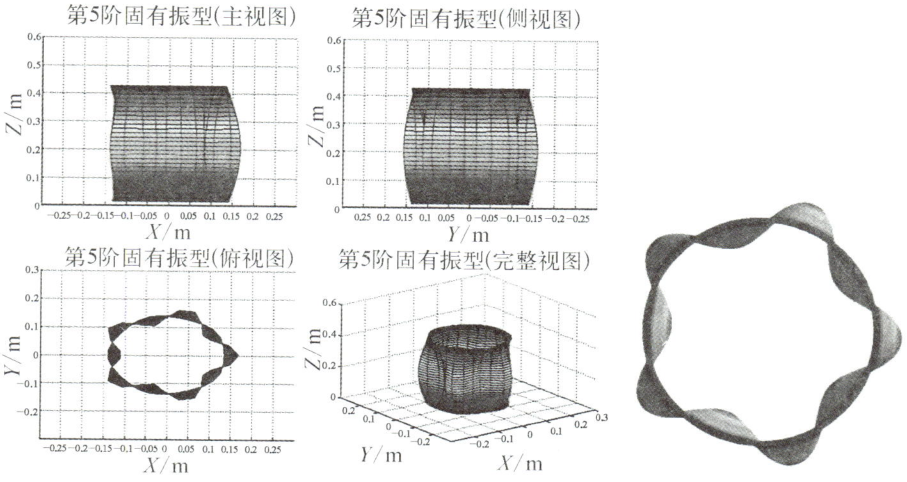

(a) 解析法　　　　(b) 有限元法

图 4－15　外转子圆柱壳体第 5 阶模态振型

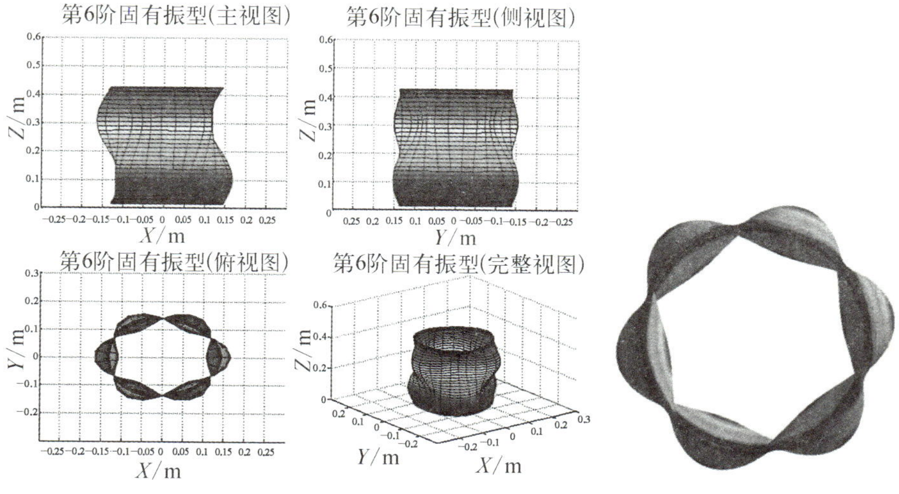

(a) 解析法　　　　(b) 有限元法

图 4－16　外转子圆柱壳体第 6 阶模态振型

综上所述，本节建立的外转子圆柱壳体解析模态分析精度较高，可用于长径比 $L/a \geqslant 0.2$ 的两端简支的外转子圆柱壳体的模态分析。

4.2 永磁同步电机的有限元计算模态分析

电动车用永磁同步电机的噪声辐射结构不仅包含转子，还包含端盖、永磁体、胶水、螺栓。本节旨在建立完整的三维有限元噪声辐射结构模型，可精确计算电动车用永磁同步电机的模态频率和模态振型，并为精确预测电机电磁振动和噪声建立基础。

4.2.1 三维结构有限元模型的参数化建模过程和技术要点

建立三维结构有限元模型具有重要意义[47, 110]：

（1）电机的轴向模态对电机振动有显著影响；

（2）电机端盖结构在增大电机质量的同时，也显著增大了结构刚度；

（3）电机模态参数会随着电机安装条件的改变而变化。

只有三维结构模型才能包含端盖，同时考虑电机安装条件[47]。

然而，应用常规方法建立三维结构有限元模型往往会遇到如下技术难题：（1）建模过程繁琐；（2）若基本尺寸参数测量有误，则很难修改三维结构有限元模型，甚至只能重新建模；（3）很难确定不同部件之间接触类型。

为解决以上技术难题，本节应用有限元软件 ANSYS 的 APDL（ANSYS Parametric Design Language）进行参数化建模，二次开发编程实现模型参数化、任务自动化，修改模型只需在程序里修改某个参数即可，建模十分方便快捷。永磁同步电机三维结构有限元模型的参数化建模流程如图 4－17 所示。

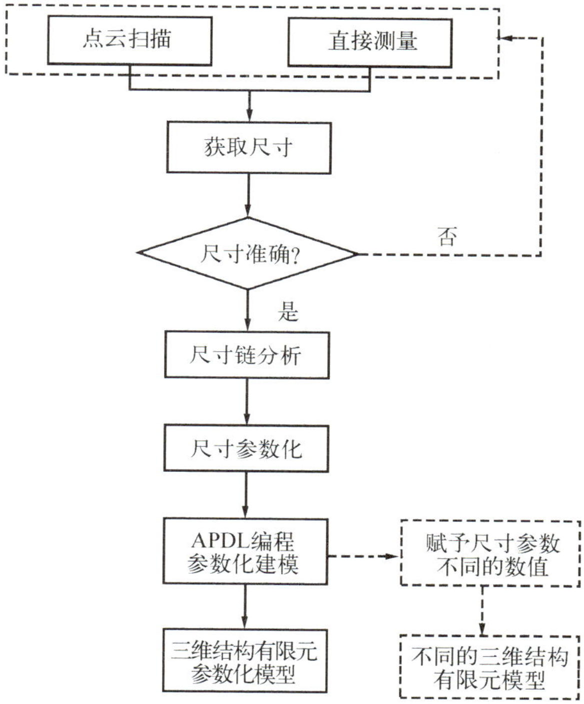

图 4-17　永磁同步电机三维结构有限元参数化建模流程

本书所建永磁同步电机三维结构有限元参数化模型包括厚端盖螺栓、厚端盖、永磁体、胶水、外转子圆柱壳体、薄端盖、薄端盖螺栓等，如图 4-18 所示。轮毂永磁同步电机材料参数如表 4-6 所列。

表 4-6　轮毂永磁同步电机材料参数

材　料	弹性模量/Pa	泊松比	密度/(kg/m^3)	对应的电机结构
低碳钢	2.06×10^{11}	0.3	7.85×10^{3}	外转子圆柱壳体
低碳合金钢	2.00×10^{11}	0.3	7.85×10^{3}	螺栓
环氧树脂	0.14×10^{9}	0.3	1.4×10^{3}	胶水
钕铁硼	2.00×10^{11}	0.31	7.89×10^{3}	永磁体
铝	0.7×10^{11}	0.3	2.7×10^{3}	薄端盖
灰口铸铁	1.30×10^{11}	0.3	7.21×10^{3}	厚端盖

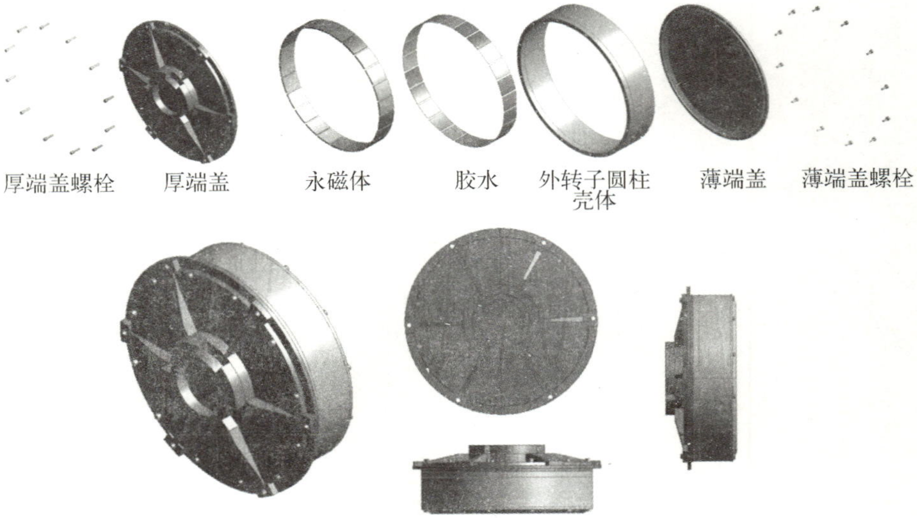

图 4－18　轮毂永磁同步电机三维结构有限元参数化模型

需要注意的是，螺栓预紧力和不同部件之间的接触类型对于结构模态参数影响很大，比如薄端盖与外转子圆柱壳体的接触、厚端盖与外转子圆柱壳体的接触等，它们的接触类型随连接件——薄端盖螺栓和厚端盖螺栓的预紧力大小的改变而改变：预紧力越大，约束越强，越接近于外转子圆柱壳体两端固支或两端简支；预紧力越小，约束越弱，越接近于外转子圆柱壳体两端自由；预紧力适中，接触类型接近于不分离或粗糙接触或摩擦接触。不同部件间接触类型极大影响结构模态参数，为了提高计算精度，需要重点考虑不同部件间的接触类型。

鉴于本书研究的轮毂永磁同步电机的螺栓公称直径较小(M6 和 M4)，螺栓强度较小，所能承受的预紧力较小，厚端盖与外转子圆柱壳体的接触、薄端盖和外转子圆柱壳体的接触不能等效为两端简支，因此，为提高计算精度，将厚端盖与外转子圆柱壳体的接触、薄端盖与外转子圆柱壳体的接触定为不分离。

当然，如果使用高强度螺栓，且螺栓完全拧紧，则应将厚端盖与外转子圆柱壳体的接触、薄端盖和外转子圆柱壳体的接触等效为两端简支。

4.2.2　永磁同步电机模态参数的计算结果

由于轮毂永磁同步电机电磁振动和噪声主要来自转子结构，故需计算电机外转子圆柱壳体的模态振型和与之对应的模态频率，如图 4－19 所示。

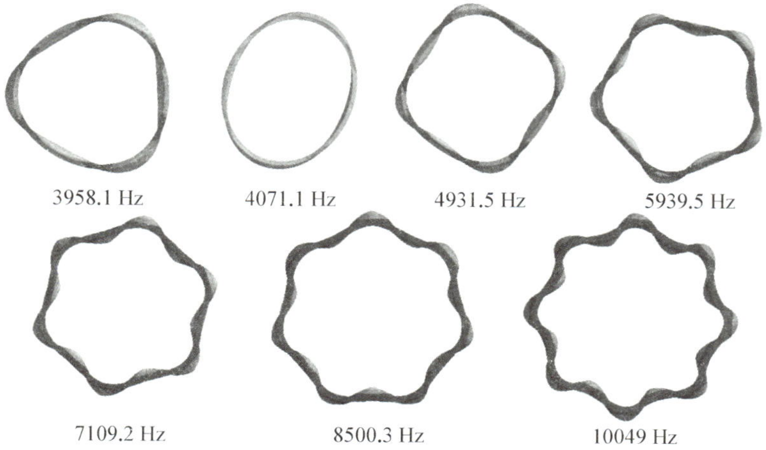

(a) 外转子圆柱壳体模态振型和模态频率

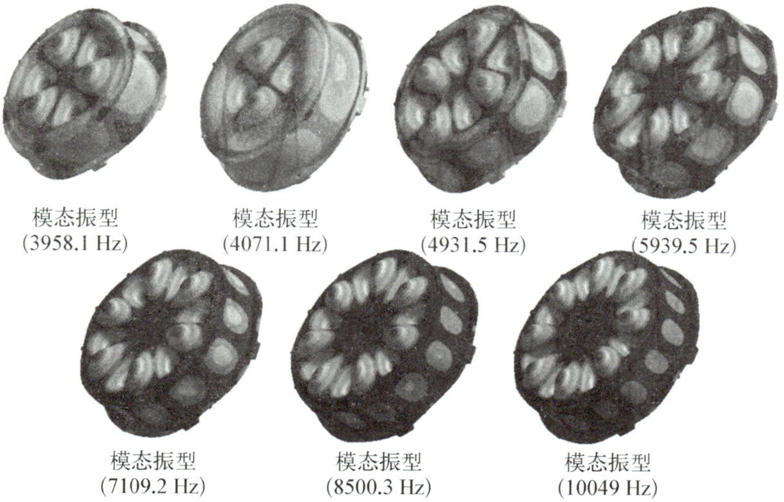

(b) 转子模态振型和模态频率

图 4－19　轮毂永磁同步电机模态振型和模态频率

由图 4 - 19 可知：轮毂永磁同步电机转子在振动时，薄端盖的变形最剧烈。这是因为薄端盖的材料为铝，弹性模量较外转子圆柱壳体(低碳钢)和厚端盖(灰口铸铁)小，且厚度较薄。可以预知，该轮毂永磁同步电机的薄端盖是电磁噪声的主要辐射体。

4.3 永磁同步电机模态参数的实验识别

实验模态分析除了可以验证解析计算模态分析或三维有限元计算模态分析计算出的模态频率和模态振型之外，还可测量模态阻尼比，为精确计算电磁振动响应奠定基础。

4.3.1 实验设备、参数设置和传感器布置

电机实验模态分析方法[137]包括：锤击法、电磁激励法、激振器法。锤击法是使用冲击锤敲击被测电机，继而进行模态分析，成本较低，但模态分析难以超过 8 000 Hz，并且对敲击操作要求较高；电磁激励法是一种比较新颖的方法，先给旋转的电机通扫频信号电流(方波)，再通幅值为常数的正弦波电流，继而进行模态分析，该法的激励源由电机内部产生，不需特殊设备外加激励，但只能分析电机整体，不能单独分析电机各部件的模态；激振器法是使用激振器激励被测电机，继而进行模态分析，虽然成本较高，但激励可调节，可对电机整体进行模态分析，也可单独对定子、转子进行模态分析。综合上述比较，本书采取激振器法，如图 4 - 20[137] 所示。模态实验设备如表 4 - 7 所列。

模态实验主要研究 0～10 000 Hz 以内的模态，采用脉冲随机信号(burst random)激振，信号采样频率为 20 000 Hz，模态实验实物如图 4 - 21 所示。根据计算模态分析，10 000 Hz 以内轴向模数最大值为 2，轴向模数

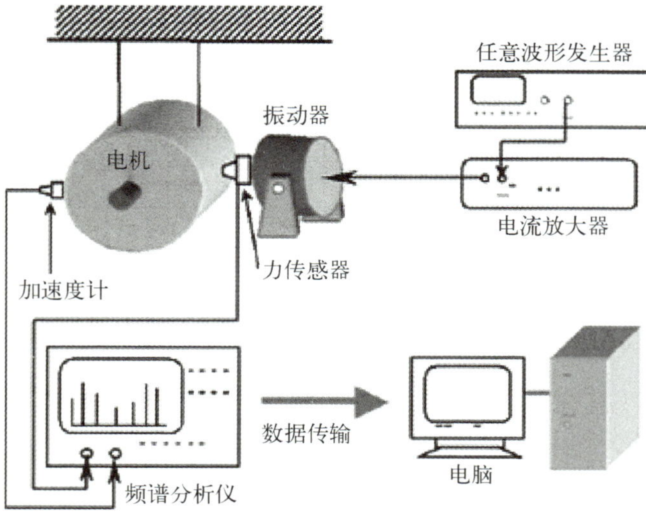

图 4 - 20　实验模态分析激振器法测试系统示意图

最大值为 7，因此加速度传感器环绕均布在外转子圆柱壳体靠近端部的两个外表面上，共 2 周，每周分布 18 个测点，最多能测量轴向模数为 2、周向模数为 9 的模态振型。

4 - 7　模态实验设备

编 号	实 验 设 备	设 备 型 号	数 量
1	轮毂永磁同步电机	24 极 27 槽	1
2	AQDC 信号发生模块	LMS SCADSⅢ SC316W	1
3	功率放大器	—	1
4	激振器	—	1
5	力传感器	—	1
6	单向加速度传感器	ICP	18
7	智能信号发生与采集系统	LMS SCADSⅢ SC316W	1
8	数据分析处理软件	LMS Test. Lab 10A	1
9	数据线	—	20
10	笔记本电脑	—	1

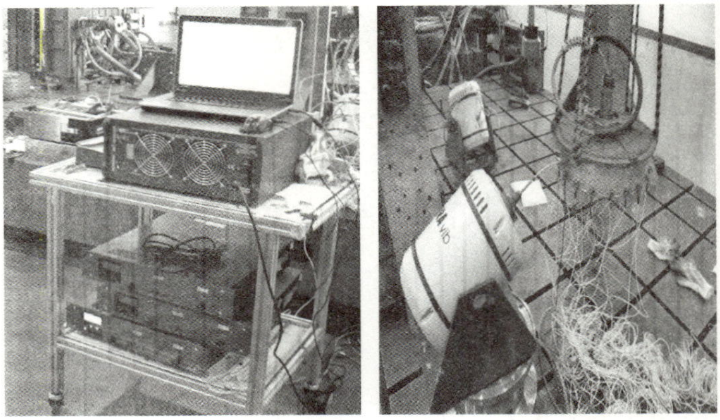

图 4-21　模态实验实物图

4.3.2　永磁同步电机模态参数的测量结果

为了讨论螺栓预紧力和接触类型对永磁同步电机模态参数的影响，本书对一台轮毂永磁同步电机进行了 2 次实验模态测量：第 1 次为螺栓未完全拧紧；第 2 次为螺栓完全拧紧。第 1 阶～第 7 阶振型如图 4-22—图 4-28 所示，两个圆周分别为外转子圆柱体外表面靠近厚端盖和薄端盖的两个圆周，36 个矩形点为测点。

(a) 螺栓未完全拧紧(模态频率 1 235.3 Hz、模态阻尼比 6.57%)

(b) 螺栓完全拧紧(模态频率 3 850.4 Hz、模态阻尼比 0.83%)

图 4-22　第 1 阶实验模态振型

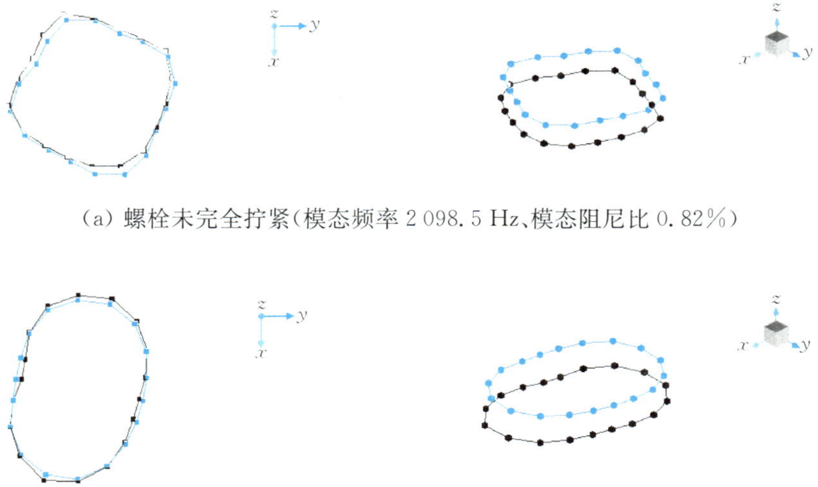

(a) 螺栓未完全拧紧(模态频率 2 098.5 Hz、模态阻尼比 0.82%)

(b) 螺栓完全拧紧(模态频率 4 300.9 Hz、模态阻尼比 0.83%)

图 4 - 23　第 2 阶实验模态振型

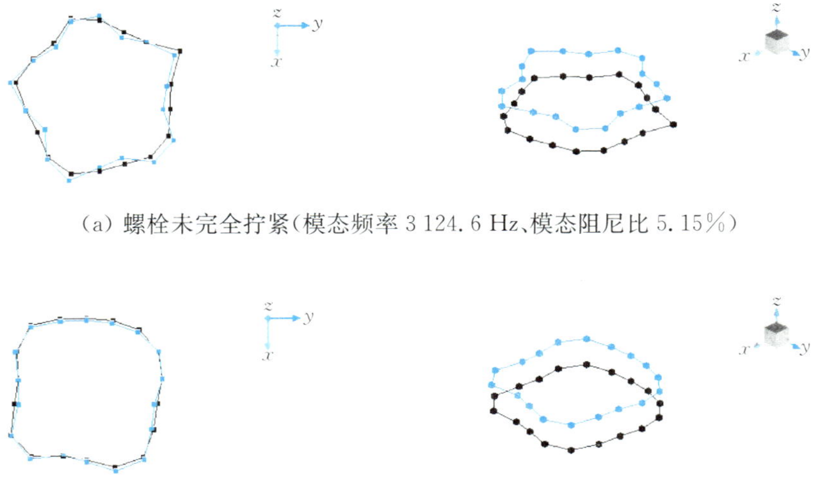

(a) 螺栓未完全拧紧(模态频率 3 124.6 Hz、模态阻尼比 5.15%)

(b) 螺栓完全拧紧(模态频率 4 799.0 Hz、模态阻尼比 1.09%)

图 4 - 24　第 3 阶实验模态振型

(a) 螺栓未完全拧紧(模态频率 4 321.3 Hz、模态阻尼比 1.28%)

(b) 螺栓完全拧紧(模态频率 5 839.3 Hz、模态阻尼比 0.66%)

图 4-25　第 4 阶实验模态振型

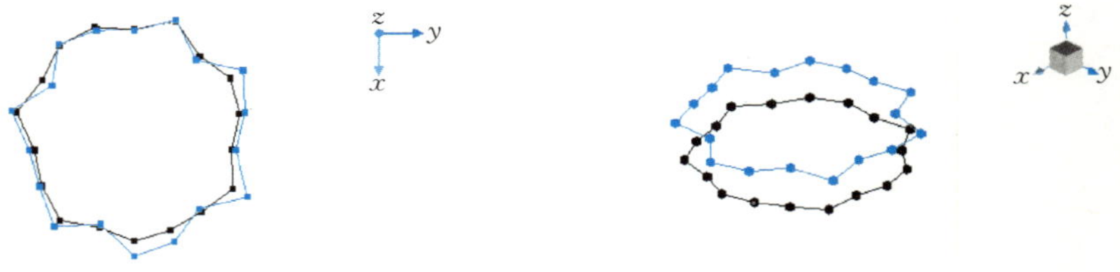

(a) 螺栓未完全拧紧(模态频率 5 754.8 Hz、模态阻尼比 0.39%)

(b) 螺栓完全拧紧(模态频率 7 045.6 Hz、模态阻尼比 0.50%)

图 4-26　第 5 阶实验模态振型

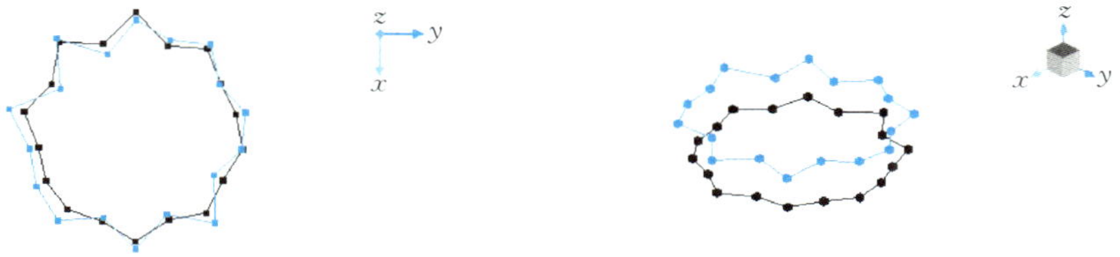

(a) 螺栓未完全拧紧(模态频率 8 238.8 Hz、模态阻尼比 1.13%)

(b) 螺栓完全拧紧(模态频率 8 336.9 Hz、模态阻尼比 0.67%)

图 4-27　第 6 阶实验模态振型

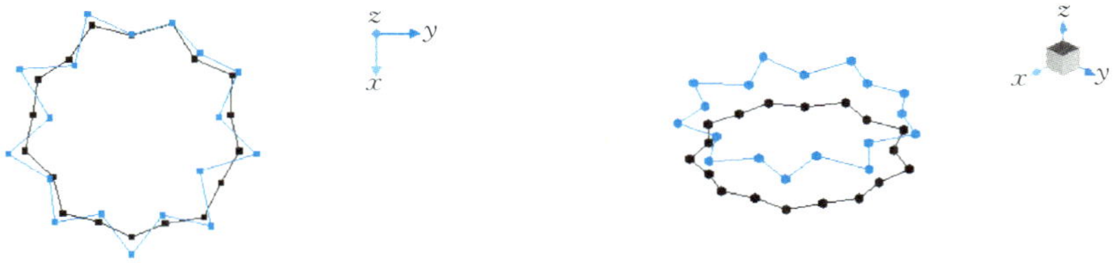

(a) 螺栓未完全拧紧(模态频率 8 866.0 Hz、模态阻尼比 2.31%)

(b) 螺栓完全拧紧(模态频率 9 858.7 Hz、模态阻尼比 0.54%)

图 4-28　第 7 阶实验模态振型

通过图 4-22—图 4-28 的对比,发现螺栓预紧力将显著影响厚端盖和外转子圆柱壳体、薄端盖和外转子圆柱壳体的接触类型,进而显著影响轮毂永磁同步电机的模态频率、模态振型、模态阻尼比:当螺栓预紧力增加时,厚端盖和外转子圆柱壳体、薄端盖和外转子圆柱壳体的约束加强,模态频率增加,模态振型改变。因此,在分析轮毂永磁同步电机振动和噪声时,需考虑螺栓预紧力和不同部件的接触类型,否则,可能出现相同型号电机出现振动噪声特性相差较大的情况,甚至出现异常噪声。

当螺栓完全拧紧时,将实验结果和 4.2.2 节中有限元计算结果进行对比,如表 4-8 所列,模态频率的相对误差、模态振型相互吻合,有限元模型得到了验证。解析计算模态频率与螺栓完全拧紧时实验模态频率相差较大,主要是因为解析计算模态分析是基于外转子圆柱壳体两端简支的假设条件,而由于该轮毂永磁同步电机的螺栓公称直径较小(M6 和 M4),未采用高强度螺栓,当将现有螺栓完全拧紧时,外转子圆柱壳体和两个端盖的接触类型为不分离,仍不能实现外转子圆柱壳体两端简支。如果换用高强度螺栓,使得外转子圆柱壳体和两个端盖的接触类型为两端简支,则本书所提解析模态分析将能准确预测外转子圆柱壳体的模态频率和模态振型。这也进一步证明了本书的观点:螺栓预紧力和不同部件之间的接触类型显著影响永磁同步电机模态参数,进而改变电机的电磁振动。

表 4-8　模态参数的实验结果与有限元计算结果的对比

模态阶数/—	实验模态频率/Hz	有限元计算模态频率/Hz	模态频率相对误差	实验模态阻尼/—	轴向模数/—	周向模数/—
1	3 850.4	3 958.1	2.8%	0.83%	1	3
2	4 300.9	4 071.1	5.3%	0.39%	1	2
3	4 799.0	4 931.5	2.8%	1.09%	1	4
4	5 839.3	5 939.5	1.7%	0.66%	1	5

续　表

模态阶数/—	实验模态频率/Hz	有限元计算模态频率/Hz	模态频率相对误差	实验模态阻尼/—	轴向模数/—	周向模数/—
5	7 045.6	7 109.2	0.9%	0.50%	1	6
6	8 336.9	8 500.3	2.0%	0.61%	1	7
7	9 858.7	10 049	1.9%	0.54%	1	8

4.4　基于非支配排序遗传算法的永磁同步电机模态规划

在设计电机结构时，使之具有给定的模态频率或模态振型，这就是电机模态规划。电机模态规划涉及数学规划和力学分析，在多目标优化的基础上求解特征值反问题，对控制电机振动和噪声具有重要意义。

当电磁激励力的频率与结构固有频率相等或相近，并且电磁力波阶数和结构周向模数相等时，结构会发生共振。本节基于此结论，在不改变电磁参数和电机驱动性能的前提下，通过多目标优化的非支配排序遗传算法(Nondominated Sorting Genetic Algorithm Ⅱ，NSGA－Ⅱ)，求解特征值反问题，规划外转子圆柱壳体的模态频率和结构周向模数，合理避开电磁力激励范围，为低噪声电机设计提供依据。

4.4.1　电磁力激励范围和模态频率的确定

由于电动车频繁地起动、加速、匀速、制动，电动车用永磁同步电机的转速并不是单一转速，而是在频繁的变化，导致电磁激励力的激励频率也在频繁的变化，电磁激励力的激励频率很可能穿越电机结构模态频率，从而引发共振和异常噪声。为避免共振和消除异常噪声，首先要根据电动车用永磁同步电机的额定转速范围，确定电磁激励力的激励频率范围。

径向力波是引起电磁噪声的主要源头。由 3.4 节的结论，将电源频率 $f = pn/60$ 代入式(3-39)可得，考虑时间电流谐波的永磁同步电机径向力波的特征频率为

$$\begin{cases} f_{2h_i} = h_i \dfrac{pn}{30} \\ f_{2h_j} = h_j \dfrac{pn}{30} \\ f_{2(2\mu-1)} = (2\mu - 1) \dfrac{pn}{30} \\ f_{h_i \pm h_j} = (h_i \pm h_j) \dfrac{pn}{60} \\ f_{2\mu-1 \pm h_j} = (2\mu - 1 \pm h_j) \dfrac{pn}{60} \\ f_{2\mu-1 \pm h_i} = (2\mu - 1 \pm h_i) \dfrac{pn}{60} \end{cases} \tag{4-29}$$

由式(4-29)可知：径向力波和径向集中力的激励频率与转速 n 成正比。时间谐波电流阶次 h_i 和 h_j 可通过对电流信号进行快速傅里叶变换获得；永磁体阶次 $\mu \in N^*$。因此可得在最高转速内(0～700 r/min)，径向力波和径向集中力的激励频率与转速的关系，如图 4-29 所示。

当外转子圆柱壳体两端简支时，将外转子圆柱壳体的模态频率随转速的变化关系添加到图 4-29 中，如图 4-30 所示。由图 4-30 可知：在最大转速范围内，径向力波频率多次穿越外转子圆柱壳体前 9 阶模态频率，极大地增加了共振发生的概率。

为了避免共振，有两种方法：① 削弱时间电流谐波，优化电流波形；

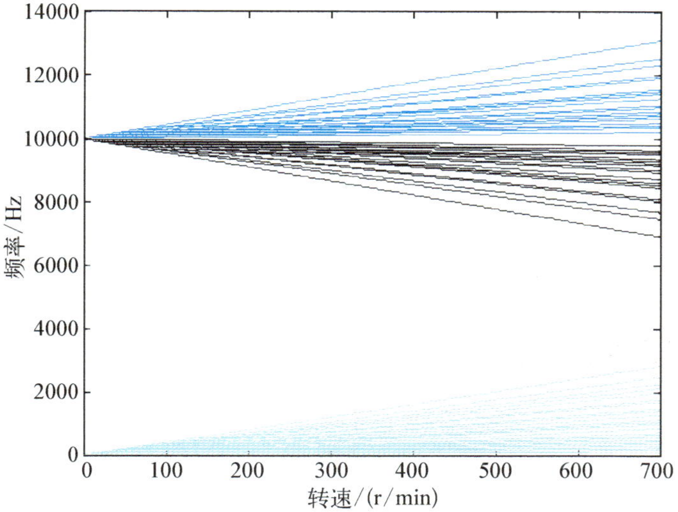

图 4－29　轮毂永磁同步电机径向力波激励频率随转速的变化关系

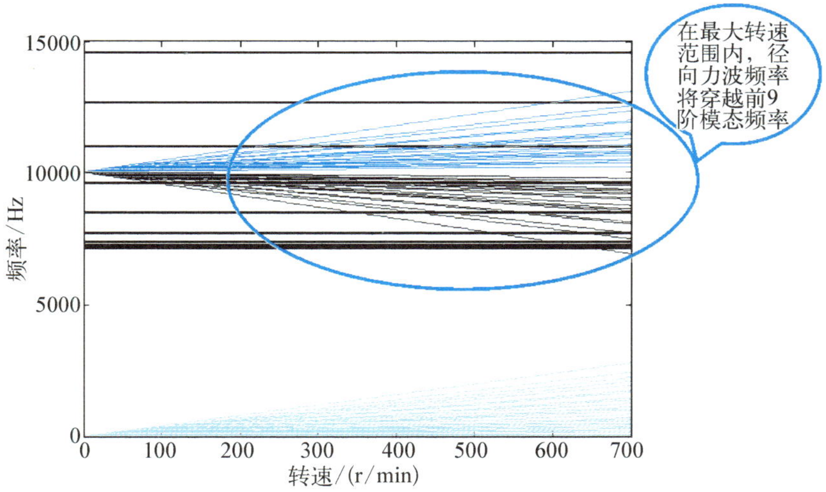

图 4－30　径向力波频率穿越外转子圆柱壳体模态频率关系

② 优化结构。前者可通过改进控制器实现，这里不做深入讨论。本节主要采用优化结构的方法，提出通过求解特征值反问题，将模态频率规划在电磁力激励频带之外的模态规划解决方案，如图 4－31 所示。

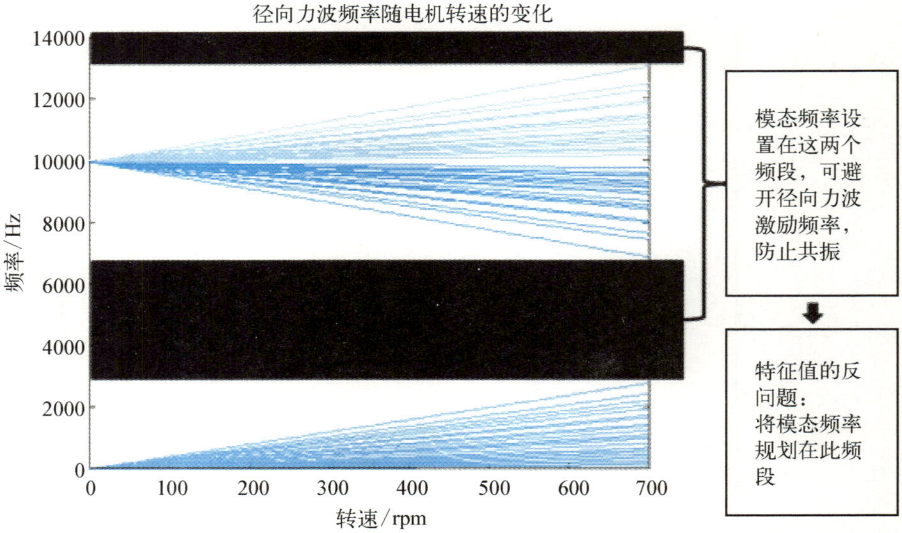

图 4-31　模态频率规划频带与径向力波激励频带的关系

4.4.2　基于非支配排序遗传算法和薄壳理论的模态规划

永磁同步电机外转子圆柱壳体模态规划问题涉及多目标优化问题和特征值反问题。多目标优化问题可以描述如下[138]：

$$\min[f_1(x),\ f_2(x),\ \cdots,\ f_i(x)]$$

$$s.t.\begin{cases} lb \leqslant x \leqslant ub \\ Aeqx = beq \\ Ax \leqslant b \end{cases} \tag{4-30}$$

式中，$f_i(x)$为待优化的目标函数；x 为待优化的变量；lb、ub 分别为变量 x 的下限和上限；$Aeqx = beq$ 为变量 x 的线性等式约束；$Ax \leqslant b$ 为变量 x 的线性不等式约束。

目前，多目标优化算法很多，本书选用带精英策略的快速非支配排序遗传算法 NSGA-Ⅱ进行优化，组织结构如图 4-32 所示。

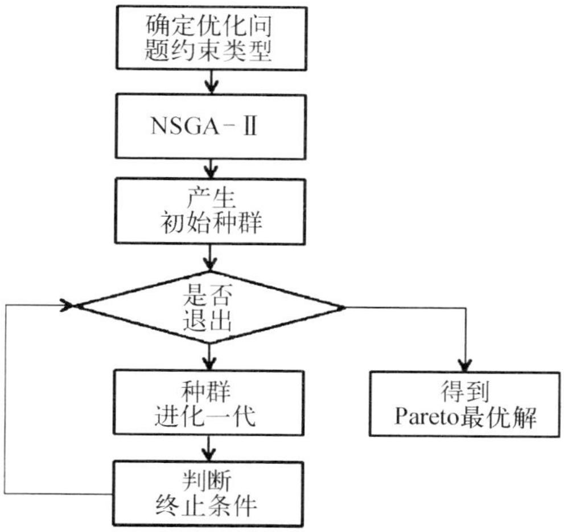

图 4－32　NSGA－Ⅱ的组织结构

本书选取外转子圆柱壳体的壳体厚度 h、壳体半径 a、壳体轴向长度 L 为变量，单位为 m，即：

$$x = \begin{bmatrix} h \\ a \\ L \end{bmatrix} \tag{4-31}$$

由于振动阶次较低、幅值较大的径向力波对振动噪声的贡献较大[34]，故，本书选取了前 3 阶模态频率作为优化频率；同时，还需满足圆柱壳体用料最少。因此，待优化的目标函数为外转子圆柱壳体前 3 阶模态频率的相反数和体积：

$$\begin{aligned} &[f_1(x) \quad f_2(x) \quad f_3(x) \quad f_4(x)] \\ &= \left[-\frac{\omega_1}{2\pi} \quad -\frac{\omega_2}{2\pi} \quad -\frac{\omega_3}{2\pi} \quad \pi\left(a-\frac{h}{2}\right)^2 L\right] \end{aligned} \tag{4-32}$$

外转子圆柱壳体内半径显著影响电机输出性能[143]。为了不改变轮毂永磁同步电机的电磁参数和输出性能，本书优化的前提是不改变外转子圆

柱壳体内半径，相应的轮毂永磁同步电机圆柱壳体的线性等式约束为

$$\boldsymbol{Aeq} = [-0.5 \quad 1 \quad 0],\ beq = 0.129\,75 \tag{4-33}$$

轮毂永磁同步电机的原始尺寸为 $\boldsymbol{x}_0 = [0.0075 \quad 0.1335 \quad 0.0655]^{\mathrm{T}}$。其他参数在原始尺寸的某邻域内实现全局寻优，相应的轮毂永磁同步电机圆柱壳体尺寸的上限和下限为

$$\boldsymbol{lb} = \begin{bmatrix} 0.001 \\ 0.05 \\ 0.035 \end{bmatrix},\ \boldsymbol{ub} = \begin{bmatrix} 0.01 \\ 0.3 \\ 0.065 \end{bmatrix} \tag{4-34}$$

对于特征值反问题的求解，本书采用经过有限元仿真验证过的解析模态分析法，该方法基于圆柱薄壳理论，对于两端简支的外转子圆柱壳体的模态分析十分精确且计算速度快。应用 NSGA－Ⅱ进行多目标优化，迭代 200 次后的 Pareto 前沿如图 4－33 所示。

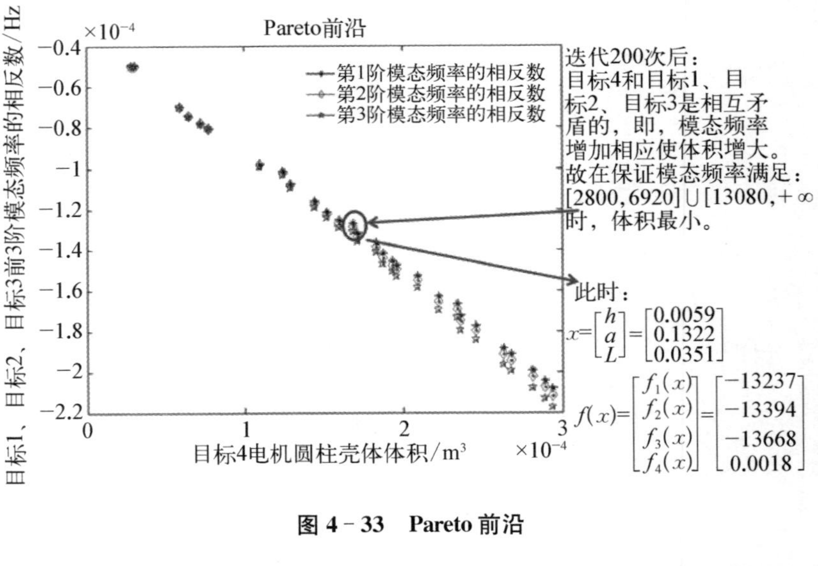

图 4－33　Pareto 前沿

目标 4 和目标 1、目标 2、目标 3 是相互矛盾的，即模态频率增加相应的使体积增大。在 Pareto 前沿中选择了最优解：

$$x = \begin{bmatrix} 0.0059 \\ 0.1322 \\ 0.0351 \end{bmatrix} \tag{4-35}$$

由式(4－35)可知：相对于原始尺寸，优化后的外转子圆柱壳体的厚度和壳体半径变化较小，轴向长度减少了近一半。由于未改变永磁同步电机永磁体和电枢的有效长度，故不影响电机的输出性能[143]。

此时，目标函数的取值为

$$f(x) = \begin{bmatrix} -13237 \\ -13394 \\ -13668 \\ 0.0018 \end{bmatrix} \tag{4-36}$$

优化前，体积为 0.003 5 m^3；优化后，体积为 0.001 8 m^3，节省材料约 50%。优化前后模态频率，如图 4－34 所示。图 4－34 中，粗实线对应优化前的模态频率，虚线对应优化后的模态频率，可见优化后径向力波频率不

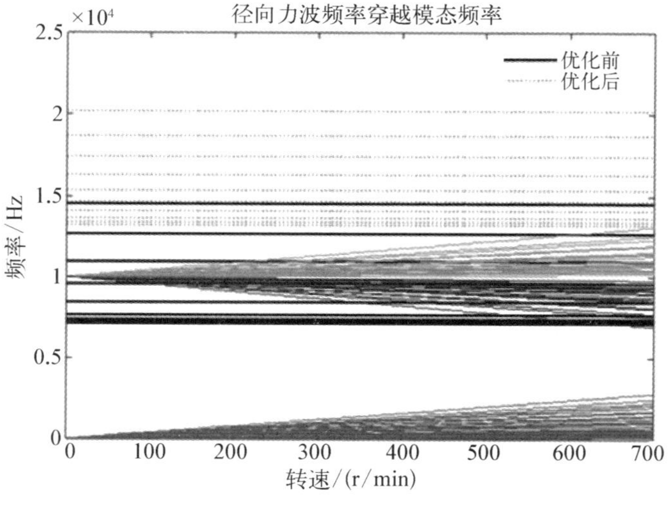

图 4－34　优化前后对比

再穿越模态频率。

4.5 本章小结

本章应用解析法、有限元法、实验法分析了电动车用永磁同步电机的模态参数，结合电磁力激励频率范围，应用非支配排序遗传算法，实现了电机模态规划，为低噪声电机设计提供了指导意见。通过分析可得如下小结：

(1) 本章建立了外转子圆柱壳体解析模态分析方法，探讨了长径比 L/a 对模态解析模型计算精度的影响：当长径比 $L/a \geqslant 0.2$ 时，外转子圆柱壳体模态解析解的精度即可满足工程计算要求；当长径比 $L/a \geqslant 0.4$ 时，外转子圆柱壳体前 6 阶模态解析解和数值解的相对误差被控制在 2.91%以内，解析解的精度较高。

(2) 本章基于 APDL 语言提出的电机三维结构有限元参数化建模方法能够克服有限元传统建模方法的建模过程繁琐、修改模型难度大等缺点，实现了模型参数化、任务自动化。所建三维结构有限元参数化模型考虑了螺栓预紧力和不同部件间的接触类型，经实验验证该模型精度较高。通过对 24 极 27 槽轮毂永磁同步电机进行模态分析发现：因为该电机薄端盖的材料为铝，弹性模量较厚端盖(灰口铸铁)和外转子圆柱壳体(低碳钢)小，且厚度较薄，所以薄端盖变形较大，并预测薄端盖为该电机电磁噪声的主要辐射体。

(3) 通过实验模态分析，进一步验证了不同螺栓预紧力和不同部件间的接触类型会显著影响电机的模态参数，进而影响电机振动。提出了在电机模态分析时应考虑螺栓预紧力和不同部件间的接触类型的观点。

(4) 提出了基于非支配排序遗传算法和圆柱薄壳理论的永磁同步电机

外转子圆柱壳体模态规划方法，该方法结合了电动车用永磁同步电机全转速范围内电磁力激励频率范围，在不改变电机电磁参数和驱动性能的情况下，对模态频率进行了规划，合理规避了共振。

第5章 电动车用永磁同步电机非线性电磁振动建模和分析

由于电动车主要采用永磁同步电机驱动，其振动噪声问题呈现新的特点：永磁同步电机的振动是车身阶次振动和车内噪声的主要振源，瞬态工况下对整车纵向振动的影响尤为显著[77-79]。相对于普通工业驱动用永磁同步电机，由于电动车具有多工况、变负载、宽调速范围等特点，电动车用永磁同步电机的电磁力谐波来源更丰富，扭转振动和径向振动的非线性特征更明显，进而导致电动车用永磁同步电机减振降噪的难度更大。因此，对电动车用永磁同步电机非线性电磁振动进行建模分析具有重要意义。

首先，本章利用集中参数法建立了永磁同步电机非线性扭转振动模型和非线性径向振动模型，解析求解了考虑非正弦磁场分布的永磁体磁场、定子开槽、时间谐波电流的永磁同步电机电磁转矩和径向力，获取了定子铁芯、机壳的刚度和阻尼参数，采用状态变量法求得了非线性方程组的解，并通过永磁同步电机扭转振动实验验证了非线性扭转振动模型。然后，运用有限元法，计算和分析了电磁力作用下永磁同步电机的受迫振动响应。

5.1　非线性电磁振动的集中参数建模和分析

永磁同步电机的电磁振动是一种复杂的机电耦联与磁固耦合振动问题。机电之间相互作用规律的研究，需要解决两方面问题[65]：一方面是正确地建立机电系统相耦联的数学模型，另一方面是机电耦联系统非线性数学方程的定性定量求解。

本节建立了电动车用永磁同步电机非线性扭转振动集中参数模型和非线性径向振动集中参数模型，利用状态变量法求解了该非线性方程组，并通过实验验证了该模型。

5.1.1　永磁同步电机非线性扭转振动建模和分析

永磁同步电机定子系统复杂，它的扭转振动问题应进行合理的简化计算，本书得到定子扭转振动物理模型如图 5－1 所示。齿和绕组的影响通过附加转动惯量归入定子铁芯，底脚、冷却筋、连接筋的转动惯量归入定子机壳。设定子铁芯的扭转刚度为 k_1、阻尼系数为 C_1、转动惯量为 J_1、角位移为 θ_1，定子铁芯所受的电磁转矩为 T，机壳的扭转刚度为 k_2、阻尼系数为 C_2、转动惯量为 J_2、角位移为 θ_2。

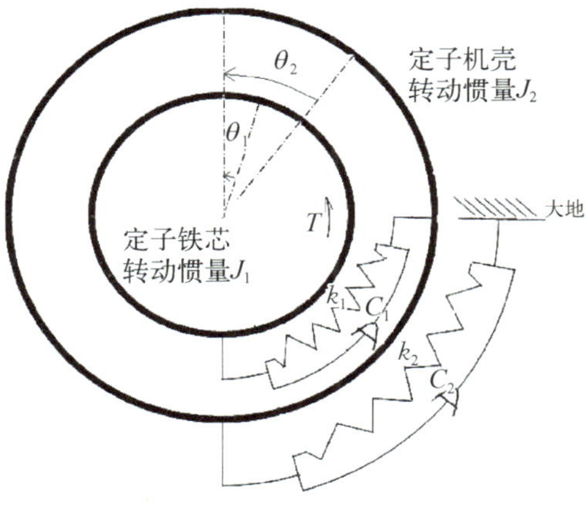

图 5－1　永磁同步电机定子扭振模型

定子扭转振动微分方程为

$$\begin{cases} J_1\ddot{\theta}_1 + C_1(\dot{\theta}_1 - \dot{\theta}_2) + k_1(\theta_1 - \theta_2) = T \\ J_2\ddot{\theta}_2 - C_1\dot{\theta}_1 + (C_1 + C_2)\dot{\theta}_2 - k_1\theta_1 + (k_1 + k_2)\theta_2 = 0 \end{cases} \tag{5-1}$$

根据文献[83—85]，转子扭转振动的机械运动方程为

$$J\ddot{\theta} + C\dot{\theta} = T - T_L \tag{5-2}$$

式中，J 为转子转动惯量和负载机械折算过来的转动惯量；T_L 为负载转矩；C 为转子阻力系数；θ 为转子机械转角。

为了全面反映永磁同步电机电磁转矩波动的阶次特性，本书建立了考虑非正弦分布的永磁磁场、定子开槽、时间谐波电流的电磁转矩波动的解析模型。由式(2-73)可得：

$$\begin{aligned} T_{em} = & -\frac{3}{2}p\psi_1 i_h[\cos(h-1)p\theta + \varphi_h] \\ & + \frac{3}{4}p(L_d - L_q)i_h^2\sin 2[(h-1)p\theta + \varphi_h] \\ & + \frac{3}{2}p\sum_{i=1}^{\infty}(6i-1)\psi_{(6i-1)}i_h\cos[(6i+h-1)p\theta + \varphi_h] \\ & - \frac{3}{2}p\sum_{i=1}^{\infty}(6i+1)\psi_{(6i+1)}i_h\cos[(6i-h+1)p\theta - \varphi_h] \end{aligned} \tag{5-3}$$

在电磁转矩的作用下，永磁同步电机的振动与其刚度、阻尼有关。定子铁芯和机壳的刚度、阻尼可通过实测，或按下式计算[34]：

$$k_j = \frac{2\pi E_j h_j^3 l_j (n^2-1)^2 F_{nj}^2}{12R_j^3} \tag{5-4}$$

$$C_j = 2\sqrt{\frac{G_j(n^2+1)}{n^2}k_j}\xi_j \tag{5-5}$$

式中，$j=1$、2，$n=2p$ 为力波阶数；G_1 为定子铁芯轭、齿和绕组的总质量；

G_2为定子机壳、冷却筋、底脚、和连接筋的总质量；R_1、R_2、h_1、h_2、l_1、l_2分别为定子铁芯和机壳的平均半径、轭厚及轴向长；E_1、E_2分别为定子铁芯和机壳的弹性模量；F_{n1}、F_{n2}分别为与定子铁芯或机壳的轭厚与其半径之比有关的系数，可由文献[34]的图 3－6 查取。ξ_1、ξ_2分别为定子铁芯和机壳的阻尼比：

$$\xi_j = \begin{cases} 0.003 \sim 0.02(\text{自由振动时}) \\ 0.02 \sim 0.1(\text{强迫振动时}) \end{cases} \tag{5-6}$$

由式(5－1)、式(5－2)和式(5－3)可得永磁同步电机扭转振动数学模型为

$$\begin{cases} J_1\ddot{\theta}_1 + C_1(\dot{\theta}_1 - \dot{\theta}_2) + k_1(\theta_1 - \theta_2) = -\dfrac{3}{2}p\psi_1 i_h[\cos(h-1)p\theta + \varphi_h] \\ +\dfrac{3}{4}p(L_d - L_q)i_h^2\sin 2[(h-1)p\theta + \varphi_h] \\ +\dfrac{3}{2}p\sum\limits_{i=1}^{\infty}(6i-1)\psi_{(6i-1)}i_h\cos[(6i+h-1)p\theta + \varphi_h] \\ -\dfrac{3}{2}p\sum\limits_{i=1}^{\infty}(6i+1)\psi_{(6i+1)}i_h\cos[(6i-h+1)p\theta - \varphi_h] \\ J_2\ddot{\theta}_2 - C_1\dot{\theta}_1 + (C_1 + C_2)\dot{\theta}_2 - k_1\theta_1 + (k_1 + k_2)\theta_2 = 0 \\ J\ddot{\theta} + C\dot{\theta} = -\dfrac{3}{2}p\psi_1 i_h[\cos(h-1)p\theta + \varphi_h] \\ +\dfrac{3}{4}p(L_d - L_q)i_h^2\sin 2[(h-1)p\theta + \varphi_h] \\ +\dfrac{3}{2}p\sum\limits_{i=1}^{\infty}(6i-1)\psi_{(6i-1)}i_h\cos[(6i+h-1)p\theta + \varphi_h] \\ -\dfrac{3}{2}p\sum\limits_{i=1}^{\infty}(6i+1)\psi_{(6i+1)}i_h\cos[(6i-h+1)p\theta - \varphi_h] - T_L \end{cases} \tag{5-7}$$

振动的微分方程组与电机电路的代数方程组构成统一的数学系统[65]，由于电磁转矩表达式中显含 θ 的非线性项，故式(5-7)是非线性微分方程组。因此，考虑非正弦分布永磁磁场、开槽、时间谐波电流的永磁同步电机扭转振动系统为非线性系统。根据方程组弱非线性的特性[65, 145]，本书采用状态变量法进行求解分析，选择状态变量 $\boldsymbol{X}(t)=[x_1,\ x_2,\ x_3,\ x_4,\ x_5,\ x_6]^{\mathrm{T}}=[\theta_1,\ \theta_2,\ \theta,\ \dot{\theta}_1,\ \dot{\theta}_2,\ \dot{\theta}]^{\mathrm{T}}$，系统输入量为 $\boldsymbol{u}(t)=[T,\ T_L]^{\mathrm{T}}$，则系统的状态方程 $\dot{\boldsymbol{X}}(t)=A\boldsymbol{X}(t)+B\boldsymbol{u}(t)$ 为

$$\begin{bmatrix}\dot{x}_1\\ \dot{x}_2\\ \dot{x}_3\\ \dot{x}_4\\ \dot{x}_5\\ \dot{x}_6\end{bmatrix}=\begin{bmatrix}0 & 0 & 0 & 1 & 0 & 0\\ 0 & 0 & 0 & 0 & 1 & 0\\ 0 & 0 & 0 & 0 & 0 & 1\\ -\dfrac{k_1}{J_1} & \dfrac{k_1}{J_1} & 0 & -\dfrac{C_1}{J_1} & \dfrac{C_1}{J_1} & 0\\ \dfrac{k_1}{J_2} & -\dfrac{k_1+k_2}{J_2} & 0 & \dfrac{C_1}{J_2} & -\dfrac{C_1+C_2}{J_2} & 0\\ 0 & 0 & 0 & 0 & 0 & -\dfrac{C}{J}\end{bmatrix}\begin{bmatrix}x_1\\ x_2\\ x_3\\ x_4\\ x_5\\ x_6\end{bmatrix}+\begin{bmatrix}0 & 0\\ 0 & 0\\ 0 & 0\\ \dfrac{1}{J_1} & 0\\ 0 & 0\\ \dfrac{1}{J} & -\dfrac{1}{J}\end{bmatrix}\begin{bmatrix}T\\ T_L\end{bmatrix} \tag{5-8}$$

由文献[139]，可得状态方程的解：

$$\boldsymbol{X}(t)=\mathrm{e}^{A(t-t_0)}\cdot\boldsymbol{X}(t_0)+\int_{t_0}^{t}\mathrm{e}^{A(t-\tau)}B\boldsymbol{u}(\tau)\mathrm{d}\tau \tag{5-9}$$

式中，t_0 为初始时刻；t 为终了时刻。

为了验证本书提出的永磁同步电机非线性扭转振动模型，进行了永磁同步电机扭转振动测试实验。实验采用台架实验方法，实验对象为某国产电动车用永磁同步电机，其参数如表 5-1 所列，实验设备如图 5-2 所示。实验工况为匀速工况，转速为 100 r/min，负载转矩为 30 N·m。测量信号为永磁同步电机定子机壳表面切向加速度信号。为了验证本数学模型，仿真中对定子机壳表面切向加速度信号进行观测，即对式(5-8)中的 $\dot{x}_5/R_2=\dot{\theta}_2/R_2$ 进行观测(式中，R_2 为定子机壳表面的半径)。

表 5-1　永磁同步电机的参数

参数/单位	数　值	参数/单位	数　值
额定电压/VDC	336	极对数/—	4
额定转矩/(N·m)	90	峰值功率/kW	40
额定转速/(r/min)	3 000	峰值转矩/(N·m)	145

图 5-2　实验设备

当转速为 100 r/min、负载扭矩为 30 N·m 时，永磁同步电机转矩的时间历程如图 5-3 所示。在永磁同步电机匀速过程中，转矩信号为平稳信号，可通过快速傅里叶变换得到转矩的幅频图，如图 5-4 所示。由图 5-4

可知，永磁同步电机出现了大量的谐波转矩。2.4.4 节已对谐波转矩的阶次特征和形成机理做了深入探讨，这里不再赘述。

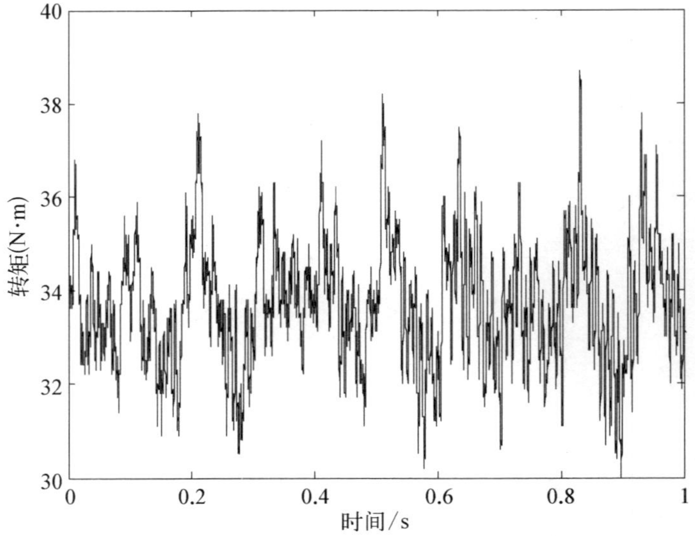

图 5-3　永磁同步电机转矩的时间历程

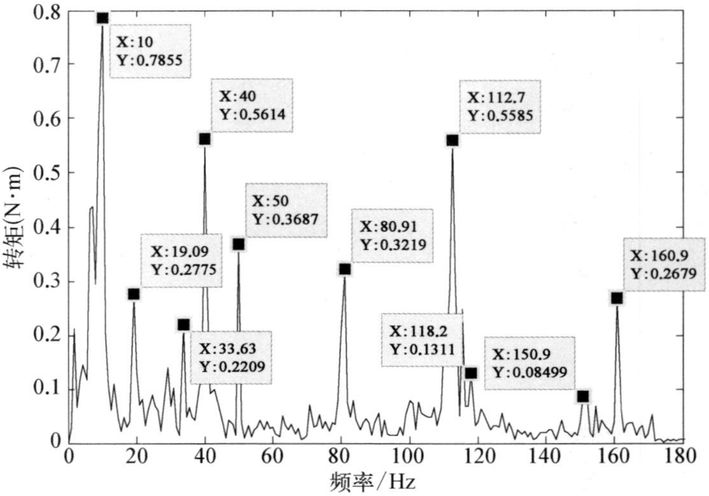

图 5-4　永磁同步电机转矩幅频图

将永磁同步电机转矩代入本书所建的扭转振动模型中，可得永磁同步电机机壳表面切向加速度，如图 5－5 所示。0～0.02 s 间，切向加速度的仿真结果有较大的超调量；0.02 s 后，仿真结果趋于平稳，与实验结果相符较好。

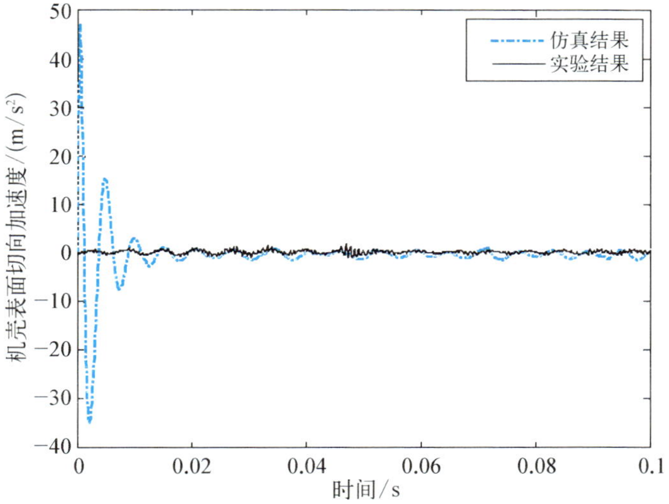

图 5－5　永磁同步电机机壳表面切向加速度的时间历程

对永磁同步电机机壳表面加速度信号进行快速傅里叶变换，可得到永磁同步电机机壳表面加速度的幅频特性。由于 0～0.02 s 内，永磁同步电机机壳表面加速度仿真信号还未平稳，不能进行快速傅里叶变换，因此，本书取 0.02 s 后的加速度仿真信号做快速傅里叶变换，得到了永磁同步电机表面加速度信号的幅频特性，如图 5－6 所示。由图 5－6 可知，仿真结果和实验结果吻合较好，能较好反映永磁同步电机的非线性扭转振动特性。对比图 5－4 和图 5－6 可知，不同频率处的谐波转矩均引起了对应频率处的扭转振动，永磁同步电机谐波转矩是永磁同步电机非线性扭转振动的主要振源。

综上所述，本节建立了永磁同步电机非线性扭转振动动力学模型，采

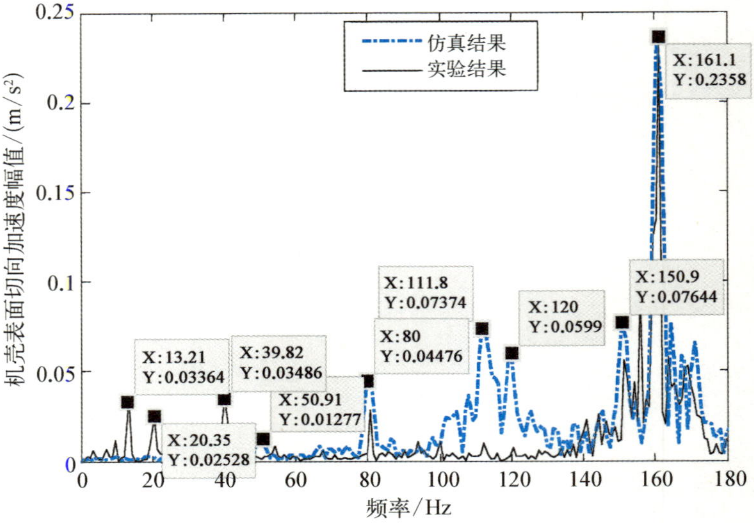

图 5-6　永磁同步电机机壳表面切向加速度的幅频图

用状态变量法求解了非线性方程组，通过样机实验证明了模型的有效性。该模型对研究永磁同步电机转矩波动激发的非线性振动，以及进一步研究电动汽车的纵向振动和减振降噪，具有一定的指导意义和应用价值。

5.1.2　永磁同步电机非线性径向振动建模和分析

对于轮毂永磁同步电机，外转子系统是电磁噪声的主要辐射体，因此本节主要针对外转子系统进行非线性径向振动建模和分析，建模方法和分析过程对于外定子结构同样适用。轮毂永磁同步电机的外转子系统较为简单，包含外转子圆柱壳体、永磁体、端盖，本书得到外转子系统径向振动原型和物理模型如图 5-7 所示。端盖和永磁体的影响通过附加质量归入外转子圆柱壳体。设外转子系统的刚度为 k_r、阻尼系数为 C_r、质量为 m_r，所受的径向集中力为 $F_r(t)$，径向位移为 x。

外转子系统的振动微分方程为

$$m_r \ddot{x} + c_r \dot{x} + k_r x = F_r(t) \tag{5-10}$$

(a) 原型

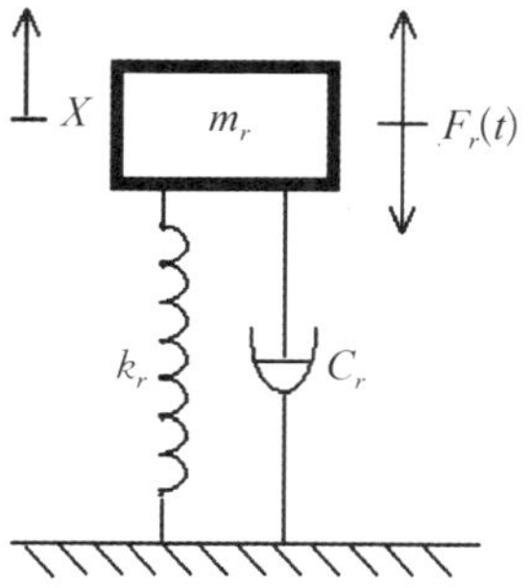

(b) 物理模型

图 5－7　轮毂永磁同步电机外转子系统

在径向集中力的作用下，外转子系统的振动与其刚度和阻尼有关。外转子系统的刚度、阻尼可通过实测，或按下式计算[34]：

$$k_r = \frac{2\pi E_r h_r^3 l_r (n^2 - 1)^2 F_{nr}^2}{12R_r^3} \tag{5-11}$$

$$c_r = 2\sqrt{\frac{G_r(n^2 + 1)}{n^2} k_r} \xi_r \tag{5-12}$$

式中，$n = 2p$ 为力波阶数；G_r 为外转子圆柱壳体、永磁体、端盖的总质量；R_r、h_r、l_r 分别为外转子系统的平均半径、轭厚及轴向长；E_r 为外转子系统的弹性模量；F_{nr} 为外转子系统的轭厚与其半径之比有关的系数，可由文献[34]的图 3－6 查取。ξ_r 为外转子系统的阻尼比：

$$\xi_r = \begin{cases} 0.003 \sim 0.02(\text{自由振动时}) \\ 0.02 \sim 0.1(\text{强迫振动时}) \end{cases} \tag{5-13}$$

当轮毂永磁同步电机正弦波电流供电时，由式(3－18)、式(3－33)和式(5－10)可得轮毂永磁同步电机外转子系统的径向振动数学模型为

$$
\begin{cases}
m_r\ddot{x}+c_r\dot{x}+k_rx=l_rr_r\left\{\dfrac{y}{90}\left[\begin{aligned}&7P(\theta_0,\ t)+32\sum_{i=0}^{3}P(\theta_{i+\frac{1}{4}},\ t)\\&+12\sum_{i=0}^{3}P(\theta_{i+\frac{1}{2}},\ t)+32\sum_{i=0}^{3}P(\theta_{i+\frac{3}{4}},\ t)\\&+14\sum_{i=0}^{3}P(\theta_i,\ t)+7P(\theta_4,\ t)\end{aligned}\right]\right\}\\
P(\alpha,\ t)=\dfrac{\lambda_1^2(\alpha)}{2\mu_0}\left\{\begin{aligned}&\{\sum_{v}F_v\cos[\omega_0t-vN_0\alpha-(\psi+90^\circ)]\}^2\\&+2\sum_{v}F_v\cos[\omega_0t-vN_0\alpha-(\psi+90^\circ)]\\&\sum_{\mu}F_{2\mu-1}\cos(2\mu-1)(\omega_0t-p\alpha)\\&+\{\sum_{\mu}F_{2\mu-1}\cos(2\mu-1)(\omega_0t-p\alpha)\}^2\end{aligned}\right\}
\end{cases}
$$

(5-14)

当轮毂永磁同步电机变频器供电时，由式(3-20)、式(3-36)和式(5-10)可得轮毂永磁同步电机外转子系统的径向振动数学模型为

$$
\begin{cases}
m_r\ddot{x}+c_r\dot{x}+k_rx=l_rr_r\left\{\dfrac{y}{90}\left[\begin{aligned}&7P_h(\theta_0,\ t)+32\sum_{i=0}^{3}P_h(\theta_{i+\frac{1}{4}},\ t)\\&+12\sum_{i=0}^{3}P_h(\theta_{i+\frac{1}{2}},\ t)+32\sum_{i=0}^{3}P_h(\theta_{i+\frac{3}{4}},\ t)\\&+14\sum_{i=0}^{3}P_h(\theta_i,\ t)+7P_h(\theta_4,\ t)\end{aligned}\right]\right\}\\
\text{(转下页)}
\end{cases}
$$

(接上页)

$$
P_h(\alpha,\ t)=\frac{\lambda_1^2(\alpha)}{2\mu_0}\left\{\begin{aligned}
&\Big\{\sum_v F_v\cos[\omega_0 t-vN_0\alpha-(\psi+90^\circ)]\Big\}^2\\
&+\Big\{\sum_\mu F_{2\mu-1}\cos(2\mu-1)(\omega_0 t-p\alpha)\Big\}^2\\
&+2\sum_v F_v\cos[\omega_0 t-vN_0\alpha-(\psi+90^\circ)]\\
&\sum_\mu F_{2\mu-1}\cos(2\mu-1)(\omega_0 t-p\alpha)\\
&+\Big\{\sum_h\sum_v F_{hv}\cos[h\omega_0 t-vN_0\alpha-(\psi_h+90^\circ)]\Big\}^2\\
&+2\sum_v F_v\cos[\omega_0 t-vN_0\alpha-(\psi+90^\circ)]\\
&\sum_h\sum_v F_{hv}\cos[h\omega_0 t-vN_0\alpha-(\psi_h+90^\circ)]\\
&+2\sum_\mu F_{2\mu-1}\cos(2\mu-1)(\omega_0 t-p\alpha)\\
&\sum_h\sum_v F_{hv}\cos[h\omega_0 t-vN_0\alpha-(\psi_h+90^\circ)]
\end{aligned}\right\}
\tag{5-15}
$$

根据方程组弱非线性的特性，可将参数振动简化为强迫振动[65, 145]。求解式(5－14)和式(5－15)可得外转子系统径向振动的解。

为具体分析永磁同步电机非线性径向振动，本书选取某型轮毂永磁同步电机作为计算算例，该电机电磁参数如表 3－2 所列，该电机分别通入的正弦波电流和时间谐波电流如表 3－3 所列。故由本书所建立的永磁同步电机非线性径向振动集中参数模型可得外转子系统径向位移的时间历程，如图 5－8 所示。由图 5－8 可知：正弦波供电和变频器供电时，转子径向位移幅值有一定的差异。

对永磁同步电机转子径向位移的时间历程进行快速傅里叶变换，得到永磁同步电机转子径向位移的幅频特性，如图 5－9 所示：正弦波供电和变

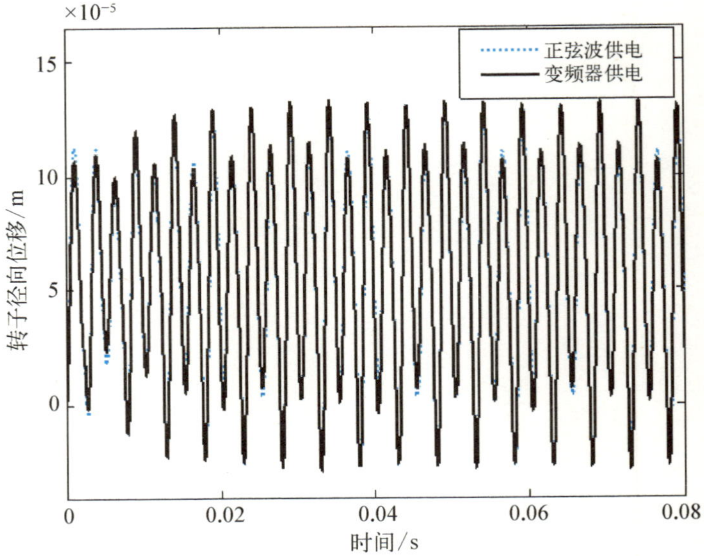

图 5-8　永磁同步电机转子径向位移的时间历程

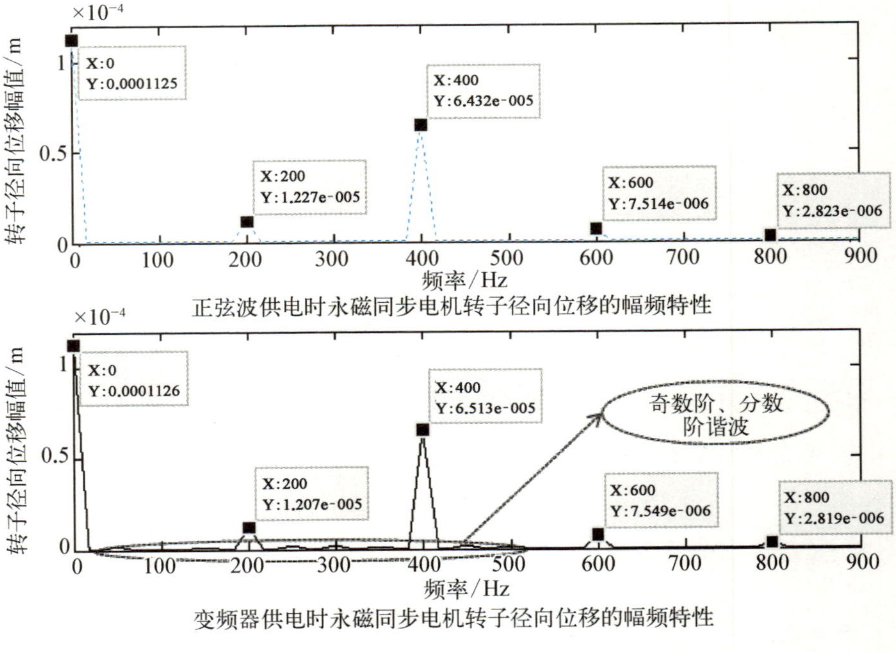

图 5-9　永磁同步电机转子径向位移的幅频特性

频器供电时，永磁同步电机径向位移都是以偶数阶谐波成分为主；变频器供电时，由于存在大量的时间谐波电流，永磁同步电机径向位移出现了奇数阶和分数阶谐波成分。

表 5 - 2　正弦波供电和变频器供电时转子径向位移的对比

频率/Hz	阶次/—	正弦波供电时，径向位移谐波幅值/m	变频器供电时，径向位移谐波幅值/m	相对百分比
0	***0***	***1.125×10⁻⁵***	***1.126×10⁻⁵***	***0.1%***
50	0.5	无	1.955×10^{-6}	100%
100	1	无	5.723×10^{-7}	100%
150	1.5	无	1.296×10^{-6}	100%
200	***2***	***1.227×10^{-5}***	***1.207×10^{-5}***	***1.7%***
250	2.5	无	1.825×10^{-6}	100%
300	3	无	1.710×10^{-6}	100%
350	3.5	无	1.123×10^{-6}	100%
400	***4***	***6.432×10^{-5}***	***6.513×10^{-5}***	***1.2%***
450	4.5	无	1.626×10^{-6}	100%
500	5	无	7.917×10^{-7}	100%
550	5.5	无	3.117×10^{-7}	100%
600	***6***	***7.514×10^{-6}***	***7.549×10^{-6}***	***0.5%***
650	6.5	无	1.492×10^{-7}	100%
700	7	无	1.250×10^{-7}	100%
750	7.5	无	4.737×10^{-8}	100%
800	***8***	***2.823×10^{-6}***	***2.819×10^{-6}***	***0.1%***

由表 5 - 2 所列：正弦波供电和变频器供电时，永磁同步电机转子径向位移都是以偶数阶谐波成分为主（0 阶、2 阶、4 阶、6 阶、8 阶、……），且二者相对百分比相差较小（1.7%以内）；然而，变频器供电时，由于存在大量的时间谐波电流，永磁同步电机转子径向位移出现了奇数阶谐波成分（1 阶、3

阶、5 阶、7 阶、……)和分数阶谐波成分(0.5 阶、1.5 阶、2.5 阶、3.5 阶、4.5 阶、5.5 阶、6.5 阶、7.5 阶、……),尽管这些奇数阶和分数阶径向位移谐波成分幅值均较小,数量级约为 1×10^{-6} m,但可能导致电机较大的奇数阶和分数阶辐射声功率。

5.2 永磁同步电机电磁振动的结构有限元分析

精确预测电动车用永磁同步电机电磁振动需要满足两个条件:① 精确计算永磁同步电机电磁力;② 准确获取电机结构模态参数。

本书第 2 章和第 3 章中,建立了考虑时间谐波电流的电磁转矩和径向力波模型,精确计算了永磁同步电机电磁力;第 4 章中,通过多次测量不同螺栓预紧力时轮毂永磁同步电机结构模态参数,发现不同螺栓预紧力和不同部件间的接触类型会显著影响电机的模态参数,进而建立了考虑螺栓预紧力和不同部件间接触类型的永磁同步电机三维结构有限元模型,精确预测了电机结构模态参数。这为精确预测电动车用永磁同步电机电磁振动奠定了坚实基础。

本书用模态叠加法分析有限元结构的瞬态动力响应,以计算电机的电磁振动。模态叠加法[109]可表述为

$$[M]\sum_{i}^{n}\{\Phi_i\}\ddot{y}_i+[C]\sum_{i}^{n}\{\Phi_i\}\dot{y}_i+[K]\sum_{i}^{n}\{\Phi_i\}y_i=\{F\} \quad (5-16)$$

式中,y_i 为模态坐标中的节点位移;$\{\Phi_i\}$ 为模态 i 的模态振型;$\{F\}$ 为作用在有限元节点上的电磁力;n 为叠加的模态数量;$[M]$、$[C]$、$[K]$ 分别为质量矩阵、阻尼矩阵、刚度矩阵。

阻尼矩阵 $[C]$ 决定了在共振发生时,节点振动幅值的大小,是影响电磁

振动预测精度的关键参数之一。文献[103]、[110]采用线性模态阻尼计算各频率阻尼比：

$$\zeta_i = \frac{0.000\,027\,6 f_i + 0.062}{2\pi} \tag{5-17}$$

式中，f_i为第 i 阶模态阻尼比；ζ_i为第 i 阶模态频率。

本书通过模态测试，发现轮毂永磁同步电机的各阶次模态阻尼均较小，是非线性阻尼结构，线性模态阻尼不能准确模拟该电机的各阶次模态阻尼，如表 5－3 所列。如果采用文献[103]、[110]中的线性阻尼计算轮毂永磁同步电机的电磁振动和噪声，那么将会导致较大的计算误差。因此，为了精确计算非线性阻尼结构的电磁振动，本书直接采用模态实验测量的模态阻尼。

表 5－3　实验模态参数

模态阶次/—	1	2	3	4	5	6	7
模态频率/Hz	3 850.4	4 300.9	4 799.0	5 839.3	7 045.6	8 336.9	9 858.7
实验模态阻尼/—	0.83%	0.39%	1.09%	0.66%	0.50%	0.61%	0.54%
线性模态阻尼/—	2.68%	2.88%	3.09%	3.55%	4.08%	4.65%	5.32%

对于电磁力$\{F\}$的加载方式，本书采用文献[102]、[103]中的加载方式：把电磁力集中加载在定子齿的中线或永磁体的中部。另外，为了计算的精确性，本书不仅考虑了永磁体所受的电磁力（转矩和径向力），还考虑了外转子铁芯所受的电磁力（转矩和径向力），均通过积分的方式转化为集中力加载于永磁体和外转子铁芯的中部，如图 5－10 所示。

变频器供电时，由集中参数解析模型和有限元模型计算出的电磁振动位移频谱如图 5－11 所示，计算点 P_1、P_2、P_3 分别位于外转子圆柱壳中部外表面、薄端盖中部外表面、厚端盖中部外表面。由图 5－10 可知：① 变频器供电时，振动位移不仅存在偶数阶谐波成分（0 阶、2 阶、4 阶、6 阶、……），还存

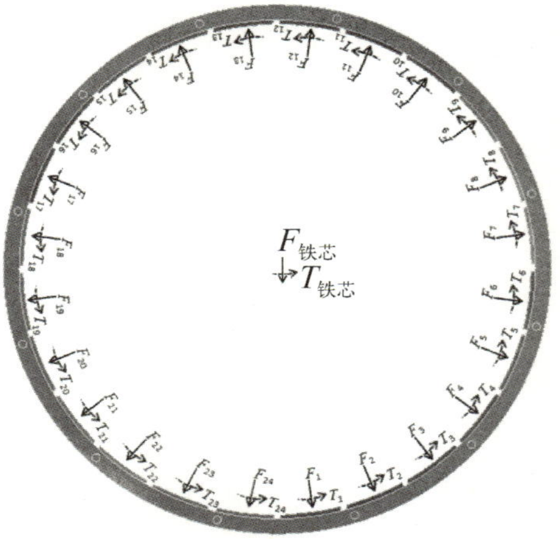

图 5-10　电磁力的加载方式

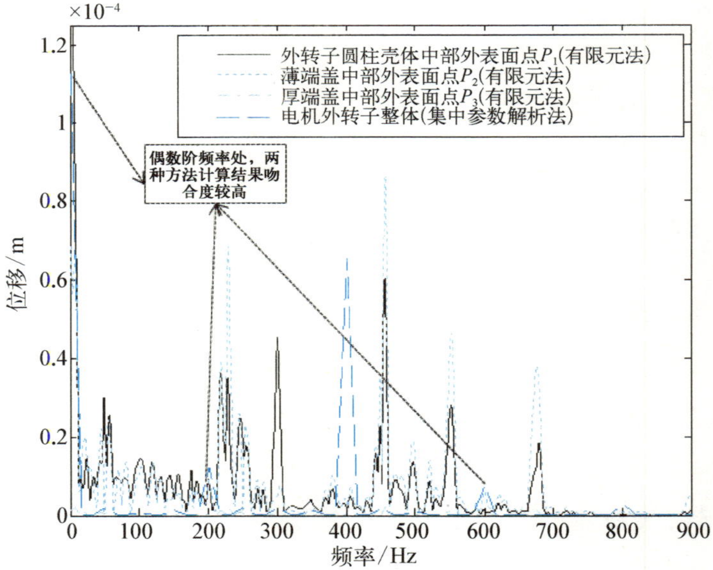

图 5-11　轮毂永磁同步电机振动位移幅频特性

在大量的奇数阶和分数阶谐波成分；② 轮毂永磁同步电机的外转子圆柱壳体和薄端盖振动较剧烈，厚端盖振动较微弱，据此预测轮毂永磁同步电机的外转子圆柱壳体和薄端盖是噪声的主要辐射体；③ 对比集中参数解析法的计算结果和有限元法的计算结果，本书所提集中参数解析法能较好地预测偶数阶次振动位移（0 阶、2 阶、6 阶），但由于所提集中参数解析模型的自由度数较少，只能反映外转子整体的振动位移，计算精度受到限制。

5.3 本章小结

首先，本章利用集中参数法建立了永磁同步电机非线性扭转振动模型和非线性径向振动模型，解析求解了考虑非正弦磁场分布的永磁体磁场、定子开槽、时间谐波电流的永磁同步电机电磁转矩和径向力，获取了定子铁芯、机壳的刚度和阻尼参数，采用状态变量法求得了非线性方程组的解，并通过永磁同步电机扭转振动实验验证了非线性扭转振动模型。然后，运用有限元法，计算和分析了电磁力作用下永磁同步电机的受迫振动响应。

通过电磁振动分析，可得如下结论：

（1）分析永磁同步电机电磁振动问题时，不同螺栓预紧力和不同部件间的接触类型会较大影响振动响应计算结果，故在建立电磁振动模型时，需要考虑不同螺栓预紧力和不同部件间的接触类型。

（2）现有文献主要关注永磁同步电机圆柱壳体的模态、振动和噪声[102，103，134]。然而，对于轮毂永磁同步电机，当端盖厚度较薄、刚度较小时，薄端盖也将成为主要的振动体和噪声辐射体，故在建立电磁振动模型时，不仅需要对圆柱壳体准确建模，还需要对刚度较小的端盖进行准确建模。

（3）现有文献中计算电磁振动和噪声时，多采用线性模态阻尼[103，110]。然而，本书发现轮毂永磁同步电机是非线性阻尼结构，如果采用线性模态阻尼计算电磁振动和噪声会导致较大误差，应通过实验获取阻尼参数。

(4) 变频器供电时,由于电流中存在大量的时间谐波电流,电磁振动位移不仅存在偶数阶谐波成分(0 阶、2 阶、4 阶、6 阶、……),还存在大量的奇数阶和分数阶谐波成分。

第6章

电动车用永磁同步电机异常噪声源的诊断和异常噪声分析

由于电动车用永磁同步电机具有负载变化大、调速范围宽、受力复杂、工作环境恶劣等特点，其噪声源极其丰富、声品质较差。因此，亟待快速有效的建模技术识别、诊断、分析电动车用永磁同步电机的异常噪声。

本书首次提出了车用工况下永磁同步电机异常噪声识别、诊断、分析的“黑箱方法＋白箱方法”：先应用黑箱方法快速识别和诊断出所有异常噪声源；再考虑这些异常噪声源和异常噪声产生时的工况，应用白箱方法做异常噪声的建模和分析。建模方法如图 6－1 所示。

6.1　永磁同步电机异常噪声源诊断的黑箱方法

通常，建模技术可分为三类：白箱建模、灰箱建模和黑箱建模[101]。过去的十年间，许多研究者为预测和分析永磁同步电机噪声做了很多贡献[102-109]。文献[102]建立了一种预测永磁同步电机振动和噪声的解析模型；文献[103]通过多物理场有限元建模精确预测与分析了永磁同步电机的噪声；文献[104]考虑了不同极槽配合对永磁同步电机噪声的影响；文献[105]—[106]研究了变频器的载波频率对永磁同步电机噪声的贡献；文献[107]用解析法和有限元法分析了动态偏心故障对永磁同步电机噪声产生的作用；文献[108]中讨论了通过永磁同步电机噪声实验诊断静态偏心、动态偏心和复合偏心；文献[109]讨论了永磁同步电机噪声和振动的电磁特性和机械特性，研究了共振时的异常噪声。现有文献预测噪声主要有两种方法[110]：确定性方法（deterministic method）和统计法（statistical method）。确定性方法的建模过程为：输入参数、建立电磁力模型、建立结构模型、建立声学模型、计算获得声功率级。统计学方法的建模过程为：输入参数、建立电磁力模型、建立移动模型、建立统计能量模型、建立辐射效率模型、计算获得声功率级。由于需要永磁同步电机详细的内部参数，因此，确定性方法和统计法均是一种白箱建模技术。永磁同步电机噪声分析的白箱建模技术有如下缺点：

(1) 建模精度依赖于永磁同步电机精确的内部参数(结构参数和电磁参数)[110]；

(2) 大多通过几个离散的恒定转速分析永磁同步电机噪声，忽略了整个转速范围内的噪声变化；

(3) 仅选取声压或声压级等客观评价指标来分析永磁同步电机噪声，然而有时这些客观评价指标不能正确反映人对噪声的主观感受，忽略了永磁同步电机的声品质；

(4) 建模过程复杂，耗时长。

然而，由于永磁同步电机制造商的保密性，电动车系统工程师没有办法获取永磁同步电机详细的内部数据。同时，需要考虑整个转速范围内永磁同步电机的噪声特性和声品质。另外，电动车的零部件成千上万，噪声源很多，亟待快速有效的建模技术识别和诊断电动车用永磁同步电机的异常噪声源。现有的永磁同步电机噪声识别与诊断的白箱建模技术不能满足需求，而灰箱建模技术也需要掌握一些系统内部参数，因此，需要一种适用于系统级别分析的黑箱建模技术。

本节提出了一种永磁同步电机噪声源识别与诊断的黑箱建模技术。主要特征总结如下：

1）通过输入信号转速和输出信号噪声频率和阶次对永磁同步电机噪声源进行识别和诊断，不需要永磁同步电机的内部参数；

2）在加速工况下对永磁同步电机噪声进行黑箱测试试验，能反映整个转速范围内永磁同步电机的噪声特性；

3）引进了线性度、尖锐度等主观评价指标，反映了人对噪声的主观感受；

4）简化了永磁同步电机噪声的分析过程，提高了效率。

本节以一个 8 极 48 槽的电动车用永磁同步电机为例，详细分析与验证了本书提出的黑箱建模技术。

6.1.1　黑箱方法的建模过程

永磁同步电机噪声识别与诊断的黑箱方法可分为三个步骤（图 6-1）：第一步，针对电动车用永磁同步电机的主要噪声源，考虑时间谐波电流、PWM 载波频率、偏心、滑动轴承、共振等异常噪声源，建立以转速为输入信号和以噪声频率与阶次为输出信号的黑箱测试理论模型；第二步，在加速工况下进行被测永磁同步电机噪声的黑箱测试试验，评价被测永磁同步电机的物理声学参数（频谱）和心理声学参数（线性度、响度、尖锐度）；第三步，对比黑箱测试理论模型和黑箱测试实验，用频谱识别和诊断被测永磁同步电机的异常噪声源，用线性度、响度、尖锐度诊断出异常噪声产生时的转速，进一步分析出各异常噪声源对心理声学参数的贡献量。

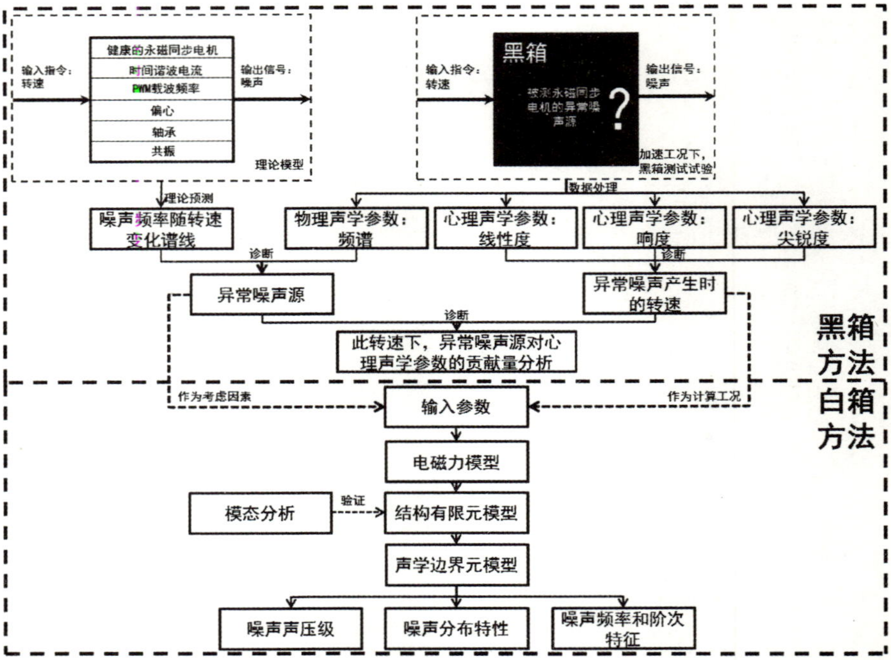

图 6-1 电动车用永磁同步电机异常噪声诊断和分析的“黑箱方法+白箱方法”

6.1.2 黑箱测试理论建模

永磁同步电机的电磁力激励外定子或外转子，产生振动，进而辐射噪声。其 N 个自由度机械运动方程[11]可表示为

$$[M]\sum_{i=1}^{N}\{\Phi_i\}\ddot{q}_i(t)+[C]\sum_{i=1}^{N}\{\Phi_i\}\dot{q}_i(t)+[K]\sum_{i=1}^{N}\{\Phi_i\}q_i(t)=\{F(t)\} \tag{6-1}$$

式中，$q_i(t)$为 t 时刻模态坐标系下的节点位移；Φ_i 为第 i 阶模态振型；$F(t)$ 为 t 时刻节点力；$[M]$、$[C]$、$[K]$分别为质量矩阵、阻尼矩阵、刚度矩阵。

根据杜哈梅积分，可以得到系统在模态坐标下的响应[111]为

$$q_i = e^{-\zeta_i \omega_i t}\left[\cos \omega_{di} t + \frac{\zeta_i}{\sqrt{1-\zeta_i^2}} \sin \omega_{di} t\right] q_i(0) + \left(\frac{1}{\omega_{di}} e^{-\zeta_i \omega_i t} \sin \omega_{di} t\right) \dot{q}_i(0) + \frac{1}{\omega_{di}} \int_0^t \Phi^{(i)^T} \{F(\tau)\} e^{\zeta_i \omega_i \tau} \sin \omega_{di} (t-\tau) d\tau \tag{6-2}$$

式中，ζ_i 为第 i 阶固有振型的模态阻尼比；ω_i 为无阻尼系统的第 i 阶模态频率，ω_{di} 为有阻尼系统的第 i 阶模态频率，且

$$\omega_{di} = \omega_i \sqrt{1-\zeta_i^2} \tag{6-3}$$

由式(6-2)可知，永磁同步电机外定子或外转子在激励力作用下的响应由两部分组成：以频率为有阻尼模态频率 ω_{di} 的自由衰减振动的解和以与激励力频率相同的受迫振动的解。

因此，要建立以转速为输入信号和以噪声频率与阶次为输出信号的黑箱测试理论模型，也即建立以转速为输入信号和以有阻尼模态频率与激励力频率为输出信号的黑箱测试理论模型。

A. 健康永磁同步电机的噪声

健康永磁同步电机是指通入理想正弦波电流，且无其他故障的永磁同步电机。产生噪声的激励力主要是径向力波：

$$P_r(\alpha, t) \approx \frac{b^2(\alpha, t)}{2\mu_0} \tag{6-4}$$

式中，P_r 为径向力波；α 为定子空间角度；μ_0 为真空磁导率；b 为气隙磁密。

气隙磁密由永磁体磁场和正弦波电流电枢反应磁场相互作用产生：

$$b(\alpha, t) = b_{PM}(\alpha, t) + b_{winding}(\alpha, t) \tag{6-5}$$

式中，b_{PM} 为永磁体气隙磁密；$b_{winding}$ 为电枢反应气隙磁密。

永磁体气隙磁密[112][113]可表示为

$$b_{PM}(\alpha, t) = \tilde{\lambda}(\alpha) \cdot \sum_{k=1}^{\infty} B_{PM(2k-1)} \cos[(2k-1)p\alpha - (2k-1)\omega t + \phi_{(2k-1)}] \tag{6-6}$$

式中，$\tilde{\lambda}(\alpha)$ 为开槽比磁导；$B_{PM(2k-1)}$ 为第 $2k-1$ 次永磁体谐波磁密幅值；ω 为电角频率；p 为极对数；ϕ_{2k-1} 为超前角。

电枢反应气隙磁密[110]可表示为

$$b_{winding}(\alpha, t) = \tilde{\lambda}(\alpha) \cdot \sum_{v}^{\infty} B_{windingv} \cos(vp\alpha - \omega t) \tag{6-7}$$

式中，$B_{windingv}$ 为第 v 次电枢反应谐波磁密幅值。

由式(6-4)—式(6-7)可得：

$$P_{r0}(\alpha, t) \approx \frac{[b_{PM}(\alpha, t) + b_{winding}(\alpha, t)]^2}{2\mu_0} = \frac{\tilde{\lambda}^2(\alpha)}{4\mu_0}$$

$$\times \left\{ \begin{array}{l} \displaystyle\sum_{k=1}^{\infty} B_{PM(2k-1)}^2 \{1 + \cos[2(2k-1)p\alpha - 2(2k-1)\omega t + 2\phi_{(2k-1)}]\} \\ \displaystyle + \sum_{k=1,k\neq l}^{\infty} \sum_{l=1,l\neq k}^{\infty} B_{PM(2k-1)} B_{PM(2l-1)} \left\{ \begin{array}{l} \cos[(2k+2l-2)p\alpha \\ -(2k+2l-2)\omega t \\ +\phi_{(2k-1)} + \phi_{(2l-1)}] \\ +\cos[(2k-2l)p\alpha \\ -(2k-2l)\omega t + \phi_{(2k-1)} \\ -\phi_{(2l-1)}] \end{array} \right\} \end{array} \right\}$$

$$+ \frac{\tilde{\lambda}^2(\alpha)}{2\mu_0} \sum_{k=1}^{\infty} \sum_{v}^{\infty} B_{PM(2k-1)} B_{windingv} \left\{ \begin{array}{l} \cos[(2k-1+v)p\alpha \\ -2k\omega t + \phi_{(2k-1)}] \\ +\cos[(2k-1-v)p\alpha \\ -(2k-2)\omega t + \phi_{(2k-1)}] \end{array} \right\}$$

$$+\frac{\tilde{\lambda}^2(\alpha)}{4\mu_0}\left\{\begin{array}{l}\sum_{v=1}^{\infty}B_{windgingv}^2\{1+\cos[2vp\alpha-2\omega t]\}\\+\sum_{v=1,\ v\neq x}^{\infty}\sum_{x=1,\ x\neq v}^{\infty}B_{windingv}B_{windingx}\\\{\cos[(v+x)p\alpha-2\omega t]+\cos(v-x)p\alpha\}\end{array}\right\} \tag{6-8}$$

文献[110]在求解径向力波的解析表达式时，利用关系式 $(\sum_{i=1}^{\infty}a_i)^2\approx\sum_{i=1}^{\infty}a_i^2$，忽略了 $\sum_{i_1=1,\ i_1\neq i_2}^{\infty}\sum_{i_2=1,\ i_2\neq i_1}^{\infty}a_{i_1}a_{i_2}$。而本书式(6-8)利用关系式 $(\sum_{i=1}^{\infty}a_i)^2=\sum_{i=1}^{\infty}a_i^2+\sum_{i_1=1,\ i_1\neq i_2}^{\infty}\sum_{i_2=1,\ i_2\neq i_1}^{\infty}a_{i_1}a_{i_2}$，未忽略 $\sum_{i_1=1,\ i_1\neq i_2}^{\infty}\sum_{i_2=1,\ i_2\neq i_1}^{\infty}a_{i_1}a_{i_2}$，因此，具有更高的精确性。

又根据电角频率和转速的关系式：

$$\omega=2\pi f=2\pi\frac{pn}{60} \tag{6-9}$$

式中，n 为转速；f 为电源频率。

由式(6-8)和式(6-9)可得以转速为输入信号和以激励力频率为输出信号的关系式：

$$\begin{aligned}&f_{r0}\in A_0,\ A_0\\&=\left\{2(2k-1)\frac{pn}{60},\ (2k+2l-2)\frac{pn}{60},\ |2k-2l|\frac{pn}{60},2k\frac{pn}{60}\right\}\end{aligned} \tag{6-10}$$

式中，$k\in N^*$，$l\in N^*$，且 $k\neq l$。

本书以一个 8 极 48 槽的电动车用永磁同步电机为例，其健康状态下 0～6 000 r/min 加速时，转速和激励力频率的关系如图 6-2 所示。反之，当永磁同步电机有异常噪声源时，其转速和激励力频率的关系将不再是图 6-2。据此，可初步判定该电机是否有异常噪声源。

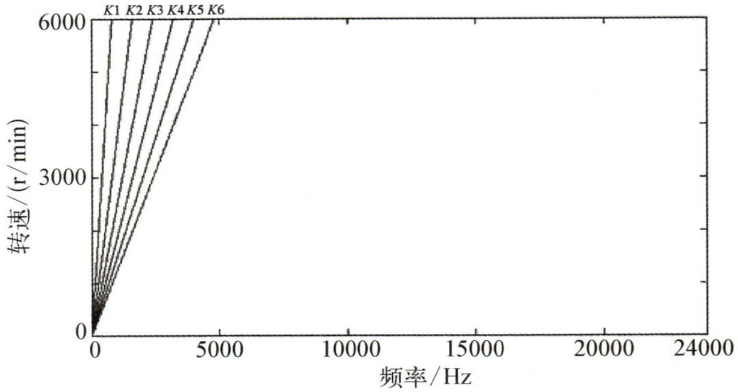

图 6-2　健康状态下 8 极 48 槽永磁同步电机转速与频率关系

B. 考虑时间谐波电流时的异常噪声

调速永磁同步电机的电流中往往含有大量的时间谐波电流，会引起附加的径向力波，进而引起异常噪声。

为不失一般性，假设永磁同步电机含有大量的 h_i 次时间谐波电流（$i \in N^*$，$h_i \in H_i$，H_i 为所有时间谐波电流的阶次集合）。则产生的时间谐波电流电枢反应磁密为

$$b_{winding\_h_i}(\alpha, t) = \tilde{\lambda}(\alpha) \cdot \sum_{h_i} \sum_{v}^{\infty} B_{windingv\_h_i} \cos(vp\alpha - h_i \omega t) \tag{6-11}$$

气隙磁密由永磁体磁密、正弦波电流电枢反应磁密和大量 h_i 次时间谐波电流电枢反应磁密共同产生：

$$b_1(\alpha, t) = b_{PM}(\alpha, t) + b_{winding}(\alpha, t) + b_{winding\_h_i}(\alpha, t) \tag{6-12}$$

径向力波为

$$P_{r1} \approx \frac{b_1^2(\alpha, t)}{2\mu_0} \tag{6-13}$$

由式(6－8)、式(6－11)、式(6－12)和式(6－13)可得径向力波表达式为

$$
\begin{aligned}
P_{r1} &\approx P_{r0}+\frac{1}{\mu_0}[b_{PM}(\alpha,t)+b_{winding}(\alpha,t)]b_{winding\_h_i}(\alpha,t)\\
&\quad+\frac{1}{2\mu_0}b^2_{winding\_h_i}(\alpha,t)\\
&=P_{r0}+\frac{\tilde{\lambda}^2(\alpha)}{2\mu_0}\sum_{k=1}^{\infty}\sum_{h_i}\sum_{v}^{\infty}B_{PM(2k-1)}B_{windingv\_h_i}\\
&\quad\begin{Bmatrix}\cos[(2k-1+v)p\alpha-(2k-1+h_i)\omega t+\phi_{(2k-1)}]\\+\cos[(2k-1-v)p\alpha-(2k-1-h_i)\omega t+\phi_{(2k-1)}]\end{Bmatrix}\\
&\quad+\frac{\tilde{\lambda}^2(\alpha)}{2\mu_0}\sum_{v}^{\infty}\sum_{h_i}\sum_{v}^{\infty}B_{windingv}B_{windingv\_h_i}\{\cos[2vp\alpha\\
&\quad-(h_i+1)\omega t]+\cos[(h_i-1)\omega t]\}\\
&\quad+\frac{\tilde{\lambda}^2(\alpha)}{4\mu_0}\sum_{h_i}\sum_{h_j}\sum_{v}^{\infty}B_{windingv\_h_i}B_{windingv\_h_j}\\
&\quad\{\cos[2vp\alpha-(h_i+h_j)\omega t]+\cos[(h_i-h_j)\omega t]\}
\end{aligned}
\tag{6-14}
$$

式中，$h_j\in H_i$。

式(6－14)不仅考虑了时间谐波电流电枢反应磁场与健康永磁同步电机气隙磁场之间的相互作用，还考虑了大量时间谐波电流电枢反应磁场之间的相互作用。因此，精度较高。

由式(6－9)和式(6－14)可得以转速为输入信号和以激励力频率为输出信号的关系式：

$$
f_{r1}\in A_0\cup A_1,\ A_1=\left\{|2k-1\pm h_i|\frac{pn}{60},\ \left|h_i\pm h_j\right|\frac{pn}{60}\right\}
\tag{6-15}
$$

由式(6－15)可知：

(1) 含有时间谐波电流的永磁同步电机激励力频率不仅包含健康永磁同步电机激励力频率,还含有大量的特征频率。可通过这些特征频率对异常噪声源——时间谐波电流进行识别和诊断。

(2) 当时间谐波电流阶次集合 H_i 中存在分数阶次时,噪声将出现分数阶次频率。现有文献中通常忽略了噪声频谱中分数阶次频率,例如文献[103]、[109]。然而,在电动车用永磁同步电机的加速工况下,如果这些分数阶激励力频率与永磁同步电机模态频率相等或相近时,将产生较大的分数阶次频率的异常噪声。

C. 标准 PWM 载波频率产生的异常噪声

标准 PWM 的载波频率为一个常数 f_s,时间谐波电流频率为载波频率的整数倍 kf_s[5]。故,标准 PWM 载波频率产生的激励力可看做时间谐波电流产生的激励力的一种特殊情况。标准 PWM 的时间谐波电流阶次为

$$h_{k,\,switching} \in H_{i,\,switching},\ H_{k,\,switching} = \left\{(2k-1)\frac{f_s}{f},\ 2k\frac{f_s}{f}\right\} \tag{6-16}$$

式中,$H_{k,\,switching}$ 为标准 PWM 的时间谐波电流的阶次集合,$k \in N^*$。

由式(6-15)可得以转速为输入信号和以激励力频率为输出信号的关系式:

$$\begin{aligned} & f_{r2} \in A_0 \cup A_2 \\ & A_2 = \left\{(2k-1)\frac{f_s}{f}\frac{pn}{60} \pm (2k-1)\frac{pn}{60},\ 2k\frac{f_s}{f}\frac{pn}{60} \pm 2k\frac{pn}{60},\right. \\ & \qquad \left.\left|h_{k,\,switching} \pm h_{j,\,switching}\right|\frac{pn}{60}\right\} \end{aligned} \tag{6-17}$$

D. 偏心产生的异常噪声

电动车用永磁同步电机驱动方式分为集中式驱动和分布式驱动。由

于安装条件恶劣、受力复杂，电动车用永磁同步电机可能存在偏心（静态偏心、动态偏心、混合偏心），偏心磁场会感应出时间谐波电流，其频率为 $[1 \pm (2k-1)/p]f$，文献[8]、[14]应用该时间谐波电流的特征频率对偏心进行诊断。本书根据偏心时输入信号转速和输出信号激励力的关系，提出了新的偏心诊断方法。

永磁同步电机偏心时，气隙磁密为[8]

$$b_3(\alpha, t) = B_0\cos(\omega t - \alpha_0) + \left\{\sum_{k=0}^{\infty} B_k\left[\cos\left(\left(1-\frac{k}{p}\right)\omega t - \alpha_1\right) + \cos\left(\left(1+\frac{k}{p}\right)\omega t - \alpha_2\right)\right]\right\} \tag{6-18}$$

式中，B_0 为气隙磁密基波幅值；B_k 为气隙磁密第 k 次谐波幅值；α_0、α_1、α_2 为空间相角。

径向力波为

$$P_{r3}(\alpha, t) \approx \frac{b_3^2(\alpha, t)}{2\mu_0} \tag{6-19}$$

由式(6-18)和式(6-19)可得偏心时以转速为输入信号和以激励力频率为输出信号的关系式：

$$f_{r3} \in A_0 \cup A_3, \ A_3 = \left\{\left[2k - 2 \pm \frac{(2k-1)}{p}\right]\frac{pn}{60}\right\} \tag{6-20}$$

E. 滑动轴承产生的异常噪声

电动车用永磁同步电机大多采用滑动轴承。正常的滑动轴承，其噪声频率较低、噪声较小，但如果轴及轴承内孔表面精度低、粗糙度大、空隙率大、供油不足、存在个别硬点、存在椭圆度时，也将产生异常噪声，其频率[110]为

$$f_{r4} \in A_0 \cup A_4, \ A_4 = \left\{N_g \frac{n}{60}, \ k\frac{n}{60}\right\} \tag{6-21}$$

式中，N_g 为轴向油槽数。

F. 共振时产生的异常噪声

根据式(6－2)，永磁同步电机在激励力作用下的响应包含自由衰减振动的解，其频率为所有的有阻尼模态频率 ω_{di}。由于电动车频繁的起动、加速、匀速、制动，激励力频率很可能穿越永磁同步电机某阶有阻尼模态频率。当激励力频率等于或接近永磁同步电机有阻尼模态频率时，将发生共振，进而引起严重的异常噪声。故可得以转速为输入信号和以响应频率为输出信号的关系式：

$$f_{r5} \in A_0 \cup A_5,\ A_5 = \{\omega_{di}\} \tag{6-22}$$

自由衰减振动的响应频率与转速无关，是所有的有阻尼模态频率组成的常数集。

6.1.3 黑箱测试实验和噪声评价

由于永磁同步电机制造商的保密性，电动车系统工程师很难获取永磁同步电机详细的系统内部数据，也就很难通过白箱建模技术和灰箱建模技术研究永磁同步电机的异常噪声源。

本章以一个 8 极 48 槽电动车用永磁同步电机为例，在系统内部数据未知的情况下，通过控制器使被测永磁同步电机从 0 r/min 加速到最高转速，跟踪转速信号，测量噪声信号，在加速工况下进行永磁同步电机噪声黑箱测试试验，评价永磁同步电机的噪声特性，试验装置如图 6－3 所示。选取加速工况的原因是：可以遍历所有转速，了解被测永磁同步电机的噪声全貌。

A. 永磁同步电机噪声 A 声级的频谱特性

加速工况下，永磁同步电机噪声信号是时变非平稳的，不能直接应用快速傅里叶变换分析频谱特性。

本书应用短时傅里叶变换分析噪声信号的频谱特性，被测永磁同步电

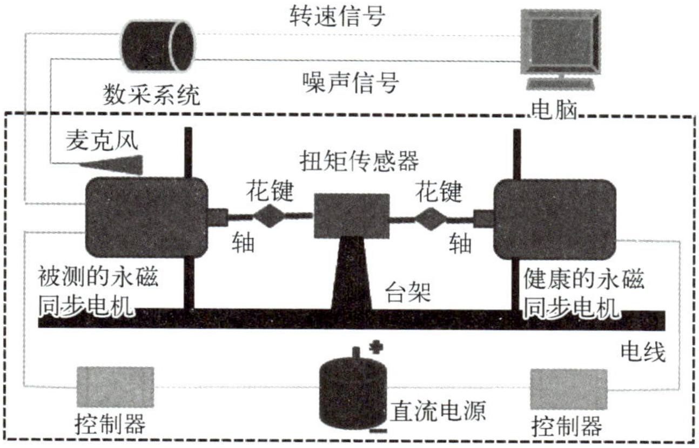

图 6-3　黑箱测试试验设置

机的频率—转速—A 声级三维彩图如图 6-4a。图 6-4b 中标注了 A 声级的主要阶次谱线。由于图 6-2 是鉴定被测电机是否为健康永磁同步电机的判断标准，于是，对比图 6-2 和图 6-4b 可发现：图 6-2 中频率与转速的关系直线 $K1$，$K2$，…，$K6$ 与图 6-4b 中频率与转速的关系直线 $L1$、$L2$、…、$L6$ 一一对应；然而，图 6-4b 中频率与转速还满足其他关系。故判定该电机不是健康的永磁同步电机，存在异常噪声源。也正是这些异常噪声源使得被测永磁同步电机噪声骚扰人的主观感受。

B. 永磁同步电机噪声的线性度

永磁同步电机噪声的线性度是指噪声随转速变化的曲线接近直线的程度。噪声曲线越接近直线，线性度越好，噪声总声压级随转速逐渐增加，人听觉的主观感受比较平缓；反之，线性度越差，人听觉的主观感受比较跳跃。

被测永磁同步电机总声压级随转速的变化如图 6-5 所示：总声压级总体上是随着转速而增加的，在低转速时线性度较好，声音较为舒缓；可是在 $A1$(3 544，80.75)、$A2$(4 837，86.95)和 $A3$(5 483，91.15)处，突然有三个波谷出现，会使人明显感觉到声音的跳动，线性度较差；在峰值 $A4$ 和 $A5$ 处，总声压级已达 94.55 dB(A)和 94.83 dB(A)。

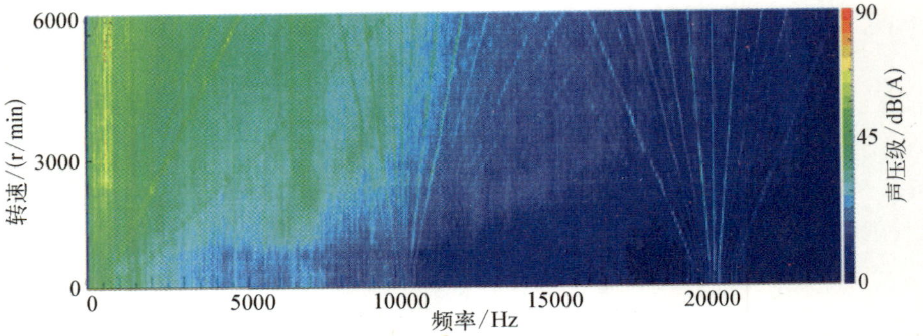

图 6-4a　被测永磁同步电机的频率—转速—A 声级三维彩图

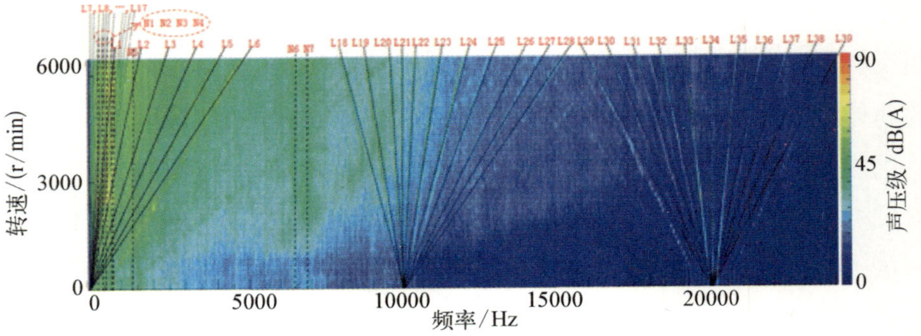

图 6-4b　被测永磁同步电机的频率—转速—A 声级三维彩图

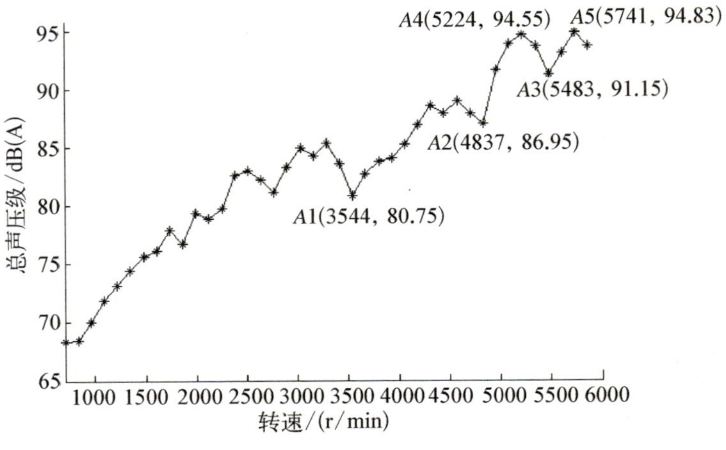

图 6-5　被测永磁同步电机噪声总声压级随转速的变化

C. 永磁同步电机噪声的响度

响度是反映人耳对声音强弱主观感受程度的心理声学参数。影响人耳响度听觉的主要因素是听觉系统特有的时域和频域掩遮效应。特性响度可由下式求得[115]：

$$N_1 = 0.08\left(\frac{E_{TQ}}{E_0}\right)^{0.23}\left[\left(0.5+0.5\frac{E}{E_{TQ}}\right)^{0.23}-1\right] \qquad (6-23)$$

式中，N_1 为特性响度；E_{TQ} 为自由场条件下相应于人耳听阈值的激励；E_0 为对应于参考声强的激励；E 为被计算声音对应的激励。

在临界带率上对特性响度积分，可得总响度[115]：

$$N = \int_0^{24} N_1 \mathrm{d}z \qquad (6-24)$$

式中，N_1 为总响度；z 为临界带率。

根据式(6－23)和式(6－24)可得被测永磁同步电机的特性响度和总响度，分别如图 6－6 和图 6－7。图 6－6 中，被测永磁同步电机在低转速时，各临界带率的特性响度分布较均匀；在高转速时，2～6 Bark 间有显著的峰值，特征响度较为突出。图 6－7 中，被测永磁同步电机的总响度总体上随

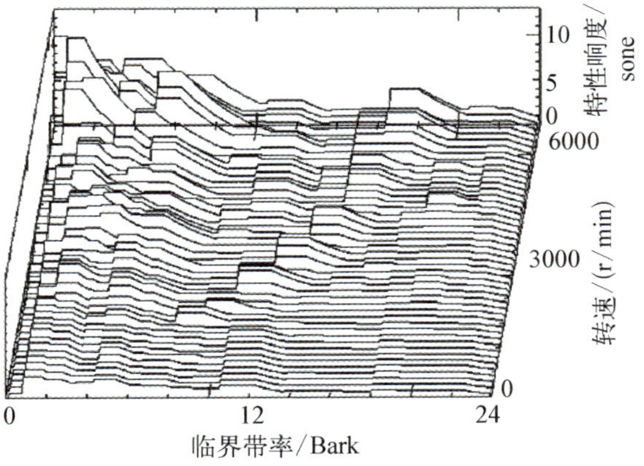

图 6－6　被测永磁同步电机的特性响度

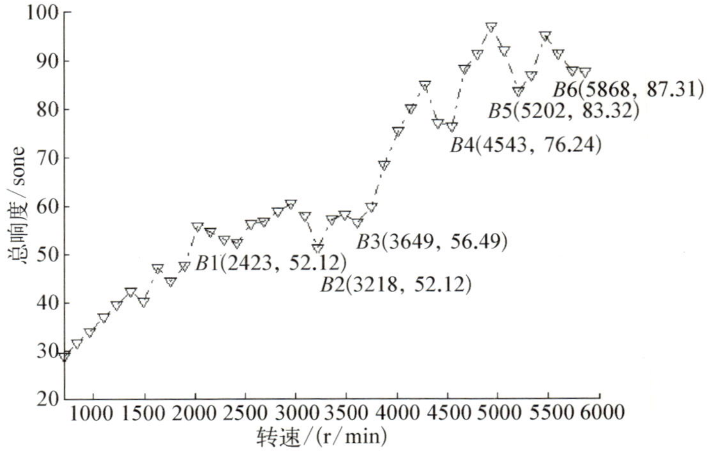

图 6-7　被测永磁同步电机的总响度

着转速而增加，在低转速线性度较好，声音较为舒缓；可是在 $B1$(2 423, 52.12)、$B2$(3 218, 52.12)、$B3$(3 649, 56.49)、$B4$(4 543, 76.24)、$B5$(5 202, 83.32)和 $B6$(5 868, 87.31)处，突然有 6 个波谷出现，使人明显感觉到总响度的变化，响度的线性度较差。峰值 $B7$ 和 $B8$ 处总响度已分别达 96.52 sone 和 94.86 sone。

D. 永磁同步电机噪声的尖锐度

尖锐度是反映高频段声音成分和低频段声音成分的比率关系的心理声学参数。尖锐度主要与窄带噪声的中心频率、带宽、声压级和频谱包络因素有关。尖锐度越高，声品质越差。电动车用永磁同步电机由于磁场谐波较多，易产生大量的窄带噪声，因此研究永磁同步电机噪声的尖锐度具有重要意义。尖锐度可由下式求得[116]：

$$S=\int_0^{24}\left[0.11\frac{\int_0^{24}N_1 g(z)z\,\mathrm{d}z}{\int_0^{24}N_1\,\mathrm{d}z}\right]\mathrm{d}z \tag{6-25}$$

式中，$g(z)$为权函数。

根据式(6－25)可得被测永磁同步电机的尖锐度，如图 6－8 所示。图 6－8 中，随着转速增加，永磁同步电机的尖锐度震荡变化，峰值 $C1$(1 893，1.52)、$C2$(3 218，1.59)、$C3$(3 615，1.58)、$C4$(4 543，1.41)、$C5$(5 205，1.51)之间分别存在低谷值 $C6$(2 953，1.39)、$C7$(3 483，1.51)、$C8$(4 278，1.3)、$C9$(4 940，1.3)，尖锐度的线性度较差；峰值 $C2$、$C3$、$C5$ 处由于尖锐度变化剧烈，噪声异常尖锐，使人烦躁。

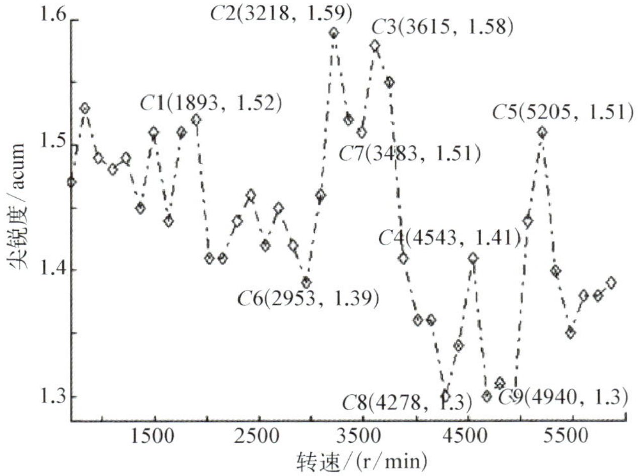

图 6－8　被测永磁同步电机的尖锐度

6.1.4　异常噪声源的诊断

永磁同步电机异常噪声源的识别与诊断是一个复杂的过程。为了简化分析过程，本节基于 6.1.2 节提出的黑箱测试理论模型，编制了“基于黑箱模型的永磁同步电机噪声源识别软件”[146]，对时间谐波电流、标准 PWM 载波频率、偏心、滑动轴承、共振等异常噪声源逐一进行分析。识别出所有异常噪声源后，进一步分析了各个异常噪声源对心理声学参数的贡献量，关注了声品质。

采集电流信号并对电流信号进行傅里叶变换，可得主要的时间谐波电流阶次为 2 阶、4 阶、5 阶，即 $H_i = \{2, 4, 5\}$，故可由式(6－15)得频率—转速曲线，如图 6－9 所示。对比图 6－9 和图 6－4b，图 6－9 中的 $K10$ 和 $K17$ 分别与黑箱测试试验图 6－4b 中的 $L10$ 和 $L17$ 相对应，易得该电机的 $L10$ 和 $L17$ 两条噪声谱线主要由时间谐波电流产生。

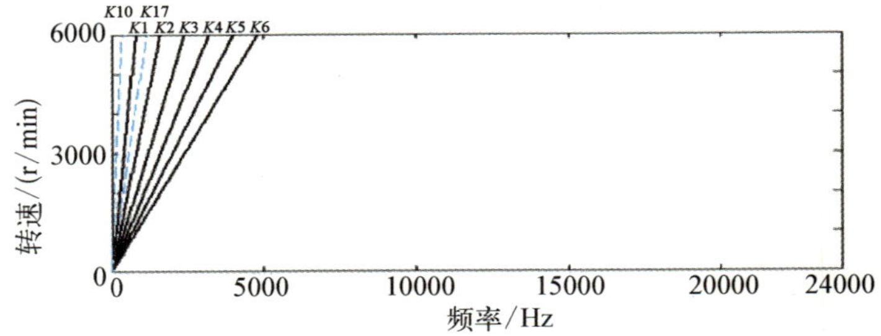

图 6－9　考虑时间谐波电流的永磁同步电机噪声频率—转速关系

通过图 6－4b 的 $L21$ 和 $L34$ 两条曲线，可识别出该永磁同步电机 PWM 载波频率为 $f_s = 10\,000$ Hz。故由式(6－17)可得 PWM 载波频率引起的异常噪声源频率和转速曲线，呈放射性烟花状，如图 6－10。对比图 6－10 和图 6－4b，图 6－10 中 $K18 \sim K39$ 分别与图 6－4b 中的 $L18 \sim L39$ 一一对应，可见该电机的 $L18 \sim L39$ 噪声谱线主要由 PWM 载波频率产生。

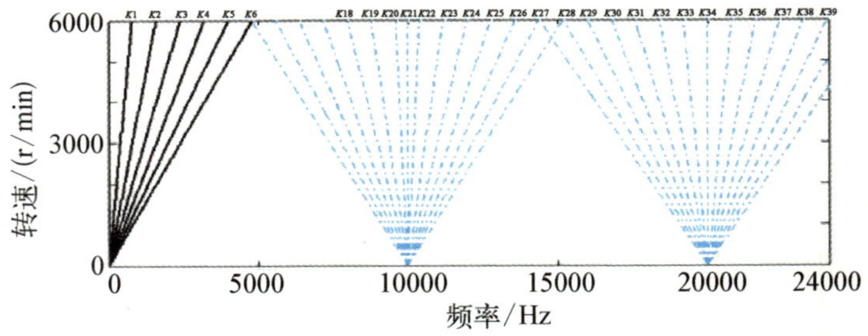

图 6－10　考虑 PWM 载波频率的永磁同步电机噪声频率—转速关系

如果永磁同步电机存在偏心，根据式(6－20)，可得考虑偏心的永磁同步电机噪声频率—转速关系，如图 6－11。对比图 6－11 和图 6－4b，相似度较小。因此，该永磁同步电机不存在偏心。

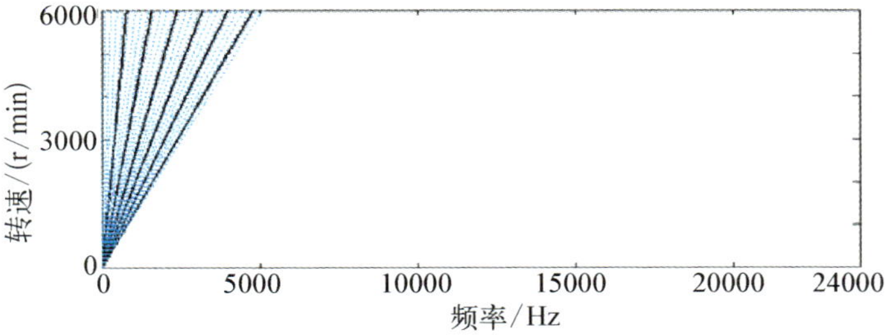

图 6-11　考虑偏心的永磁同步电机噪声频率—转速关系

该电机采用滑动轴承支撑，根据式(6-21)可得考虑滑动轴承的永磁同步电机噪声频率—转速关系，如图 6-12。对比图 6-12 和图 6-4b，图 6-12 中的 $K7 \sim K17$ 与图 6-4b 中的 $L7 \sim L17$ 一一对应，可知该电机的 $L7 \sim L17$ 噪声谱线主要由机械激励源滑动轴承激励产生。又根据图 6-9，$L10$ 和 $L17$ 两条噪声谱线还由时间谐波电流激励产生。

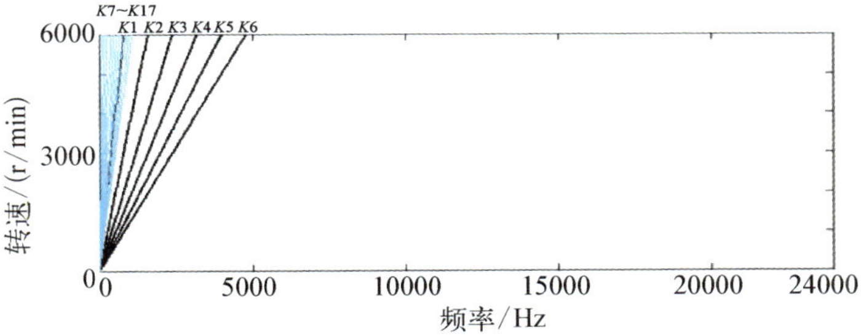

图 6-12　考虑滑动轴承的永磁同步电机噪声频率—转速关系

当考虑共振时，根据式(6-22)可得自由衰减振动的响应频率与转速无关，是所有的有阻尼模态频率组成的常数集。因此，图 6-4b 中不随转速变化的噪声谱线即对应该永磁同步电机的有阻尼模态频率，如图 6-13。对比图 6-13 和图 6-4b，图 6-13 中 $M1 \sim M7$ 与图 6-4b 中 $N1 \sim N7$ 一一对应。

综上所述，该永磁同步电机异常噪声源有时间谐波电流、PWM 载波频率、滑动轴承、共振；不存在偏心。将图 6-9、图 6-10、图 6-12 和图 6-13 整合到图 6-14，可得基于黑箱测试理论模型的永磁同步电机噪声频率—

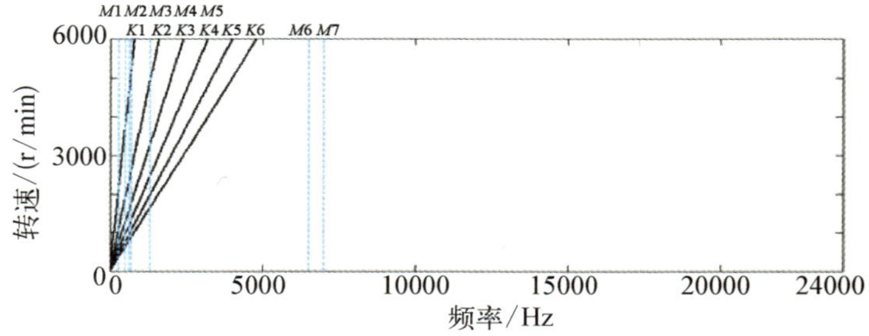

图 6-13　考虑共振的永磁同步电机噪声频率—转速关系

转速关系图。由图 6-14 可知：由于异常噪声源时间谐波电流、PWM 载波频率、滑动轴承的激励频率随转速的变化，多次穿越该永磁同步电机的有阻尼模态频率，使得该永磁同步电机噪声的线性度较差、高转速时特征响度较为突出、尖锐度变化异常剧烈，严重骚扰人的主观感受。对比图 6-14 和图 6-4b，可见黑箱测试理论模型和黑箱测试试验吻合很好，说明了本书提出的黑箱建模技术的正确性；另外，由于遍历了所有转速，通过本书提出的黑箱测试理论模型和黑箱测试实验可掌握被测永磁同步电机的噪声全貌，说明了本书提出的黑箱建模技术的系统性和完整性。

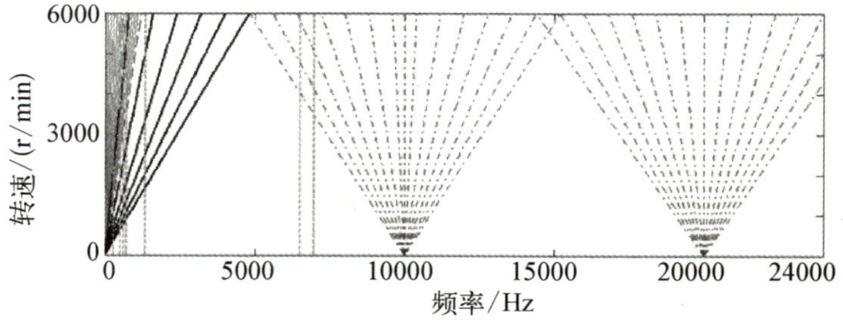

图 6-14　基于黑箱测试理论模型的永磁同步电机噪声频率—转速关系

6.1.5　噪声贡献量分析

虽然已经识别出被测永磁同步电机所有异常噪声源，但是还未区分各个异常噪声源影响噪声声品质的主次关系。故需进行噪声贡献量分析。

在线性度、响度、尖锐度的较大峰值处需重点关注，因为这些峰值将显著影响噪声声品质，严重骚扰人的主观感受。也即是需重点关注图 6 - 5 中的 A4(5 224, 94.55)、A5(5 741, 94.83)，图 6 - 7 中的 B7(4 940, 96.52)、B8(5 470, 94.86)，图 6 - 8 中的 C2(3 218, 1.59)、C3(3 615, 1.58)、C5(5 205, 1.51)。各峰值点的噪声贡献量分析如图 6 - 15 所示。

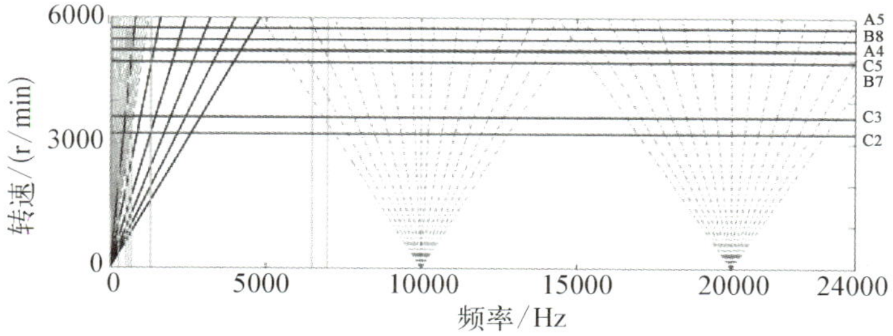

图 6 - 15　噪声贡献量分析

峰值点 A4 和 A5 分别对应转速 5 224 r/min 和 5 741 r/min。由图 6 - 15 可知，当转速为 5 224 r/min 时，谱线 K13 和 K1 分别与谱线 M3 和 M4 相交，系统发生了共振，以致总声压级达 94.55 dB(A)；当转速为 5 741 r/min 时，谱线 K9 和 K11 分别与 M1 和 M2 相交，系统发生共振，以致总声压级达到了 94.83 dB(A)。由于 A4 和 A5 主要影响总声压级的线性度，因此总声压级的线性度较差主要由滑动轴承与基波电流产生的径向力波的激励频率和系统固有频率相等引发共振引起。

峰值点 B7 和 B8 分别对应转速 4 940 r/min 和 5 470 r/min。由图 6 - 15 可知，当转速为 4 940 r/min 时，谱线 K12 和 K2 分别与谱线 M2 和 M5 相交，发生了共振，以致总响度达 96.52 sone；当转速为 5 470 r/min 时，谱线 K1 与 M4 相交，发生共振，以致总响度达 94.86 sone。由于 B7 和 B8 主要影响总响度的线性度，因此总响度的线性度较差主要由滑动轴承与基波电流产生的径向力波的激励频率和系统固有频率相等引发共振引起。

峰值点 $C2$、$C3$ 和 $C5$ 分别对应转速 3 218 r/min、3 615 r/min 和 5 205 r/min。由图 6-4、图 6-6 和图 6-15 可知，当转速为 3 218 r/min、3 615 r/min 和 5 205 r/min 时，谱线 $L18$、$L19$、$L20$、$L21$、$L29$、$L33$、$L34$、$L35$ 对应的高频噪声的声压级和特征响度较高。基于式(6-24)，计算尖锐度时，这些高频噪声的权函数又较大。从而导致了尖锐度较高且较差。因此，被测永磁同步电机的尖锐度较差主要由 PWM 的载波频率引起。

6.2 永磁同步电机异常噪声分析的白箱方法

现有文献预测电机噪声主要有两种方法[110]：确定性方法(deterministic method)和统计法(statistical method)。确定性方法的建模过程为：输入参数、建立电磁力模型、建立结构模型、建立声学模型、计算获得声功率级。统计学方法的建模过程为：输入参数、建立电磁力模型、建立移动模型、建立统计能量模型、建立辐射效率模型、计算获得声功率级。由于需要永磁同步电机详细的内部参数，因此，确定性方法和统计法均是一种白箱建模技术。

本书采用确定性方法预测电动车用永磁同步电机异常噪声：首先通过电磁场计算电磁力，然后将电磁力加载到永磁同步电机结构有限元模型上计算电磁振动，最后把电机表面节点的加速度映射到边界元模型上计算辐射噪声。本书已在第 2 章和第 3 章中建立了电磁力模型、在第 4 章和第 5 章中建立了结构有限元模型，本节利用已有的永磁同步电机结构有限元模型直接建立边界元模型，预测永磁同步电机噪声。

6.2.1 边界元基本理论

声学计算方法主要分为声学有限元法和声学边界元法[140-141]。无论是声学有限元法还是声学边界元法，其核心都是求解 Helmholtz 方程。声学有限元法通常用于计算封闭空间中的声场，而声学边界元法不仅可以计算内声场，还可以计算外声场。此外，声学边界元法采用的网格是面网格，不是体网格，其单元数和节点数远远小于声学有限元法中的单元数和节点数，可以大大缩减计算机求解时间[140-141]。本书研究的永磁同步电机在电磁激励下的辐射噪声属于外声场，因此采用声学边界元法计算电磁噪声。

声学 Helmholtz 波动方程可以表示为

$$\nabla^2 p(x,\ y,\ z) - k^2 p(x,\ y,\ z) = -j\rho_0 \omega q(x,\ y,\ z) \tag{6-26}$$

式中，$p(x,\ y,\ z)$为坐标$(x,\ y,\ z)$处的声压；k 为波数；ρ_0 为静态情况下流体的密度；ω 为角频率；$q(x,\ y,\ z)$为坐标$(x,\ y,\ z)$处的提及速度。

求解边界封闭的外声场时，边界条件由两部分组成，即封闭的边界和声场边界。在封闭的边界 Ω_a 上，需要满足声压边界条件 Ω_p、速度边界条件 Ω_v 和声阻抗边界条件 Ω_z。

采用直接边界元法计算时，需要把边界 Ω_a 离散成多个单元(Ω_{ae})和节点，每个单元内部任意点的声压 p 和法向速度v_n可以由属于这个单元的节点上的声压a_{pi}和法向速度a_{vi}与单元的形函数 N_i^e 来表示，即：

$$p(r_a) = \sum_{i}^{n_e} N_i^e(r_a) \cdot a_{pi},\ r_a \in \Omega_{ae} \tag{6-27}$$

$$v_n(r_a) = \sum_{i}^{n_e} N_i^e(r_a) \cdot a_{vi},\ r_a \in \Omega_{ae} \tag{6-28}$$

式中，n_e是某个单元上的节点数量。

单元形函数N_i^e在节点 i 上为 1，在单元其他节点上为 0，由单元形函数 N_i^e 可以组装成全局形函数N_i，形函数N_i在节点 i 上为 1，在其他节点上为 0。这样在整个边界元网格 Ω_a 上有：

$$p(r_a) = \sum_{i}^{n_a} N_i \cdot p_i = N_i\{P_i\},\ r_a \in \Omega_a \tag{6-29}$$

$$v_n(r_a) = \sum_{i}^{n_a} N_i \cdot v_{ni} = N_i\{v_{ni}\},\ r_a \in \Omega_a \tag{6-30}$$

式中，n_a 是所有边界元网格的节点数量。

在直接边界元中，知道了一些节点的声压和振动速度便可以知道边界元所有网格上的每个节点声压，即：

$$\boldsymbol{A}\{p_i\} = j\rho_0\omega\boldsymbol{B}\{v_{ni}\} \tag{6-31}$$

式中，$\boldsymbol{A}$ 和 $\boldsymbol{B}$ 均为 $n_a \times n_a$ 的系数矩阵。

求得了边界元 Ω_a 上的声压后，对于外声场 V 中任意一点处的声压 $p(r)$，可以由直接边界元 Ω_a 上的声压 $\{p_i\}$ 和法向振动速度 $\{v_{ni}\}$ 积分得到，即：

$$p(r) = \{C_i\}^T\{p_i\} + \{D_i\}^T\{v_{ni}\},\quad r \in V \tag{6-32}$$

6.2.2 永磁同步电机声学边界元建模

本书已在第 4 章和第 5 章中建立了能准确计算永磁同步电机电磁振动的结构有限元模型，因此在计算电磁噪声时，可利用已有的三维结构有限元模型直接建立边界元模型。

电动车用永磁同步电机外声场计算的声学边界元建模过程为：

(1) 删除三维结构有限元模型中的体，仅保留模型中的面；

(2) 删除所有的内表面，仅保留模型的外表面；

(3) 对外表面划分网格，得到声学边界元模型；

(4) 将声学边界元模型导入 LMS Virtual. Lab Acoustics 中，进行网格检查和粗糙度检查，以生成能满足 SYSNOISE 计算需要的声学边界元模型；

(5) 定义场点；

(6) 将永磁同步电机外表面上的节点加速度映射到边界元模型上，根据实际情况定义反射面，计算电磁噪声。

为保证计算精度，应该保证在一个波长范围内最少有 6 个边界元单元[140-141]：

$$\lambda \geqslant 6l_{max} \tag{6-33}$$

式中，λ 为波长；l_{max} 为边界元单元的最大边长。由于 $\lambda = c/f$，式(6－32)可表示为

$$l_{max} \leqslant \frac{c}{6f_{max}} \tag{6-34}$$

对于本书中的永磁同步电机，$c = 340\ \text{m/s}$，$f_{max} = 11\,000\ \text{Hz}$，由式(6－33)可知，$l_{max} = 0.005\,2\ \text{m}$。因此，只要边界元单元的边长小于 5.2 mm，就能满足永磁同步电机噪声的计算精度要求。本书中，边界元网格的最大边长为 4.5 mm，其边长足以保证边界元模型的计算精度，如图 6－16 所示。为了便于比较边界元计算结果和电机噪声测试实验结果，边界元模型中定义的场点面与噪声声压级的实际测量面相一致；为了加载负载，电机噪声测试实验采取两个相同轮毂永磁同步电机对置拖动的形式，其反射面不仅包含地面，还包含薄端盖对置面，故边界元模型根据电机噪声测试实验的实际情况定义了两个反射面：地面和薄端盖对置面，如图 6－17 所示。

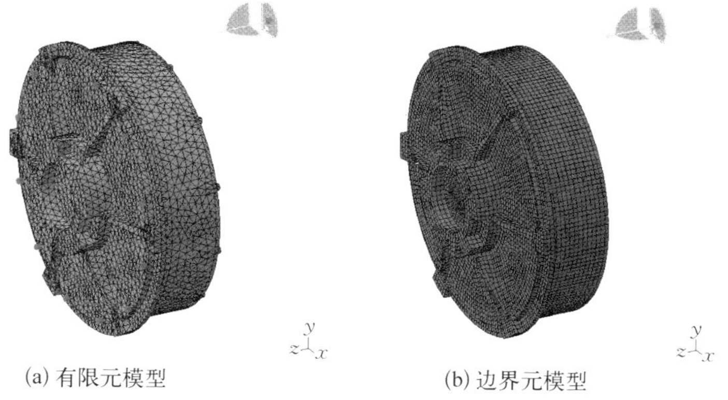

(a) 有限元模型　　(b) 边界元模型

图 6－16　永磁同步电机有限元模型和边界元模型

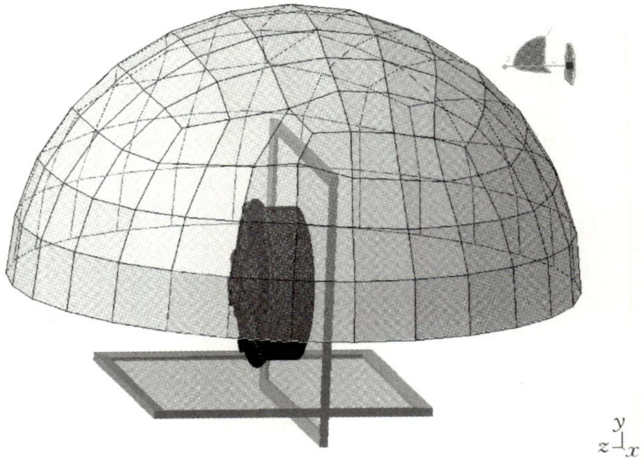

图 6－17　永磁同步电机边界元模型的场点和反射面

6.2.3　边界元模型的计算结果验证与电磁噪声分布分析

在建立了永磁同步电机边界元模型，在边界元模型上加载了加速度边界条件，并在永磁同步电机周围定义了场点面和反射面后，就可以用 LMS Virtual. Lab Acoustics 计算永磁同步电机的电磁噪声，计算结果如图 6－18 所示。

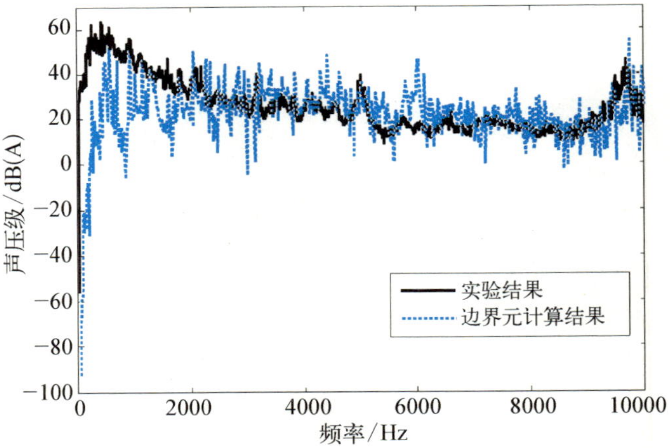

图 6－18　轮毂永磁同步电机声压级实验结果和边界元计算结果比较

图 6-18 比较了轮毂永磁同步电机声压级实验结果和边界元计算结果，轮毂永磁同步电机声压级测试实验的装置如图 6-33 所示。电机转速为 500 r/min，负载扭矩为 10 N·m。由图 6-18 可知：在中高频段（500～10 000 Hz），轮毂永磁同步电机噪声声压级的边界元计算结果与实验结果符合得较好；但在低频段（0～500 Hz），轮毂永磁同步电机噪声声压级的边界元计算结果与实验结果还存在一定误差。经过分析，造成低频段电机噪声预测不准的原因可能是：薄端盖的低阶模态频率主要落在低频段，然而，本书做实验模态时仅识别了电机外转子圆柱壳体的模态参数，未识别薄端盖的模态参数，造成薄端盖的计算模态参数未经实验验证。

永磁同步电机发生电磁振动时，电机外表面各点振动的振幅和相位随着电磁激振频率的变化而改变，进而改变电机声压级的分布。因此，有必要研究不同频率下的噪声分布情况。

获取图 6-18 中声压级极大值点对应的频率，并计算出永磁同步电机在声压级极大值点所对应的频率处的电磁噪声分布，如图 6-20—图 6-32 所示。图 6-19 显示了图 6-20—图 6-32 中永磁同步电机声学边界元模型和场点间的相对位置关系。

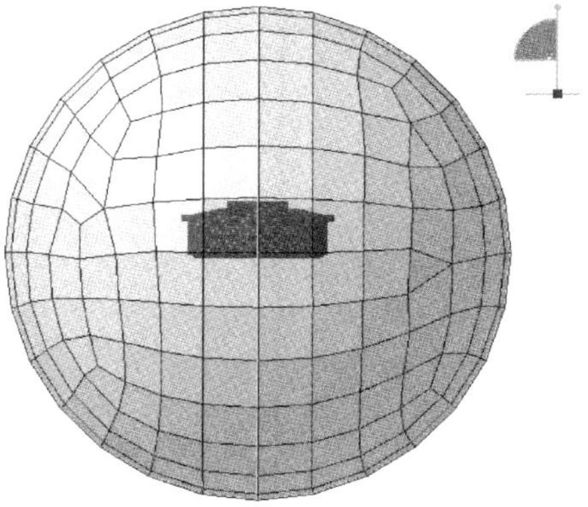

图 6-19　永磁同步电机声学网格和场点网格的相对位置

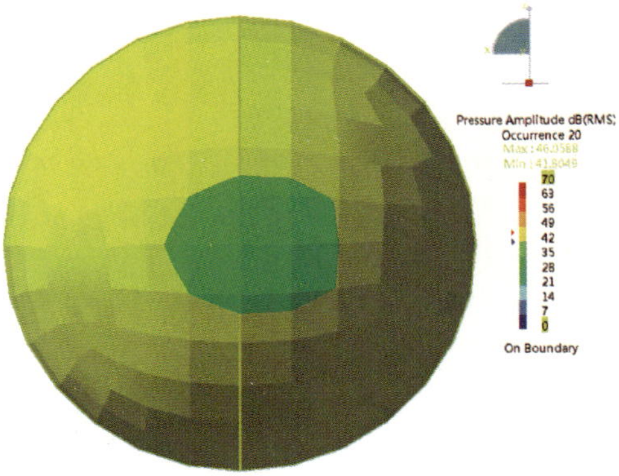

图 6-20　永磁同步电机在 200 Hz($2f_0$)处的电磁噪声

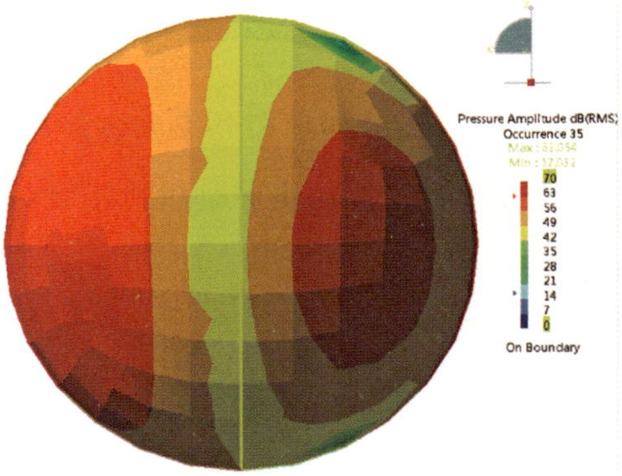

图 6-21　永磁同步电机在 350 Hz($3.5f_0$)处的电磁噪声

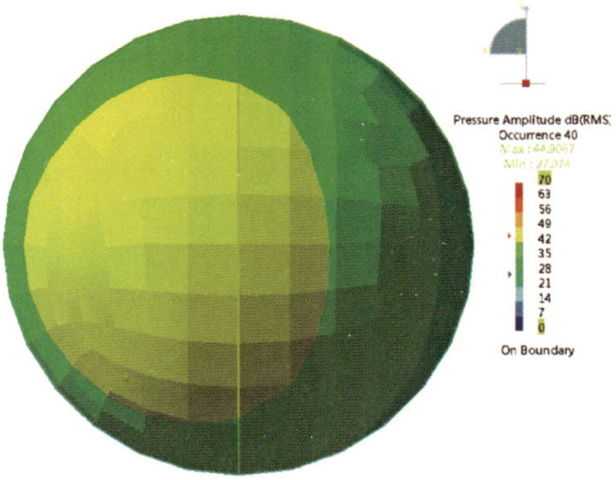

图 6-22　永磁同步电机在 400 Hz($4f_0$)处的电磁噪声

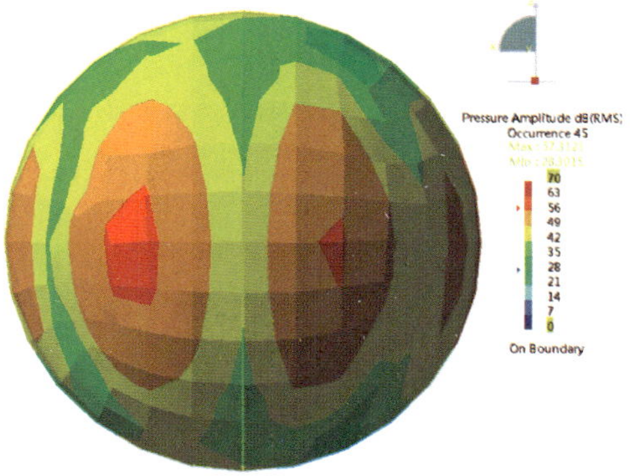

图 6－23　永磁同步电机在 450 Hz(4.5f_0)处的电磁噪声

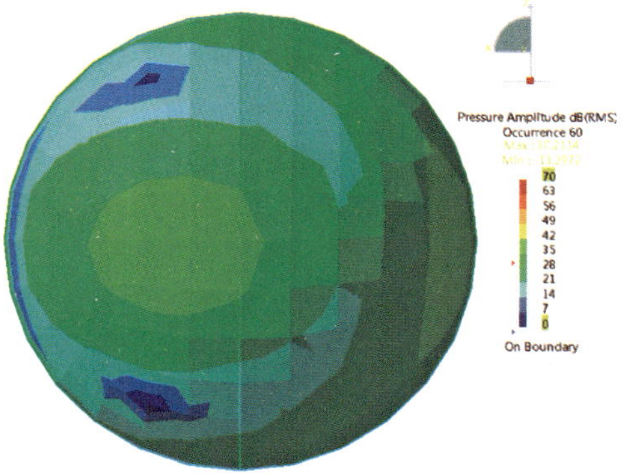

图 6－24　永磁同步电机在 600 Hz(6f_0)处的电磁噪声

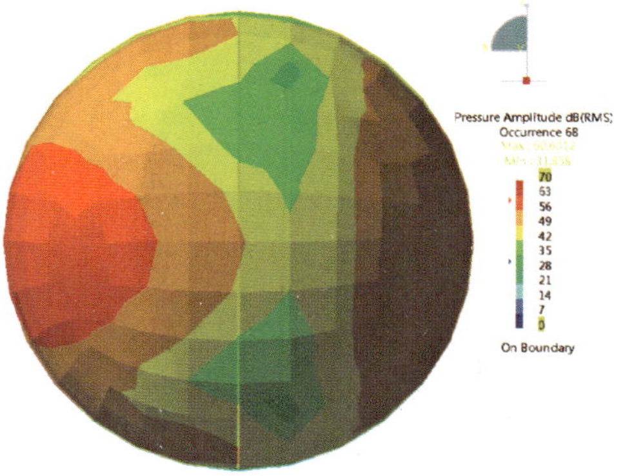

图 6－25　永磁同步电机在 700 Hz(7f_0)处的电磁噪声

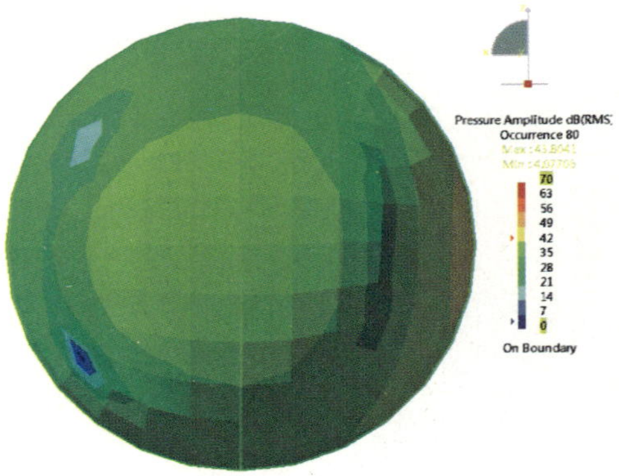

图 6-26　永磁同步电机在 800 Hz($8f_0$)处的电磁噪声

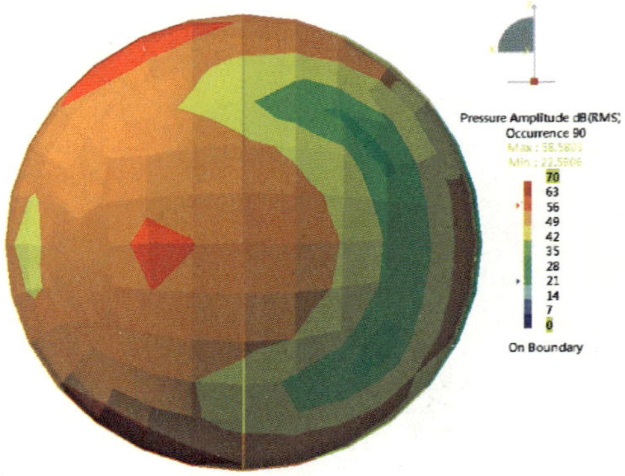

图 6-27　永磁同步电机在 900 Hz($9f_0$)处的电磁噪声

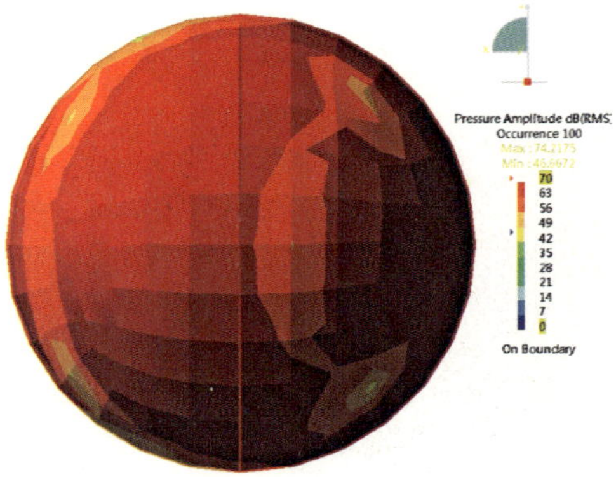

图 6-28　永磁同步电机在 1 000 Hz($10f_0$)处的电磁噪声

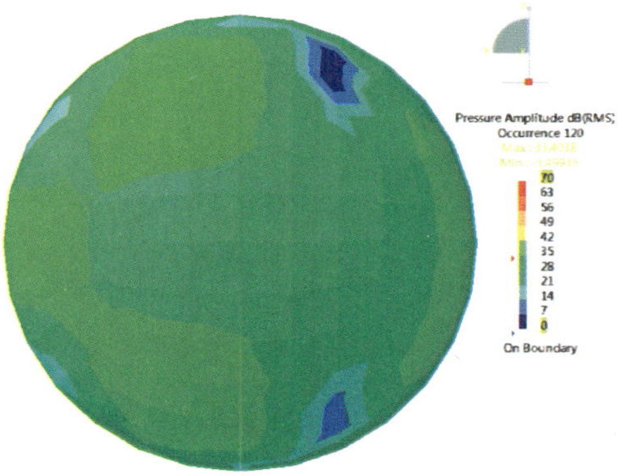

图 6 - 29　永磁同步电机在 1 200 Hz(12f_0)处的电磁噪声

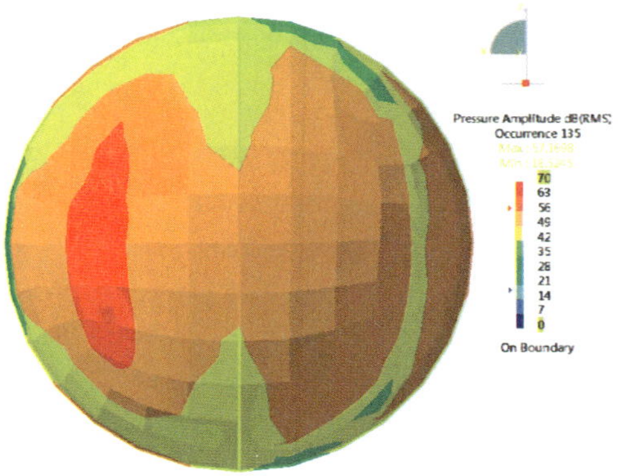

图 6 - 30　永磁同步电机在 1 350 Hz(13.5f_0)处的电磁噪声

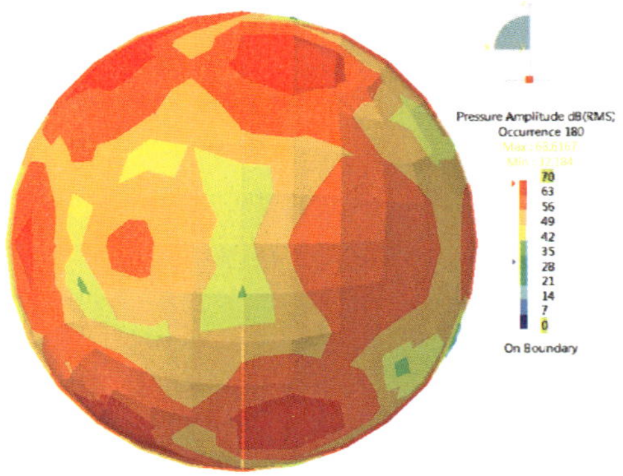

图 6 - 31　永磁同步电机在 1 800 Hz(18f_0)处的电磁噪声

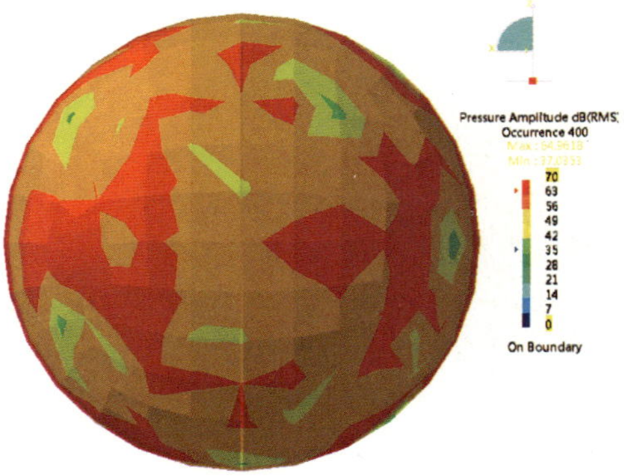

图 6-32　永磁同步电机在 4 000 Hz($40f_0$)处的电磁噪声

由图 6-18、图 6-20—图 6-32，可得如下结论：

(1) 变频器供电时，永磁同步电机噪声的主要阶次不仅包含偶数阶、开关频率附近阶次，还包含了大量奇数阶、甚至以往研究中被当作信号毛刺而忽略的分数阶。

(2) 偶数阶电磁噪声声压级仍占总声压级的主要成分(图 6-28、图 6-31、图 6-32)；在奇数阶或分数阶电磁激励力、电机结构模态、噪声辐射效率等因素相互作用下，某些奇数阶或分数阶电磁噪声声压级也将占总声压级的重要成分(图 6-21、图 6-23、图 6-25、图 6-27)。

6.2.4　基于实验的永磁同步电机异常噪声阶次特征和产生机理分析

永磁同步电机噪声测试的实验目的是通过测量多工况下电动车用永磁同步电机噪声信号，总结噪声特性，为发生机理的分析奠定基础。实验对象为某国产电动车用永磁同步电机，该电机为星形连接，其参数如表 3-2 所列。

本书采用台架实验的方法，建立了一种轮毂永磁同步电机噪声测量系统，如图 6-33 所示。主要包括被测电机及其控制系统、负载加载电机及其控制系统。被测电机及负载电机为型号相同的两台外转子式永磁同步电机，两台电机间以 3 根螺栓固连在一起。通过各自的控制系统对被测电机施加转速信号来控制其转速，对负载电机施加转矩信号以控制其负载扭矩。该系统的加载装置可以通过对被测电机进行不同程度的加载来模拟其实际工况，以便测得电机实际工况下的噪声。由于两台电机型号完全相同，在稳定运行时转速及输出扭矩均相同，因此可将两台电机视为一个整体来测试其噪声，利用声音信号的叠加原理可将被测电机辐射的噪声分离出来，杜绝了测试过程中其他噪声源的引入，使得测量噪声值更精确。本试验所用的仪器是 LMS 数据采集系统，加速度传感器为美国 Pcb 公司生产的 ICP 压电式加速度传感器，麦克风为丹麦 B&K 公司生产。

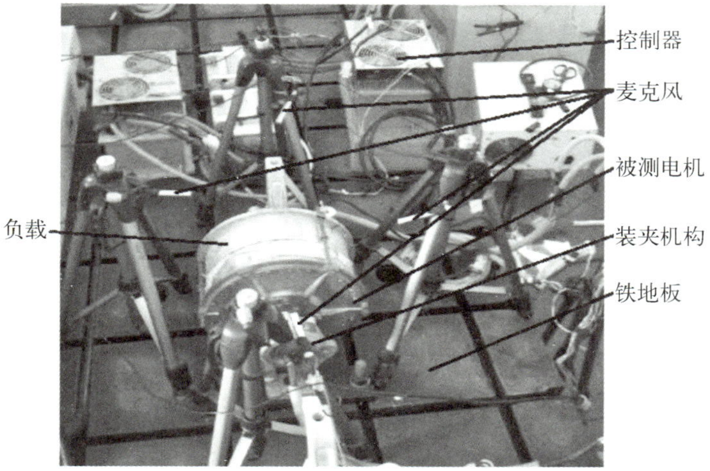

图 6 - 33　轮毂永磁同步电机噪声测量系统

在试验过程中，为了测得近场噪声信号，按照国标 GBT 10069. 1—2006 在电机近场 0. 3 m 处布置了 4 个麦克风，分别布置在电机的两侧端盖处和两侧径向处。由于轮毂电机为外转子式电机，无法在电机表面直接布置加速度传感器，所以将传感器布置在安装电机的试验台上，如图 6 - 34 所示。

图 6-34　麦克风测点布置及加速度传感器测点布置

实验工况为：① 保持负载转矩 20 N·m 恒定，控制电机以 300 r/min、400 r/min、500 r/min 的转速匀速运行，测量噪声信号；② 保持转速 500 r/min 恒定，控制电机以 10 N·m、20 N·m、30 N·m、40 N·m 的负载转矩运行，测量噪声信号。

在轮毂永磁同步电机匀速运行过程中，噪声信号表现为平稳信号，可通过快速傅里叶变换得到噪声声压级的频谱图。图 6-35 为相同负载转矩 20 N·m、不同转速下永磁同步电机噪声频谱图；图 6-36 为相同转速 500 r/min、不同负载转矩下永磁同步电机噪声频谱图。

实验中，电源频率为 $f_0 = pn/60$，其中 p 为极对数 12，n 为电机转速。故，转速 300 r/min、400 r/min、500 r/min 对应的电源频率分别为 60 Hz、80 Hz、100 Hz。背景噪声总声压级为 51.35 dB(A)，试验中可忽略背景噪声的影响，不需要对噪声测试结果进行修正。图 6-35、图 6-36 中，定义“阶次”为噪声峰值频率与电源频率的比值。

因此，由图 6-35 和图 6-36 可得以下结论与分析：

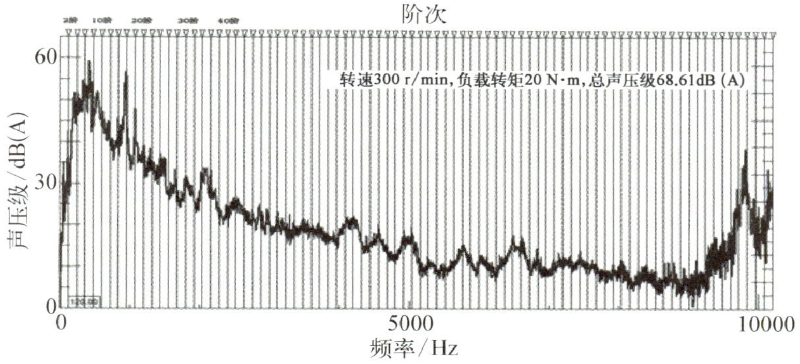

(a) 转速 300 r/min,负载 20 N • m

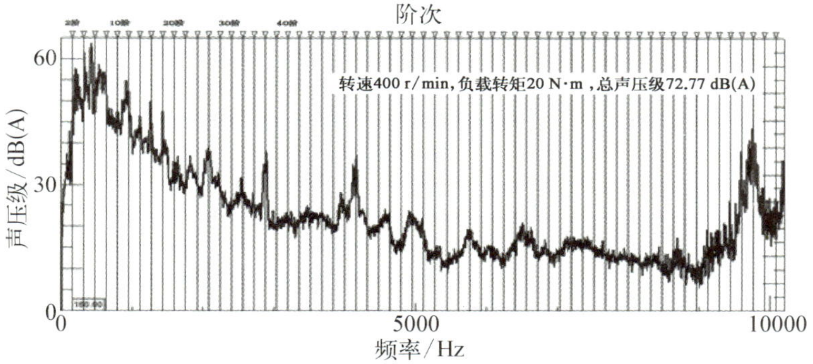

(b) 转速 400 r/min,负载 20 N • m

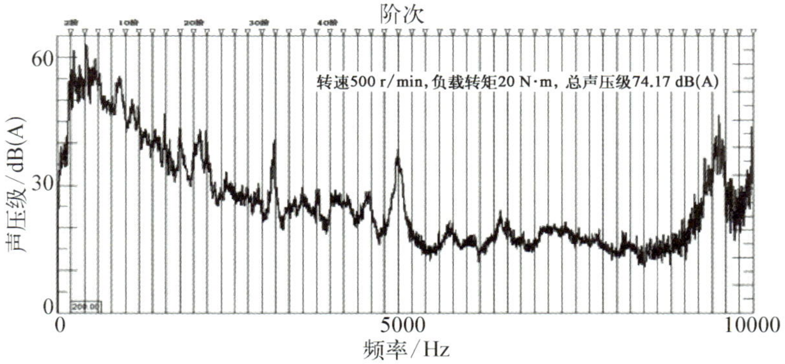

(c) 转速 500 r/min,负载 20 N • m

图 6 - 35　不同转速、相同负载转矩的永磁同步电机噪声频谱

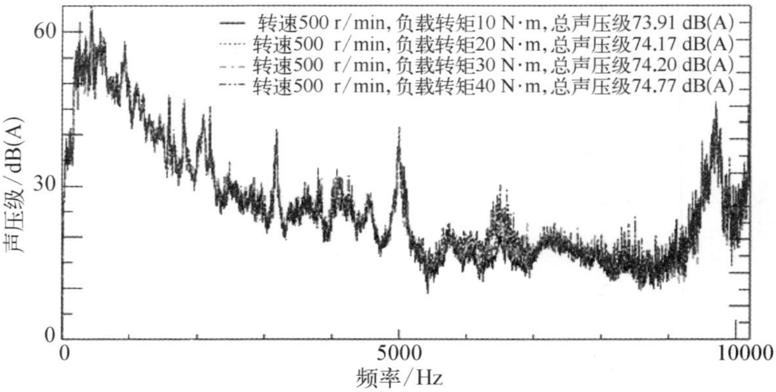

图 6-36 相同转速、不同负载转矩的永磁同步电机噪声频谱

(1) 永磁同步电机噪声表现出明显的阶次特性，主要含有偶数阶谐波噪声，对应噪声峰值频率为电源频率的偶数倍频。这与文献[34]的结论基本一致，主要由基波电流产生的谐波磁势和永磁体谐波磁势相互作用产生的。

(2) 变频器开关频率(本实验是 10 000 Hz)附近存在显著的噪声峰值。这与文献[8]的结论基本一致，主要由开关频率相关的空间气隙磁场谐波作用产生。

(3) 除此之外，还存在大量的奇数阶和分数阶谐波噪声。

然而，鲜有文献分析永磁同步电机奇数阶和分数阶谐波噪声的阶次特征和产生机理。因此，本书旨在建立统一的解析模型，揭示偶数阶次、开关频率附近阶次、奇数阶次、分数阶次电磁噪声的阶次特征和产生机理。

永磁同步电机外转子在径向力波的作用下振动，从而引起电磁噪声。本书采用有限长圆柱形声辐射模型[110]计算声功率：

$$W_{f_r} = \frac{1}{2}\rho_0 C\omega_r^2 A_r^2 \cdot 2\pi r_r l_r \cdot I_{cL}(\omega_r) \tag{6-35}$$

式中，ρ_0 为介质密度(对于空气 $\rho_0 = 1\ 186\ \text{kg/m}^3$)；$C$ 为介质中声波传播速

度(对于空气 $C=344\ \mathrm{m/s}$);ω_r 为电磁径向集中力频率;A_r 为外转子系统径向振动位移;r_r 为外转子外半径;l_r 为外转子轴向长度;$I_{dL}(\omega_r)$ 为相对声强系数。

由于永磁同步电机外转子系统径向振动是径向力波激励外转子系统的强迫振动,因此,外转子振动频率与径向力波的频率相同,如式(3-38)所示。又由式(6-34)可得,电磁噪声的特征频率应与外转子振动频率相同,亦即电磁噪声的特征频率为 $2h_if_0$、$2h_jf_0$、$2(2\mu-1)f_0$、$(h_i\pm h_j)f_0$、$(2\mu-1\pm h_i)f_0$、$(2\mu-1\pm h_j)f_0$,故电磁噪声的特征阶次为 $2h_i$、$2h_j$、$2(2\mu-1)$、$(h_i\pm h_j)$、$(2\mu-1\pm h_i)$、$(2\mu-1\pm h_j)$。当时间谐波电流的阶次 h_i 或 h_j 是分数时,电磁噪声将出现分数阶特征频率。

故永磁同步电机电磁噪声的特征频率为

$$\begin{cases} f_{2h_i}=2h_if \\ f_{2h_j}=2h_jf \\ f_{2(2\mu-1)}=2(2\mu-1)f \\ f_{h_i\pm h_j}=(h_i\pm h_j)f \\ f_{2\mu-1\pm h_j}=(2\mu-1\pm h_j)f \\ f_{2\mu-1\pm h_i}=(2\mu-1\pm h_i)f \end{cases} \tag{6-36}$$

永磁同步电机电磁噪声的特征阶次为

$$\begin{cases} Order_{2h_i}=2h_i \\ Order_{2h_j}=2h_j \\ Order_{2(2\mu-1)}=2(2\mu-1) \\ Order_{h_i\pm h_j}=h_i\pm h_j \\ Order_{2\mu-1\pm h_j}=2\mu-1\pm h_j \\ Order_{2\mu-1\pm h_i}=2\mu-1\pm h_i \end{cases} \tag{6-37}$$

为了依据本书理论分析解释实验中出现的谐波阶次与频率，实验中采集了相同负载转矩 20 N·m、不同转速下永磁同步电机 B 相电流信号频谱图，如图 6－37 所示；其频谱特性，如图 6－38 所示。

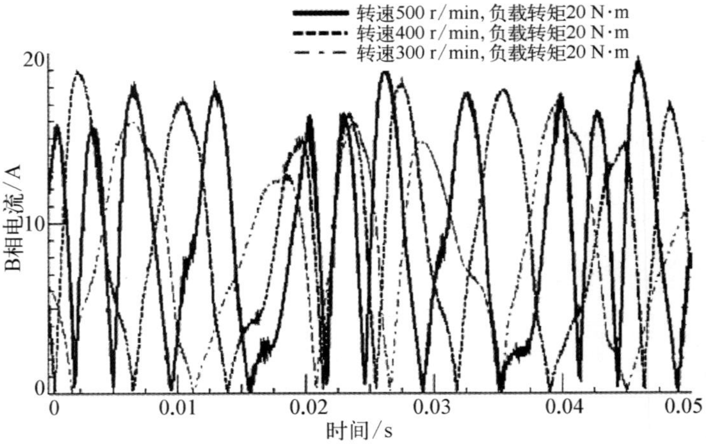

图 6－37　B 相电流的时间历程

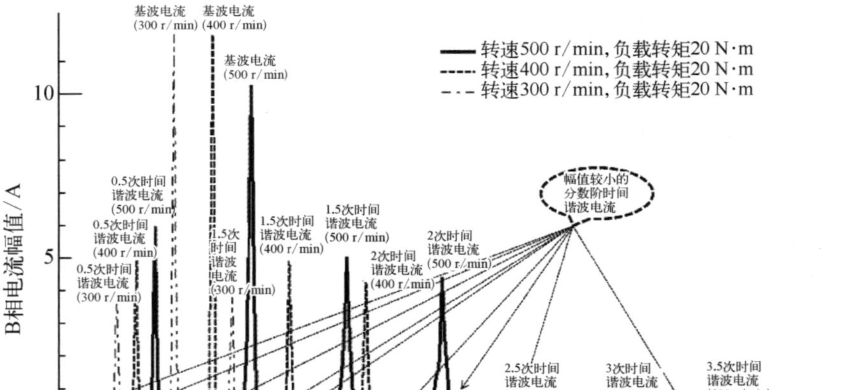

图 6－38　B 相电流的频谱图

永磁同步电机的基波电流频率为 $f = pn/60$，式中 p 为极对数，n 为电机转速；时间谐波电流阶次 $h = f_h/f$，式中 f_h 为 h 次时间谐波电流频率，可由相电流频谱分析得到。实验中，由图 6 - 38 可知：转速 500 r/min、负载转矩 20 N · m 时，基波电流频率为 100 Hz，h 的取值集合为 $h_{500}\in$ {0.1，***0.5***，***1***，1.1，1.3，***1.5***，1.9，***2***，2.5，2.9，3，3.5，95，96，97，98，100.8，102}，其中幅值较大的时间谐波电流阶次用加粗的斜体数字和灰色底纹标记；转速 400 r/min、负载力矩 20 N · m 时，h 的取值集合为 $h_{400}\in$ {0.09，***0.5***，***1***，1.25，***1.5***，***2***，2.5，2.96，3，3.5，4，4.5，5，5.5，6，7，8，9，9.5，120，121，122，123，127}；转速 300 r/min、负载力矩 20 N · m 时，h 的取值集合为 $h_{300}\in$ {0.25，0.45，***0.5***，0.95，***1***，1.05，1.25，***1.5***，2，2.5，2.95，3，3.1，3.5，4.5，5，5.5，6，161.7，162.2，162.7，163.6，164.6}。μ 的取值集合为 $\mu\in N^*$。故将转速 500 r/min、负载转矩 20 N · m 时永磁同步电机电磁噪声阶次预测值列入表 6 - 1；将实验结果图 6 - 35 中也出现的阶次值用斜体数字和灰色底纹标记，如表 6 - 1 所列，限于篇幅，μ 仅取 1、2、3，对 0～1 000 Hz 和开关频率附近的电磁噪声阶次进行验证，其余频段内验证方法相同。

表 6 - 1　理论分析阶次预测值(500 r/min、20 N · m)

h_i	h_j								$2\mu-1$					
	0.5	1	1.5	2	0.5	1	1.5	2	1	3	5	1	3	5
	h_i+h_j				$\lvert h_i-h_j\rvert$				$2\mu-1+h_i$			$\lvert 2\mu-1-h_i\rvert$		
0.1	*0.6*	*1.1*	*1.6*	*2.1*	*0.4*	*0.9*	*1.4*	*1.9*	*1.1*	*3.1*	5.1	*0.9*	*2.9*	*4.9*
0.5	*1*	*1.5*	*2*	*2.5*	0	*0.5*	*1*	*1.5*	*1.5*	*3.5*	*5.5*	*0.5*	*2.5*	4.5
1	*1.5*	*2*	*2.5*	*3*	*0.5*	0	*0.5*	*1*	*2*	*4*	6	0	*2*	*4*
1.1	*1.6*	*2.1*	*2.6*	*3.1*	*0.6*	0.1	*0.4*	*0.9*	*2.1*	4.1	*6.1*	0.1	*1.9*	*3.9*
1.3	*1.8*	2.3	*2.8*	*3.3*	*0.8*	*0.3*	0.2	*0.7*	2.3	*4.3*	*6.3*	*0.3*	*1.7*	*3.7*
1.5	*2*	*2.5*	*3*	*3.5*	*1*	*0.5*	*0*	*0.5*	*2.5*	4.5	6.5	*0.5*	*1.5*	*3.5*
1.9	2.4	*2.9*	*3.4*	*3.9*	*1.4*	*0.9*	*0.4*	0.1	*2.9*	*4.9*	*6.9*	*0.9*	*1.1*	*3.1*
2	*2.5*	*3*	*3.5*	*4*	*1.5*	*1*	*0.5*	0	*3*	*5*	*7*	*1*	*1*	*3*

续　表

h_i	h_j								$2\mu-1$					
	0.5	1	1.5	2	0.5	1	1.5	2	1	3	5	1	3	5
	h_i+h_j				$\lvert h_i-h_j\rvert$				$2\mu-1+h_i$			$\lvert 2\mu-1-h_i\rvert$		
2.5	*3*	*3.5*	*4*	4.5	*2*	*1.5*	*1*	*0.5*	*3.5*	*5.5*	*7.5*	*1.5*	*0.5*	*2.5*
2.9	*3.4*	*3.9*	*4.4*	*4.9*	2.4	*1.9*	*1.4*	*0.9*	*3.9*	5.9	*7.9*	*1.9*	0.1	*2.1*
3	*3.5*	*4*	4.5	*5*	*2.5*	*2*	*1.5*	*1*	*4*	6	*8*	*2*	*0*	*2*
3.5	*4*	4.5	*5*	*5.5*	*3*	*2.5*	*2*	*1.5*	4.5	*6.5*	*8.5*	*2.5*	*0.5*	*1.5*
96	*96.5*	*97*	*97.5*	*98*	*95.5*	*95*	*94.5*	*94*	*97*	*99*	*101*	*95*	*93*	*91*
97	*97.5*	*98*	*98.5*	*99*	*96.5*	*96*	*95.5*	*95*	*98*	100	*102*	*96*	*94*	*92*
98.8	*99.3*	*99.8*	*100.3*	*100.8*	*98.3*	*97.8*	*97.3*	*96.8*	*99.8*	*101.8*	*103.8*	*97.8*	*95.8*	*93.8*
102	*102.5*	*103*	*103.5*	*104*	*101.5*	*101*	*100.5*	100	*103*	105	107	*101*	*99*	*97*

注：在理论分析与实验结果中均出现的阶次用斜体数字和灰色底纹标记

由表 6-1 可知：转速 500 r/min、负载力矩 20 N·m 时，实验中出现的电磁噪声阶次和频率均能通过本书的理论分析预测到，进而能找到产生该阶次电磁噪声的机理，例如 102 阶电磁噪声由 96 次时间谐波电流和 3 阶永磁体磁势产生，而 1.1 阶电磁噪声由 0.1 次时间谐波电流和基波电流作用产生、0.1 次时间谐波电流和 1 阶永磁体磁势作用产生、1.9 次时间谐波电流和 3 阶永磁体磁势作用产生。同理，易得另外两种工况（400 r/min、20 N·m 和 300 r/min、20 N·m）电磁噪声阶次和频率的理论预测与实验对比，限于篇幅，本书不再列出。可见，本书的数学模型能合理的解释永磁同步电机电磁噪声的阶次特征现象和产生机理。

6.3 本章小结

本章提出了电动车用永磁同步电机异常噪声识别、诊断、分析的“黑箱方法＋白箱方法”：先应用黑箱方法快速识别和诊断出所有异常噪声源；再考虑这些异常噪声源，应用白箱方法做异常噪声的建模和分析。主要包括以下几个方面：

(1) 为快速识别与诊断永磁同步电机异常噪声源，本章提出了一种永磁同步电机噪声源识别与诊断的黑箱方法。黑箱方法分为三个步骤：第一步，考虑时间谐波电流、变频器、偏心、滑动轴承、共振等异常噪声源，建立以转速为输入信号和以噪声频率为输出信号的黑箱测试理论模型。第二步，在加速工况下进行永磁同步电机噪声黑箱测试实验，分析永磁同步电机噪声的物理声学指标和心理声学指标，评价声品质。第三步，结合黑箱测试理论模型和黑箱测试实验，对永磁同步电机异常噪声源进行识别和诊断，进一步分析出各个异常噪声源对心理声学指标的噪声贡献量。所提方法不需永磁同步电机内部参数，例如结构参数和电磁参数，仅利用噪声测试中转速信号和噪声信号就可识别与诊断出异常噪声源，极大地简化了以往研究中永磁同步电机异常噪声的分析过程，提高了效率。由于本方法遍历了所有转速，采用心理声学指标和物理声学指标相结合评价永磁同步电机噪声，因此通过本方法可了解永磁同步电机噪声全貌和声品质。

(2) 采用白箱方法，应用声学边界元法建立了电动车用永磁同步电机三维边界元模型，对电磁噪声进行了预测和分析，通过噪声测试实验验证了所提模型的准确性。实验研究和理论研究均表明：电磁噪声具有明显的阶次特征，主要阶次不仅包含了偶数阶、开关频率附近阶次，还包含了大量奇数阶，甚至以往研究中被当作信号毛刺而忽略的分数阶；永磁同步电机电磁噪声的特征阶次为 $2h_i$、$2h_j$、$2(2\mu-1)$、$(h_i \pm h_j)$、$(2\mu-1 \pm h_i)$、$(2\mu-1 \pm h_j)$，其中 h_i、h_j 为时间谐波电流阶次，$\mu \in N^*$，当时间谐波电流的阶次 h_i 或 h_j 是分数时，电磁噪声将出现分数阶特征频率。

第7章 总结和展望

本书以 973 计划项目“高性能分布式驱动电动车关键基础问题研究”(2011CB711200)和国家自然科学基金项目“燃料电池汽车空辅系统噪声源理论分析与控制方法研究”(51075302)为依托,研究了电动车用永磁同步电机非线性电磁振动和异常噪声。

7.1 全书工作总结

本书的主要研究内容如下:

(一) 第 1 章主要对课题的研究背景、研究意义和研究现状进行了阐述,拟定了论文的整体研究思路和技术路线。

(二) 第 2 章主要建立了电动车用永磁同步电机的统一非线性解析模型,预测和分析了电磁转矩波动的阶次特征和形成机理,通过克服现有转矩传感器采样频率较低的技术限制,实现了永磁同步电机高阶转矩波动的测量,验证了所提解析模型的正确性和有效性。主要包括以下几个方面:

(1) 为改进永磁同步电机线性模型不能准确计算电磁转矩和不能反映电磁转矩波动特征的缺陷,建立了考虑永磁体磁场非正弦分布、定子开槽、变频器供电下时间谐波电流等因素的永磁同步电机的统一非线性解析模型，得到了电磁转矩的解析解：谐波转矩不仅包含由 h 次时间谐波电流单独引起的转矩波动项，还包含永磁体磁场非正弦分布、定子开槽、h 次时间谐波电流共同引起的转矩波动项。通过理论分析发现：当 $h=1$ 时，即当电流中仅含基波分量时，转矩将只含 0 阶转矩和 $6k$ 阶的谐波转矩，该谐波转矩由永磁磁场非正弦分布和开槽引起；当 $h\neq 1$ 时，h 次时间谐波电流将单独产生$(h-1)$阶和 $2(h-1)$阶的谐波转矩，永磁磁场非正弦分布、定子开槽、h 次时间谐波电流共同作用产生$(6k+h-1)$阶和$(6k-h+1)$阶的谐波转矩。

(2) 提出了测量高阶转矩波动信号的转速判据，克服了现有转矩传感器采样频率较低的技术限制，实现了电动车用永磁同步电机 25 阶以内高阶转矩波动实验。实验结果表明转矩具有明显的阶次特征，主要阶次有 $h-1$ 阶、$2(h-1)$阶、$6k+h-1$ 阶、$6k-h+1$ 阶，验证了应用电动车用永磁同步电机统一非线性解析模型分析电磁转矩阶次特征和形成机理的正确性。

(三) 第 3 章建立了考虑任意阶次时间谐波电流的永磁同步电机气隙磁场解析模型，应用麦克斯韦张量法建立了径向力波解析模型，进而沿外转子或外定子表面应用复合柯特斯公式对径向力波积分获得了具有 6 阶代数精度的径向集中力，并利用该解析模型分析了考虑时间谐波电流的径向力阶次特征。通过分析可总结出以下结论：

(1) 变频器供电时，电动车用永磁同步电机相电流中含有大量的时间谐波电流，这些时间谐波电流将显著影响电枢反应磁场；但当电枢反应磁场远弱于永磁体磁场时，时间谐波电流对气隙磁场影响较小。

(2) 考虑时间谐波电流时，径向力波和径向集中力的特征频率为 $2h_if$、$2h_jf$、$2(2\mu-1)f$、$(h_i\pm h_j)f$、$(2\mu-1\pm h_i)f$、$(2\mu-1\pm h_j)f$，特征阶次为 $2h_i$、$2h_j$、$2(2\mu-1)$、$(h_i\pm h_j)$、$(2\mu-1\pm h_i)$、$(2\mu-1\pm h_j)$，其中，h_i、h_j 为时间谐波电流第 i 阶和第 j 阶谐波阶次，$\mu\in N^*$，f 为电源频率。考

虑时间谐波电流时，径向力波和径向集中力不仅包含偶数阶特征频率，还可能包含奇数阶特征频率，甚至还可能包含分数阶特征频率。当时间谐波电流阶次 h_i、h_j 是偶数时，径向力波和径向集中力将出现奇数阶特征频率；当时间谐波电流阶次 h_i、h_j 是分数时，径向力波和径向集中力将出现分数阶特征频率。

（四）第 4 章中应用解析法、有限元法、实验法分析了电动车用永磁同步电机的模态参数，结合电磁力激励频率范围，应用非支配排序遗传算法，实现了电机模态规划，为低噪声电机设计提供了指导意见。主要包括以下几个方面：

（1）建立了外转子圆柱壳体解析模态分析方法，探讨了长径比 L/a 对模态解析模型计算精度的影响：当长径比 $L/a \geqslant 0.2$ 时，外转子圆柱壳体模态解析解的精度即可满足工程计算要求；当长径比 $L/a \geqslant 0.4$ 时，外转子圆柱壳体前 6 阶模态解析解和数值解的相对误差被控制在 2.91%以内，解析解的精度较高。

（2）基于 APDL 语言提出的电机三维结构有限元参数化建模方法能够克服有限元传统建模方法的建模过程繁琐、修改模型难度大等缺点，实现了模型参数化、任务自动化。所建三维结构有限元参数化模型考虑了螺栓预紧力和不同部件间的接触类型，经实验验证该模型精度较高。通过对某 24 极 27 槽轮毂永磁同步电机进行模态分析发现：因为该电机薄端盖的材料为铝，弹性模量较厚端盖（灰口铸铁）和外转子圆柱壳体（低碳钢）小，且厚度较薄，所以薄端盖变形较大，并预测薄端盖为该电机电磁噪声的主要辐射体。

（3）通过实验模态分析，进一步验证了不同螺栓预紧力和不同部件间的接触类型会显著影响电机的模态参数，进而影响电机振动。提出了在电机模态分析时应考虑螺栓预紧力和不同部件间的接触类型的观点。

（4）提出了基于非支配排序遗传算法和圆柱薄壳理论的永磁同步电机

外转子圆柱壳体模态规划方法，该方法结合了电动车用永磁同步电机全转速范围内电磁力激励频率范围，在不改变电机电磁参数和驱动性能的情况下，对模态频率进行了规划，合理规避了共振。

（五）第 5 章中应用集中参数法建立了永磁同步电机非线性扭转振动模型和非线性径向振动模型，解析求解了考虑非正弦磁场分布的永磁体磁场、定子开槽、时间谐波电流的永磁同步电机电磁转矩和径向力，获取了定子铁芯、机壳的刚度和阻尼参数，采用状态变量法求得了非线性方程组的解，并通过永磁同步电机扭转振动实验验证了非线性扭转振动模型。运用有限元法，计算和分析了电磁力作用下永磁同步电机的受迫振动响应。通过电磁振动分析，可得如下结论：

（1）分析永磁同步电机电磁振动问题时，不同螺栓预紧力和不同部件间的接触类型会较大影响振动响应计算结果，故，在建立电磁振动模型时，需要考虑不同螺栓预紧力和不同部件间的接触类型。

（2）现有文献主要关注永磁同步电机圆柱壳体的模态、振动和噪声[102-103，134]。然而，对于轮毂永磁同步电机，当端盖厚度较薄、刚度较小时，薄端盖也将成为主要的振动体和噪声辐射体，故，在建立电磁振动模型时，不仅需要对圆柱壳体准确建模，还需要对刚度较小的端盖进行准确建模。

（3）现有文献中计算电磁振动和噪声时，多采用线性模态阻尼[103，110]。然而，本书发现轮毂永磁同步电机是非线性阻尼结构，如果采用线性模态阻尼计算电磁振动和噪声会导致较大误差，应通过实验获取阻尼参数。

（4）变频器供电时，由于电流中存在大量的时间谐波电流，电磁振动位移不仅存在偶数阶谐波成分，还存在大量的奇数阶和分数阶谐波成分。

（六）第 6 章提出了电动车用永磁同步电机异常噪声识别、诊断、分析的“黑箱方法＋白箱方法”：先应用黑箱方法快速识别和诊断出所有异常噪声源；再考虑这些异常噪声源，应用白箱方法做异常噪声的建模和分析。

主要包括以下几个方面：

（1）为快速识别与诊断永磁同步电机异常噪声源，本章提出了一种永磁同步电机噪声源识别与诊断的黑箱方法。黑箱方法分为三个步骤：第一步，考虑时间谐波电流、变频器、偏心、滑动轴承、共振等异常噪声源，建立以转速为输入信号和以噪声频率为输出信号的黑箱测试理论模型。第二步，在加速工况下进行永磁同步电机噪声黑箱测试实验，分析永磁同步电机噪声的物理声学指标和心理声学指标，评价声品质。第三步，结合黑箱测试理论模型和黑箱测试实验，对永磁同步电机异常噪声源进行识别和诊断，进一步分析出各个异常噪声源对心理声学指标的噪声贡献量。所提方法不需永磁同步电机内部参数，例如结构参数和电磁参数，仅利用噪声测试中转速信号和噪声信号就可识别与诊断出异常噪声源，极大地简化了以往研究中永磁同步电机异常噪声的分析过程，提高了效率。由于本方法遍历了所有转速，采用心理声学指标和物理声学指标相结合评价永磁同步电机噪声，因此通过本方法可了解永磁同步电机噪声全貌和声品质。

（2）采用白箱方法，应用声学边界元法建立了电动车用永磁同步电机三维边界元模型，对电磁噪声进行了预测和分析，通过噪声测试实验验证了所提模型的准确性。实验研究和理论研究均表明：电磁噪声具有明显的阶次特征，主要阶次不仅包含了偶数阶、开关频率附近阶次，还包含了大量奇数阶，甚至以往研究中被当作信号毛刺而忽略的分数阶；永磁同步电机电磁噪声的特征阶次为 $2h_i$、$2h_j$、$2(2\mu-1)$、$(h_i \pm h_j)$、$(2\mu-1\pm h_i)$、$(2\mu-1\pm h_j)$，其中 h_i、h_j 为时间谐波电流阶次，$\mu \in N^*$，当时间谐波电流的阶次 h_i 或 h_j 是分数时，电磁噪声将出现分数阶特征频率。

7.2 创新点归纳

本书的创新点如下：

（1）建立了考虑永磁体磁场非正弦分布、定子开槽、变频器供电下时间谐波电流等因素的表贴式永磁同步电机的统一非线性解析模型，预测了转矩波动的阶次和频率，提出了实验测量高阶转矩信号的转速判据。

（2）考虑了时间谐波电流，推导了径向力波表达式，求得了径向集中力的解析解，预测了变频器供电时永磁同步电机径向力和电磁噪声的特征阶次。

（3）通过实验模态分析初步揭示了螺栓预紧力和不同部件间接触类型对轮毂永磁同步电机的模态参数的影响规律及结构阻尼特性。结合电磁力激励频率范围，实现了电机模态规划。

（4）提出了车用工况下永磁同步电机异常噪声诊断和分析的“黑箱方法＋白箱方法”。黑箱方法不需永磁同步电机内部参数。简化了永磁同步电机异常噪声分析过程，提高了效率。

7.3　研究展望

本书认为，还可以在理论层面和应用层面继续深入研究电动车用永磁同步电机的电磁振动和噪声问题：

（1）本书未考虑定转子轴线倾斜偏心对永磁同步电机电磁振动和噪声的影响，然而，轮毂永磁同步电机是承载式电机，在承受车重、路面激励等载荷时会发生微小的结构变形，引起定转子轴线倾斜偏心，进而引起电磁转矩和径向力的改变，并派生出轴向力。因此，考虑定转子倾斜偏心对永磁同步电机电磁振动和噪声的影响是下一步的研究方向。

（2）虽然本书提出了加速工况下电动车用永磁同步电机异常噪声源识别和诊断的黑箱方法，但是在应用白箱方法——边界元法计算永磁同步电机辐射噪声时工况为恒定转速工况，未采用加速工况。如果在加速工况下计算永磁同步电机的噪声，则可预测并了解所有转速下永磁同步电机的噪声全貌。因此，实现瞬态工况下永磁同步电机的噪声计算是另一个研究方向。

参考文献

[1] 宋慧. 电动汽车[M]. 北京：人民交通出版社，2006.

[2] 陈清泉，孙逢春，祝嘉光. 现代电动汽车技术[M]. 北京：北京理工大学出版社，2004.

[3] 许家群. 电动汽车用永磁同步电动机传动控制系统的研究[D]. 沈阳：沈阳工业大学，2003.

[4] 曹先庆. 混合动力电动汽车用永磁同步电动机驱动系统的研究[D]. 沈阳：沈阳工业大学，2008.

[5] 吴世华. 电动汽车用永磁同步电机设计方法及相关问题的研究[D]. 哈尔滨：哈尔滨工业大学，2010.

[6] 代颖. 电动汽车驱动用感应电机的电磁噪声研究[D]. 哈尔滨：哈尔滨工业大学，2007.

[7] 赵国新. 变频电源供电永磁同步电动机几个关键技术研究[D]. 沈阳：沈阳工业大学，2011.

[8] 唐任远，宋志环，于慎波，等. 变频器供电对永磁电机振动噪声源的影响研究[J]. 电机与控制学报，2010，14(3)：12－17.

[9] 宋志环. 永磁同步电动机电磁振动噪声源识别技术的研究[D]. 沈阳：沈阳工业大学，2010.

[10] 于慎波. 永磁同步电动机振动与噪声特性研究[D]. 沈阳：沈阳工业大学，2006.

[11] 杨浩东. 永磁同步电动机电磁振动分析[D]. 杭州：浙江大学，2011.

[12] Lee Geun-Ho, Kim Sung-Il, Hong Jung-Pyo, et al. Torque Ripple Reduction of Interior Permanent Magnet Synchronous Motor Using Harmonic Injected Current [J]. IEEE Transactions on Magnetics, 2008, 44(6): 1582 - 1585.

[13] 王秀和，杨玉波，丁婷婷，等. 基于极弧系数选择的实心转子永磁同步电机齿槽转矩削弱方法研究[J]. 中国电机工程学报，2005，25(15)：146 - 149.

[14] 宋伟，王秀和，杨玉波. 削弱永磁电机齿槽转矩的一种新方法[J]. 电机与控制学报，2004，8(3)：214 - 217.

[15] 杨玉波，王秀和，等. 极弧系数组合优化的永磁电机齿槽转矩削弱方法[J]. 中国电机工程学报，2007，27(6)：7 - 10.

[16] T M Jahns. Pulsating Torque Minimization Techniques for Permanent Magnet AC Motor Drives-A Review[J]. IEEE Transactions on Industrial Electronics, 1996, 43(2): 321 - 330.

[17] 莫会成. 永磁交流伺服电机转矩波动分析[J]. 微电机，2007，40(3)：1 - 4.

[18] 梁锐. 电动车动力传动系统扭转振动研究[D]. 上海：同济大学，2008.

[19] 郭庆鼎，王成元. 交流伺服系统[M]. 北京：机械工业出版社，1994.

[20] Joachim Holtz. Pulsewidth Modulation for Electronic Power Conversion[J]. Proceedings of the IEEE, 1994, 82(8): 1194 - 1214.

[21] Yuriy Plotkin. Sixth torque harmonic in PWM inverter-fed induction drives and itscompensation[J]. IEEE Transactions on Industry Applications, 2005, 41(4): 1067 - 1074.

[22] Colamartino E, Marchand C, Razek A. Torque Ripple Minimization in Permanent Magnet Synchronous Servo Drive[J]. IEEE Transactions on Energy Conversion, 1999, 14(3): 616 - 621.

[23] Colamartino F, Marchand C, Razek A. Torque ripple minimization in permanent magnet synchronous servodrive[J]. Energy Conversion, IEEE Transactions on, 1999, 14(3): 616 - 621.

[24] Jian X X. A Modular Control Scheme for PMSM-Speed Control With Pulsating

Torque Minimization[J]. IEEE Transactions on Industrial Electronics, 2004, 51(3): 526 - 536.

[25] Depembrock M. Direct Self Control for high dynamics performance of inverter feed AC machine[Z]. Conf. Rec. ETZArch, 1985: 211 - 218.

[26] Isao. Takahashi, Toshihiko, Noguchi. A new quick-response and high-efficiency control strategy of an Induction motor[J]. IEEE Tram. IA., 1986, 22(5): 820 - 827.

[27] 李耀华,刘卫国. 永磁同步电机直接转矩控制不合理转矩脉动抑制研究[J]. 西北工业大学学报,2007,25(5): 667 - 671.

[28] Giirkan Zenginobuz. Performance Optimization of Induction Motors during Voltage Controlled Soft Starting[J]. IEEE Transactions on Energy Conversion, 2004, 19(2): 278 - 288.

[29] 王祺. 内燃机轴系扭转振动[M]. 大连: 大连理工大学出版社,1996.

[30] 孟姝. 永磁同步电机转矩波动及其对电动轮振动特性影响[D]. 上海: 同济大学,2013.

[31] 诸自强,陈永校,许大中. 电机电磁振动辐射的声功率和声场分析[J]. 电工技术学报,1989(01).

[32] 舒波夫,H. F.. 电机的噪声和振动[M]. 北京: 机械工业出版社,1980.

[33] Yang S J. 低噪声电动机[M]. 北京: 科学出版社,1985.

[34] 陈永校,诸自强,应善成. 电机的噪声的分析和控制[M]. 杭州: 浙江大学出版社,1987.

[35] Zhu Z Q, Howe D, Botle E, et al. Instantaneous magnetic field distribution in brushless permanent magnet DC motors, Part I: Open-circuit field[J]. IEEE Trans. Mag., 1993,29(1): 124 - 135.

[36] Zhu Z Q, Howe D. Instantaneous magnetic field distribution in brushless permanent magnet DC motors, Part II: Armature-Reaction Field[J]. IEEE Trans. Mag., 1993, 29 (1): 136 - 142.

[37] Zhu Z Q, Howe D. Instantaneous magnet field distribution in brushless

permanent magnet dc motors, Part 3: effect of stator slotting [J]. IEEE Transactions on Magnetics, 1993, 29(1): 143 - 150.

[38] Zhu Z Q, Howe D. Instantaneous magnetic field distribution in brushless permanent magnet DC motors, Part 4: magnetic field on load[J]. IEEE Trans. Mag., 1993,29 (1): 152 - 158.

[39] 赵博,张洪亮. Ansoft12 在工程电磁场中的应用[M]. 北京:中国水利水电出版社,2013.

[40] Bebbouzid E H, Reyne G, Derou S, et al. Finite element modeling of a synchronous machine electromagnetic forces and mode shapes [J]. IEEE Transactions on Magnetics, 1993,29(2): 2014 - 2018.

[41] Im D H, Chang J H, Park S C, et al. Analysis of radial force as a source of vibration in an induction motor with skewed slots[J]. IEEE Transactions on Magnetics,1997,33(2): 1650 - 1653.

[42] Taegen F, Kolbe J, Verma S P. Vibrations and noise produced by special purposepermanent — magnet synchronous motors in variable frequency operation [J]. In: Proceedings of The Fourth IEEE International Conference on Power Electronics and drive Systems. 2001.

[43] Wang J, et al. Radial force density and vibration characteristics of modular permanent magnet brushless ac machine[J]. Electric Power Applications, 2006, 153(6): 793 - 801.

[44] Mai H C M, et al. Consideration of radial magnetic forces in brushless DC motors[J]. In: Electrical Machines and Systems (ICEMS), 2010 International Conference on. 2010.

[45] Krotsch J, Piepenbreier B. Radial Forces in External Rotor Permanent Magnet Synchronous Motors with Non-Overlapping Windings[J]. IEEE Transactions on Industrial Electronics, 2011, (99): 1 - 10.

[46] 何吕昌. 电动汽车用永磁直流无刷驱动电机电磁噪声研究[D]. 上海:同济大学,2012.

[47] 何鹄环. 永磁有刷直流电动机电磁振动与噪声的分析[D]. 上海：上海交通大学,2012.

[48] 孙庆. 轮毂电机径向力波对电磁噪声影响研究[D]. 上海：同济大学,2013.

[49] Low-Noise S J. Electrical Motors[M]. Oxford University Press. USA. 1981: 11 - 56.

[50] Verma S P. Noise and Vibrations of Electrical Machines and Drives: Their Production and Means of Reduction[C]. Proc IEEE Int Conf Power Electron Drives Energy Syst Ind Gro. New Delhi, 1996: 1031 - 1037.

[51] Ellison A J, Yang S J. Natural Frequencies of Stators of Small Electric Machines. Proc. Instn Elect, 1971: 90 - 185.

[52] Verma S P, Girgis R S. Consideration in the Choice of Main Dimensions of Stators of Electrical Machines in Relation to Their Vibration Characteristics[J]. IEEE Industry Applications Society Meeting, Pittsburgh, 1974: 2151 - 2159.

[53] Yang S J. Measurement and Calculation of Acoustic Noise from Electric Machines[D]. Ph. D. thesis of London University, 1970.

[54] Verdyck D, Belmans R, Geysen W, et al. Acoustic Model for a Permanent Magnet Machine: Modal Shape and Magnetic Forces[J]. IEEE Transactions on Industry Applications, 1994, (6): 1625 - 1631.

[55] Besbes M, Picod C, Camus F. Influence of Stator Geometry upon Vibratory Behaviour and Electromagnetic Performances of Switched Reluctance Motors[J]. IEE Proceedings: Electric Power Applications, 1998: 462 - 467.

[56] Iwama A, Tesshin S. Development of an Experimental Modal Synthesis Method for Coupled Acoustic-Structural Systems [J]. Worldwide Passenger Car Conference and Exposition, 1992: 1 - 8.

[57] Nobuyuki O, Kazuhiro O. Application of Modal Analysis to Structural Electromagnetic Coupled Vibration. Proceedings of SPIE — the International Society for Optical Engineering. Kissimmmee, 1993: 9 - 13.

[58] Zhu Z Q, Howe D. Effects of End Shields and Rotor on Natural Frequencies and

Modes of Stator of Small Electrical Machines [C]. Fourth International Conference on Electrical Machines and Drives. London, 1989: 232 - 236.

[59] Benbouzid M E H, Reyne G. Finite Element Modeling of a Synchronous Machine: Electromagnetic Forces and Mode Shapes[J]. IEEE Transactions on magnetics, 1993,(2): 2014 - 2018.

[60] Chang S C, Yacamini R. Experimental Study of the Vibrational Behaviour of Machine Stators [J]. IEE Proceedings: Electric Power Applications, 1996: 242 - 25.

[61] 王宏华,王忠建. 开关磁阻电动机冲击振动特性分析[J]. 中小型电机,2001,(4): 28 - 31.

[62] 王忠建,王宏华. 开关磁阻电动机振动特性的有限元分析[J]. 噪声与振动控制, 2003,(3): 14 - 17.

[63] 孙剑波,詹琼华,黄进. 开关磁阻电机的定子振动模态分析[J]. 中国电机工程学报,2005,(22): 148 - 152.

[64] Tang Zhangjun, Pillay P, Omekanda A M. Analysis of mounting effects on vibrations of switched reluctance motors[C]. Madison, Wisconsin, USA: Electric Machines and Drives Conference, IEEE International, 1 - 4 June 2003, 1: 97 - 103.

[65] 邱家俊. 电机的机电耦联和磁固耦合非线性振动研究[J]. 中国电机工程学报, 2002,22(5): 109 - 115.

[66] Jordan H. Approximate calculation of the noise produced by motors[J]. ENG Anal Bound Elem, 1949, (10): 22 - 16.

[67] Ellison A J, Yang S J. Calculation of Acoustic Power Radiated by Electric Machines[J]. Acoustical Physics, 1971, (25): 28 - 34.

[68] Im D H, et al. Analysis of radial force as a source of vibration in an induction motor with skewed slots [J]. IEEE Transactions on Magnetics, 1997, 33(2): 1650 - 1653.

[69] Kim U, Lieu D K. Magnetic field calculation in permanent magnet motors with

rotor eccentricity: with slotting effect considered[J]. IEEE Transactions on Magnetics, 1998, 34(4): 2253 - 2226.

[70] 伍先俊,李志明. 汽车电机噪声机理和降噪方法[J]. 微特电机,2003(01).

[71] 申秀敏. 燃料电池轿车声品质建模与评价方法研究[D]. 上海: 同济大学,2009.

[72] Alan K, Wallace, Rene Spee, et al. Maetin. Current Harmonics and Acoustic Noise in AC Adjustable-Speed Drives[J]. IEEE Transactions on Industry Applications, 1990,26(2): 267 - 273.

[73] Singli Garcia-Otero, Michael Devaney. Minimization of Acoustic Noise in Variable Speed Induction Motors Using a Modified PWM Drive[J]. IEEE Transactions On Industry Applications, 1994,30(3): 111 - 115.

[74] Zhu Z Q, Xu L, Howe D. Influence of Mounting and Coupling on the Nature Frequencies and Acoustic Noise Radiated by PWM Controlled Induction Machine [C]. Proceedings of the Ninth International Conference On Electrical Machines and Drives, 1999: 164 - 168.

[75] Lo W C, Chan C C, Zhu Z Q, et al. Acoustic Noise Radiated by PWM-Controlled Induction Machine Drives[J]. IEEE Transactions on Industry Electronics, 2000,47(4): 880 - 889.

[76] Bi C, Jiang Q, Lin S, et al. Reduction of Acoustic Noise in FDB Spindle Motors by Using Drive Technology[J]. IEEE Transaction on Magnetics, 2003, 39(2): 800 - 805.

[77] 王建,张立军,余卓平,等. 燃料电池轿车电机总成的振动阶次特征分析[J]. 汽车工程,2009,31(3): 219 - 223.

[78] 于增亮,张立军,孙北. 轮毂电机驱动电动微型车车内噪声道路实验分析[J]. 上海汽车,2009(8): 8 - 12.

[79] 马琮淦,左曙光,何吕昌,等. 声子晶体与轮边驱动电动汽车振动噪声控制[J]. 材料导报,2011,25(8): 4 - 8.

[80] 赵思宏,范惠林. 电机转矩转速测量方法的分析[J]. 光学精密工程,2002,10(3): 290 - 291.

[81] Islam Mohammad S, Islam Rakib, Sebastian Tomy. Experimental Verification of Design Techniques of Permanent-Magnet Synchronous Motors for Low-Torque-Ripple Applications [J]. IEEE transactions on industry applications, 2011, 47(1): 88 - 95.

[82] Petrovic Vladan, Ortega Romeo, Stankovic Aleksandar M. et al. Design and implementation of an adaptive controller for torque ripple minimization in PM synchronous motors[J]. IEEE transactions on power electronics, 2000, 15(5): 871 - 880.

[83] 王秀和. 永磁电机[M]. 北京：中国电力出版社，2007.

[84] 陈荣. 永磁同步电机控制系统[M]. 北京：中国水利水电出版社，2009.

[85] 唐任远. 现代永磁电机理论与设计[M]. 北京：机械工业出版社，1997.

[86] 李耀华，刘卫国. 永磁同步电机直接转矩控制不合理转矩脉动[J]. 电机与控制学报，2007，11(2)：148 - 152.

[87] 王斌，王跃，王兆安. 空间矢量调制的永磁同步电机直接转矩控制[J]. 电机与控制学报，2010，14(6)：45 - 50.

[88] 刘贤兴，卜言柱，胡育文. 基于精确线性化解耦的永磁同步电机空间矢量调制系统[J]. 中国电机工程学报，2007，27(30)：55 - 59.

[89] 皇甫宜耿，刘卫国，马瑞卿. 永磁同步电机高阶滑模控制与扰动转矩估计[J]. 西北工业大学学报，2009，27(5)：630 - 634.

[90] 贾洪平，孙丹，贺益康. 基于滑模变结构的永磁同步电机直接转矩控制[J]. 中国电机工程学报，2006，26(20)：134 - 138.

[91] 李长红，陈明俊，吴小役. PMSM 调速系统中最大转矩电流比控制方法的研究[J]. 中国电机工程学报，2005，25(21)：169 - 174.

[92] Panda S K, Xu J, Qian W. Review of Torque Ripple Minimization in PM Synchronous Motor Drives [C]. In: IEEE Power and Energy Society 2008 General Meeting: Conversion and Delivery of Electrical Energy in the 21st Century, Pittsburgh, United states, 2008: 1 - 6.

[93] Xiao X, Chen C. Reduction of Torque Ripple due to Demagnetization in PM

Using Current Compensation [J]. IEEE Transactions on Applied Superconductivity, 2010, 20(3): 1068 - 1071.

[94] Ng B H, Rahman M F, et al. An Investigation into the Effects of Motor Parameter on Torque Pulsations in a Brushless DC Drive[C]. In: 14 Annual Conference of Industrial Electronics Society, Singapore City, Singapore, 1988: 749 - 754.

[95] Chen C, Xiao X. Torque Ripple Minimization in Permanent Magnet Synchronous Motor Magnet Demagnetization [J]. In: IEEE EUROCON 2009, St.-Petersburg, Russia, 2009: 843 - 848.

[96] Ait-Gougam Y, Ibtiouen R, Touhami O, et al. Inverse Modelling and Pulsating Torque Minimization of Salient Pole Non-sinusoidal Synchronous Motors. Electric Power Systems Research, 2008, 78(1): 88 - 96.

[97] 王成元,周美文,郭庆鼎. 矢量控制交流伺服驱动电动机[M]. 北京: 机械工业出版社,1994.

[98] 杨志安,李文兰,邱家俊. 发电机组轴系电磁激发扭振主共振与奇异性[J]. 天津大学学报,2007,40(7): 864 - 868.

[99] 潘博,孙京,娄丽芬. 电机传动机构动力学建模、仿真与实验验证[J]. 振动与冲击,2011,30(5): 236 - 240.

[100] 王剑,郭吉丰. 径向-扭转振动复合型超声波电机的理论与实验研究[J]. 振动与冲击,2008,27(9): 162 - 163.

[101] Barbosa B H G, Aguirre L A, Martinez C B, et al. Black and Gray-Box Identification of a Hydraulic Pumping System [J]. IEEE Transactions on Control Systems Technology, 2011, 19(2): 398 - 406.

[102] Islam R, Husain I. Analytical Model for Predicting Noise and Vibration in Permanent-Magnet Synchronous Motors[J]. IEEE Transactions on Industrial Applications, 2010, 46(6): 2346 - 2354.

[103] Torregrossa D, Peyraut F O, Fahimi B, et al. Multiphysics Finite-Element Modeling for Vibration and Acoustic Analysis of Permanent Magnet

Synchronous Machine[J]. IEEE Transactions on Energy Conversion, 2011, 26(2): 490-500.

[104] Sun T, Kim J, Lee G, et al. Effect of Pole and Slot Combination on Noise and Vibration in Permanent Magnet Synchronous Motor[J]. IEEE Transactions on Magnetics, 2011, 47(5): 1038-1041.

[105] Xu Y, Yuan Q, Zou J, et al. Analysis of Triangular Periodic Carrier Frequency Modulation on Reducing Electromagnetic Noise of Permanent Magnet Synchronous Motor[J]. IEEE Transactions on Magnetics, 2012, 48(11): 4424-4427.

[106] Chai J, Ho Y, Chang Y, et al. On Acoustic-Noise-Reduction Control Using Random Switching Technique for Switch-Mode Rectifiers in PMSM Drive[J]. IEEE Transactions on Industrial Electronics, 2008, 55(3): 1295-1309.

[107] Rezig A, Mekideche M R. Effect of Rotor Eccentricity Faults on Noise Generation in Permanent Magnet Synchronous Motors[J]. Progress in Electromagnetics Research C, 2010, 15: 117-132.

[108] Ebrahimi B M, Faiz J, Roshtkhari M J. Static-, Dynamic-, and Mixed-Eccentricity Fault Diagnoses in Permanent-Magnet Synchronous Motors[J]. IEEE Transactions on Industrial Electronics, 2009, 56(11): 4727-4739.

[109] Yu S, Tang R. 9. Electromagnetic and Mechanical Characterizations of Noise and Vibration in Permanent Magnet Synchronous Machines[J]. IEEE Transactions on Magnetics, 2006, 42(4): 1335-1339.

[110] Gieras J F, Wang C, Lai J C. Noise of Polyphase Electrical Machine[M]. Boca Raton: CRC Press, 2006.

[111] Wallace A K, Spee R, Martin L G. Current harmonics and acoustic noise in AC adjustable-speed drives[J]. IEEE Transactions on Industry Applications, 1990, 26(2): 267-273.

[112] Ronnie J M. Belmans, Dirk Verdyck, Willy Geysen. Electro-Mechanical Analysis of the Audible Noise of an Inverter-Fed Squirrel-Cage Induction Motor

[J]. IEEE Transactions on Industry Applications, 1991, 27(3): 539 - 544.

[113] Garcia-Otero S, Devaney M. Minimization of Acoustic Noise in Variable Speed Induction Motors Using A Modified PWM Drive [J]. IEEE Transactions on Industry Applications, 1994, 30(1): 111 - 115.

[114] Bi C, Jiang Q, Lin S, et al. Reduction of Acoustic Noise in FDB Spindle Motors by Using Drive Technology [J]. IEEE Transactions on Magnetics, 2003, 39(2): 800 - 805.

[115] 唐任远,宋志环,于慎波,等. 变频器供电对永磁电机振动噪声源的影响研究[J]. 电机与控制学报,2010,14(3): 12 - 17.

[116] 马琮淦,左曙光,杨德良,等. 电动车用永磁同步电机转矩波动的阶次特征分析[J]. 振动与冲击,2013,32(13): 81 - 87.

[117] 邱家俊. 机电耦联动力系统的非线性振动[M]. 北京: 北京科学出版社,1996.

[118] 邱家俊. 汽轮发电机转子由电磁力激发的参数共振运动稳定性及减振的研究[J]. 天津大学学报,1980,(3): 88 - 110.

[119] 邱家俊,陈贵清. 水轮发电机转子轴系弯曲振动的计算[J]. 天津大学学报,1999,32(3): 280 - 28.

[120] 邱家俊,塔娜. 电机的电磁阻尼理论与转子的非线性振[J]. 振动工程学报,2000,13(3): 8 - 15.

[121] 邱家俊,蔡赣华. 发电机和电动机组横扭耦合振动的理论与实验研究[J]. 哈尔滨工业大学学报,1998: 17 - 20.

[122] 杨志安,邱家俊,李文兰. 发电机转子气隙磁场非线性耦合振动分析[J]. 振动工程学报,2000,13(2): 170 - 177.

[123] 杨志安,李文兰,邱家俊. 磁饱和时发电机组转子轴系电磁激发参数共振[J]. 非线性动力学学报,1998,5(2): 110 - 117.

[124] 邱家俊,杨志安. 发电机组转子轴系扭振双重共振的理论与实验研究[J]. 应用力学学报,1999,16(3): 33 - 38.

[125] Qiu Jiajun, Li Wenlan. The resonance of parametric vibration with forced vibration of the stator system of hydroelectric-generator stimulated by

electromagnetism[J]. Acta Mechanical Solida Sinica,1999,12(1): 63 - 73.

[126] 李景灿,廖勇. 考虑饱和及转子磁场谐波的永磁同步电机模型[J]. 中国电机工程学报,2011,31(3): 60 - 66.

[127] 谢卫,赵冰洁,郑宗亚. 控制电机[M]. 北京: 中国电力出版社,2008: 83 - 89.

[128] 李发海,朱东起. 电机学[M]. 北京: 科学出版社,2007: 192 - 194.

[129] 王建. 汽车电驱动动力总成悬置系统瞬态振动研究[D]. 上海: 同济大学,2009.

[130] 梁锐. 电动车传动系统扭转振动研究[D]. 上海: 同济大学,2008.

[131] 林福. 轮毂电机外转子振动特性分析[D]. 上海: 同济大学,2013.

[132] 沈健. 偏心对永磁同步电机电磁径向力的影响[D]. 上海: 同济大学,2013.

[133] 陈益广,潘玉玲,贺鑫. 永磁同步电机分数槽集中绕组磁动势[J]. 电工技术学报,2010,25(10): 30 - 36.

[134] Guhuan He, Zhenyu Huang, Qin R, et al. Numerical prediction of electromagnetic vibration and noise of permanent-magnet direct current commutator motors with rotor eccentricities and glue effects [J]. IEEE transactions on Magnetics, 2012,48(5): 1924 - 1931.

[135] Guhuan He, Zhenyu Huang, Dayue Chen. Two-dimensinal field analysis on electromagnetic vibration-and-noise sources in permanent-magnet direct current commutator motors [J]. IEEE transactions on Magnetics, 2011, 47 (4): 787 - 794.

[136] Werner Soedel. Vibration of Shells and Plates, 3rd edition[M]. New York: Marcel Dekker, 2004: 93 - 101.

[137] Lecointe J P, Romary R, Brudny J F, et al. Five methods of stator natural frequency determination: case of induction and switched reluctance machines [J]. Mechanical Systems and Signal Processing. 2004, 18(5): 1133 - 1159.

[138] 史峰,王辉,郁磊,等. Matlab 智能算法 30 个案例分析[M]. 北京: 北京航空航天大学出版社,2011: 89 - 101.

[139] 钟秋海. 现代控制理论[M]. 北京: 高等教育出版社,2004.

[140] 李增刚,詹福良. Virtual. Lab Acoustics 声学仿真计算高级应用实例[M]. 北

京：国防工业出版社，2010：1－24.
[141] 詹福良，徐俊伟. Virtual. Lab Acoustics 声学仿真计算从入门到精通[M]. 西安：西北工业大学出版社，2013：1－21.
[142] Oskar Wallmark. Control of a Permanent Magnet Synchronous Motor with Non-sinusoidal Flux Density Distribution [D]. Goteborg, Sweden: 2001.
[143] 戴文进，张景明. 电机设计[M]. 北京：清华大学出版社，2010：1－80.
[144] 刘鸿文. 板壳理论[M]. 杭州：浙江大学出版社，1987：240－360.
[145] 邱家俊. 机电分析动力学[M]. 北京：科学出版社，1992：302－307.
[146] 马琮淦，左曙光，谭钦文. 基于黑箱模型的永磁同步电机噪声源识别软件：2013SR111747[P]. 2013－10.

后　记

回首在同济八年半的本科、硕士、博士求学生涯，思绪万千。留恋，留恋同济和平路的梧桐、学苑食堂的大排、图书馆 9 楼的历史人物传记；不舍，不舍传道授业解惑的老师、真诚友善团结的同学、热情大方敬业的同济后勤人。感谢，感谢培养我的同济，感谢给予我无私帮助和关心的同济人！

论文收笔之际，首先要感谢我的导师左曙光教授。左教授是我学术科研的引路人。本书的研究工作是在左教授的悉心指导下完成的。无论是在研究方向的选择、研究内容的确定，还是在论文的撰写，左教授都倾注了心血。左教授严谨的治学态度和专注的科研精神，深深地打动并感染了我，使我深刻体会到严谨、求实、团结创新的同济精神。左教授对我的影响不仅在学术科研上，他还把多年的人生经验毫无保留地传授给我，在我迷茫、无助时看清了人生的方向，这些人生经验将是我宝贵的精神财富，使我终身受益。

同时要感谢在一起科研学习多年的左教授课题组成员。感谢何吕昌博士、吴旭东博士、李勇博士、康强博士、雷镭博士、申秀敏博士、杨宪武博士、段向雷博士、倪天心博士、相龙洋博士、韦开君博士、林福博士，感谢你们给予我的帮助和支持。感谢何融、陈瑞峰、孟姝、孙庆、谭钦文、高丽华、张孟浩、胡佳杰、沈健、王青松、史韶千、吴双龙、张国辉、刘晓璇在课题研究中的通力合作。左教授课题组的其他同门师兄弟，都在学习和生活中给予了我莫大的帮助，在此一并表示感谢。

感谢上海燃料电池动力系统有限公司的王晓华博士、刘普辉博士、杨德良经理、徐大炎工程师，感谢他们对我在电机测试方面提供的大力支持。

感谢同济大学汽车学院曹静老师、葛畅老师、赵治国老师、毕迪迪老师、田潇老师、武建军老师、钱昕老师、郑晶晶老师、徐夏平老师、刘向老师、房亮老师、何伟君老师、曹卢老师等对我的帮助和鼓励，在此表示诚挚的谢意。

感谢同济大学汽车学院 2011 级博士生班的班主任陈觉晓老师和所有同学，曾经相处的这段时间是我人生中宝贵的记忆。

感谢我的爷爷、奶奶、幺爷、爸爸、妈妈，感谢我所有的亲朋好友。多年来，为了我的学业付出了辛勤的汗水。我所取得的每一点成绩背后都有你们的身影。

最后，我要深深感谢我的女友，感谢她一直陪伴在我身边，在我徘徊、迷茫、无助时默默地支持着我，不离不弃，陪我度过了最艰辛的日子。

马琮淦